우리 시대를 위한

하나님의 열 가지 말씀

국립중앙도서관 출판예정도서목록(CIP)
(우리 시대를 위한) 하나님의 열 가지 말씀 : 십계명의 영성
과 윤리 / 지은이: 조용훈. -- 서울 : 동연, 2015
    p. ;   cm
ISBN 978-89-6447-286-6 93200 : ₩15000
십계명[十誡命]
기독교[基督敎]
233.216-KDC6
222.16-DDC23   CIP2015024160

우리 시대를 위한
하나님의 열 가지 말씀
: 십계명의 영성과 윤리

2015년 9월 11일   초판 1쇄 발행
2019년 3월 22일   초판 3쇄 발행

지은이 | 조용훈
펴낸이 | 김영호
펴낸곳 | 도서출판 동연
등   록 | 제1-1383호(1992. 6. 12.)
주   소 | 서울시 마포구 월드컵로 163-3(우 03962)
전   화 | (02) 335-2630
팩   스 | (02) 335-2640
이메일 | yh4321@gmail.com

ISBN 978-89-6447-286-6 93200

주 자 거 안 권 생 관 정 진 갈
님 유 룩 식 위 명 계 의 실 망

우리 시대를 위한

하나님의
열 가지 말씀

십계명의 영성과 윤리

조용훈 지음

동연

감사의 글

이 책을 쓰는 내내 힘이 들었다. 나이나 건강 때문만은 아니었다. 열 개의 계명 가운데 어느 한 계명 앞으로도 자신 있게 나설 수 없었기 때문이었다. 성서를 보면 예수께서 영생을 묻는 한 젊은 관리에게 네게 '한 가지'가 부족하다(막 10:21)고 하신 이야기가 있다. 그런데 내게는 한 가지 정도가 아니라 '열 가지' 전부 다 부족하다고 하실 것만 같았다.

십계명 앞에서 나와 비슷한 심정일 사람들이 적지 않으리라 짐작한다. 작년 봄 진도 앞 검은 바닷물 속으로 빨려 들어가는 세월호를 보았던 이 땅의 모든 '어른'은 누구나 그렇지 않을까? 시인 김선우는 '이 봄의 이름을 찾지 못하고 있다'는 제목의 시에서 그런 우리의 부끄러운 심정을 이렇게 묘사했다.

"가만히 기다린 봄이 얼어붙은 시신으로 올라오고 있다.
욕되고 부끄럽다.
이 참담한 땅의 어른이라는 것이"

세월호 참사 이후 대통령이 나서서 '국가개조'를 외쳤지만 과연 국민의 도덕적 변화가 없이 가능한 일일까? 그리스도인과 교회의 성찰과 회개 없이도 우리 사회의 도덕성이 나아질 수 있을까? 어디서 우리는 한국 사회와 한국교회의 희망을 다시 찾을 수 있을까? 혹시 십계명에 답이 있는 것은 아닐까? 400년 노예 의식에 사로잡혔던 오합지졸의

무리를 하나의 반듯한 공동체로 탄생시킨 근원적인 힘이 십계명에 있다고 생각되었기 때문이다. 이 책은 그런 소박한 질문과 기대에서 시작된 결과물이다.

이 책을 쓸 수 있도록 안식년을 허락해 주신 한남대학교와 성서학적 관점에서 조언을 해준 친구이며 동료인 천사무엘 교수님께 감사를 드린다. 세대를 넘어 우정을 나눌 수 있었던 박영배 목사님 내외분께도 감사드린다. 방황하던 청소년기에 사랑으로 붙잡아 주신 변영희 목사님, 학문의 길에 들어서도록 이끌어 주신 맹용길 교수님께 사랑을 빚졌다. 어려운 출판 환경임에도 불구하고 출판을 맡아주신 도서출판 동연 김영호 대표님 그리고 편집과 디자인을 맡아 수고해주신 직원들께 감사드린다. 끝으로 약속의 땅을 향한 광야길 여정을 함께 하는 아내 현실과 딸 해인에게도 마음속으로부터 고마움을 전한다.

2015년 8월

조용훈

차례

제작의 숨은 의도 / 창조주와 피조물 사이의 존재론적 차이 / 얼굴 대신 음성 / 온전한 형상 예수 그리스도 / 딱지 붙이기 / 이미지 (형상) 시대의 도전 / 이미지와 상징물의 위험성 / 성상 파괴 운동의 영향 / 비유와 침묵 그리고 부정 신학(via negativa)

1장
들어가는 말

십계명의 귀환

한국교회가 옛날처럼 우리사회를 밝히는 빛과 소망이 될 수 있을까? 어쩌면 십계명이 그 질문에 대한 하나의 답이 될 수 있을 것이다. 최근 기독교 서점가에 십계명을 제목으로 달거나 연구 주제로 삼은 책들이 속속 등장하는 것은 그런 바람과 기대 때문일 것이다.

십계명에 대한 목회자들의 설교집이나 강해집을 제외하더라도, 신학자들의 연구서와[1] 번역서가 적지 않다.[2] 비단 목회자나 성서학자

---

[1] 2000년 이후에 출판된 십계명에 관한 주요 연구저서들을 연도별로 다음과 같이 정리할 수 있다. 박준서, 『십계명 새로보기』(한들출판사, 2001); 김용규, 『데칼로그: 십계, 키에 슬로프스키 그리고 자유에 관한 성찰』(바다출판사, 2002); 최성수, 『계명은 복음이다: 관계회복을 위한 11가지 말씀』(씨-엠, 2002); 강영안, 『강영안 교수의 십계명 강의: 십계명이 열어 보인 삶의 길, 자유의 길』(IVP, 2009); 권오현, 『십계명 연구』(한마음세계선교회출판부, 2011); 차준희, 『교회 다니면서 십계명도 몰라?』(국제제자훈련원, 2012) 등.

[2] 십계명에 관한 최근의 번역서들로는 다음과 같은 책이 있다. 마이클 호튼, 윤석인 역, 『십계명의 렌즈를 통해서 보는 삶의 목적과 의미』(부흥과개혁사, 2005); 스탠리 하우어워스-윌리엄 윌리몬, 강봉재 역, 『십계명』(복있는 사람, 2007); 안젤름 그륀, 송안정 역,

그리고 윤리학자만 아니라 예술가들 가운데에도 십계명에 관심하는 사람들이 있다. 그 가운데서도 폴란드 출신 영화감독 키에슬로프스키가 제작한 열편의 연작 영화 〈데칼로그〉는 십계명을 현대 사회에 적용하는데 상당한 통찰력을 주고 있다.[3]

왜 십계명에 대한 한국교회의 관심이 갑작스레 커진 것일까? 여러 가지 이유가 있겠지만, 무엇보다 오늘 한국 사회나 교회의 도덕 상황과 관련되어 있는 것으로 보인다. 지금 우리 사회는 가치관과 도덕성의 붕괴로 말미암아 생겨난 공동체의 위기 속에 있다. 텔레비전 뉴스나 신문 사회면을 잠깐 들여다보는 것만으로도 우리 사회의 도덕 상황이 얼마나 심각한지 금방 확인할 수 있다. 우리 사회의 도덕 수준이 점점 추락하고 있다는 사실은 고위 공직자 인사 청문회만 보아도 알 수 있다. 과거에는 부동산 투기나 위장 전입, 혹은 논문 표절 시비 가운데 하나만으로도 낙마했지만, 지금은 그 세 가지에 다 해당되어도 낙마하는 사람이 없다.

2014년 '세월호 참사'는 우리 사회의 도덕 상황과 윤리적 현실을 적나라하게 보여주는 거울이다. 현장 노동자로부터 기업의 최고 경영자에 이르기까지, 정부의 말단 공무원부터 고위 직책 책임자에 이르기까지 우리 사회 구성원들의 도덕적 수준이 어떤지 적나라하게 보여주었다. 노동 윤리는 물론 기업 윤리 그리고 공직 윤리까지 한꺼번에 무너지면서 우리 사회 공동체가 근본에서부터 흔들리고 있다. 2015년 '중동호

『인생을 떠받치는 열 개의 기둥』(21세기북스, 2010); 존 칼빈, 김광남 역, 『칼빈의 십계명 강해』(비전북, 2011); J. 존, 홍종락 역, 『십계명: 모든 사람을 위한 하나님의 법』(홍성사, 2011) 등.
3) 김용규는 그의 책 『데칼로그』에서 키에슬로프스키의 연작영화를 신학적 논의와 실천적 적용을 위한 자료로 활용한다. 김용규, 『데칼로그: 십계, 키에슬로프스키 그리고 자유에 관한 성찰』(바다출판사, 2002).

흡기증후군(MERS) 사태'는 우리 사회의 심각한 도덕적 위기 상황에 대해 또 한 번 경종을 울려주었다.

한국교회의 도덕적 상황

교회의 도덕 상황이라고 해서 나아 보이지 않는다. 교회는 세상의 빛과 소금 그리고 '산 위의 동네'다(마 5:13-16). 하지만 오늘날 한국교회 신자들의 도덕의식이나 윤리 수준은 교회 밖 사람들과 별 차이가 없어 보인다. 심지어 '교회 다니는 사람이 더 한다'는 비난을 받기도 한다.

교회 지도자들의 비윤리성이 사회문제화 되면서 한국교회는 세상의 '희망'이 아니라 오히려 세상의 '걱정거리'로 변해가고 있다. 사회 발전의 견인차가 아니라 장애물로 인식되고 있다. 사회에 대한 공적 책임에는 눈감은 채 권익만 외치다 보니, 한국교회는 이기주의 집단 가운데 하나로 비쳐지고 있다. 교회에 대한 사회적 신뢰가 크게 떨어지면서 선교 활동은 벽에 부딪치고, 교회 성장은 지체되거나 후퇴하고 있다. 교회에 실망한 지식인과 젊은이들이 썰물처럼 교회를 떠나가면서, 한국교회는 활력을 잃고 사회로부터 점차 주변화 되고 있다.

상황이 이 지경까지 이른 이유 가운데 하나는, 한국교회가 예수님처럼 '사는 일'보다 예수님을 '믿는 일'을 더 강조했기 때문이다. 한국교회는 신앙생활을 종교적 교리에 대한 지적 동의나 수용의 문제로 축소시켰다. 그 결과 신앙이 체화되지 못한 채 하나의 관념에 머물게 되었다. 신자들의 머릿속과 입술에는 하나님이 계시지만, 삶 속에서는 하나님이 보이지 않게 되었다. 신앙생활을 종교생활로만 생각하기 때문에 예배와 성경공부에는 열심이지만, 직장과 사회 속에서 신앙인답게 사는 일에는 관심을 두지 않는다. 이런 왜곡된 신앙 문화나 분위기 속에서 도덕적 삶을 강조하는 십계명에 대해서 관심을 가질 리 없다.

교회에서 십계명의 위상과 역할

기독교 역사를 살펴보면, 십계명은 구약성서만 아니라 신약성서에서도 신자들의 신앙생활에서 핵심적인 위치를 차지하고 있었다. 아우구스티누스 이후 십계명은 신앙 교육 차원에서 중요하게 다루어졌다. 특히 11세기경부터 교회가 교리문답을 강화하면서부터 십계명의 가치와 활용도가 크게 높아졌다. 십계명은 사도신경이나 주기도문과 더불어 교리문답의 핵심 내용이었다. 종교 개혁가들은 십계명의 중요성을 더 부각시켰다. 종교 개혁가들은 십계명을 율법 조항이 아니라 하나님의 말씀 자체라고 생각했다. 루터의 『대소교리문답서』(1529)는 말할 것도 없고, 칼빈주의의 영향을 받은 『하이델베르크 교리문답』(1563)과 『웨스트민스터 대소교리문답』(1647)에서도 십계명을 상세히 다루고 있다.

종교개혁의 영향을 받은 개혁 교회들은 십계명을 신자들의 신앙교육을 위한 자료로 사용하는 데서 나아가 아예 예배 순서에 십계명 교독이나 십계명 영창 순서를 넣기까지 했다. 예배에서 십계명을 사용하는 데 있어 개혁교회들 사이에 차이가 있었다면 단지 순서상의 차이뿐이었다. 즉 루터 교회가 회개의 의미를 강조하기 위해서 십계명 교독이나 십계명 영창 순서를 사죄의 선포 순서 앞에 위치시킨 반면에 개혁 교회는 구속의 은총에 감사하는 마음으로 도덕적 삶을 다짐하는 표시로서 사죄의 선언 다음에 위치시켰다.[4]

개혁 교회의 교육과 예배 전통에서 이렇게나 중시했던 십계명의 위상과 역할이 유감스럽게도 현대 교회에 와서는 현저히 축소되어 있다. 예배 순서에 십계명을 넣어 활용하는 교회를 찾기 힘들며, 십계명에 대한 설교나 성경공부를 계속하는 교회도 많지 않아 보인다. 초신자를 위한 교리문답의 교육 과정에서조차 십계명을 교육하지 않는 교회도 많다. 십계명은 기껏해야 주일학교 학생들의 성경암송대회나 성경퀴즈대회에서나 깜짝 등장할 뿐이다.

율법과 율법주의 혼동

그동안 한국교회가 십계명을 홀대한 가장 큰 신학적 원인은 율법에 대한 오해 때문일 것이다. 근본주의 신학의 영향을 받은 한국교회는 구약과 신약, 율법과 복음을 단순 이분법적으로 파악한다. 복음의 본질이 사랑인 반면에 율법의 본질은 심판이라고 단순하게 생각한다. 그러다 보니 원수 사랑의 가르침이 신약성서만 아니라 구약성서의 핵심이라는 사실을 간과하게 된다.

> "원수를 갚지 말며 동포를 원망하지 말며 네 이웃 사랑하기를 네 자신과
> 같이 하라"(레 19:18).

율법과 복음, 믿음과 행위에 대한 단순 이분법 신앙 논리를 따르면, 구원은 복음에 대한 '믿음'(교리)으로부터 오는 것이지 율법에 대한 '순종'(행위)으로부터 오지 않는다. 그러니 율법과 십계명에 관심하지 않게

---

4) 신원하, "칼빈의 십계명 이해와 사회윤리", 『기독교사회윤리』 17(2009), 143.

되는 것은 당연하다. 율법에 대한 이해도 편협해서, 율법을 포괄적인 하나님의 말씀으로 이해하는 대신에 613개 조항으로 이루어진 딱딱한 법조문 정도로만 생각한다. 상황이 이렇다 보니 한국교회 신자들에게 율법의 축약이라 할 수 있는 십계명에 대해 긍정적이고 적극적인 신학적 이해를 기대하기가 어렵게 되었다.

그런데 구약학자 프랑크 크뤼제만은 『토라』라는 책에서, 율법(토라)이 613개의 법조문 이상이라고 강조한다.5) 구약성서에서 토라란 어머니나 아버지가 자녀에게 삶을 길을 가르치는 훈계를 가리킨다(잠 1:8, 4:1-2, 6:20). 토라는 사제가 평신도에게(렘 18:18, 겔 7:26), 혹은 지혜교사(잠 7:2, 13:14)나 예언자들이(사 8:16, 20, 30:9) 제자들에게 일러주는 가르침과 교훈들이다. 신명기에서 토라는 포괄적이고 문서화된 하나님의 뜻을 지칭한다(신 4:44-45; 30:10; 31:9). 말하자면 토라는 율법과 복음을 포괄하는 하나님의 말씀 전체를 가르킨다. 따라서 율법의 핵심이요 축약인 십계명은 하나님의 말씀으로 파악되어야지 결코 율법 조문으로 축소시켜서는 안 된다.

사실 성서 어디에서도 복음과 율법 관계를 한국교회처럼 단순 이분법적으로 이해하고 있지 않다. 예수님의 산상수훈에 나타나는 여섯 가지 율법해석의 대조 형식—'너희는 (…)라고 들었다. 그러나 나는 너희에게 이르노니'—에서 조차 그 강조점이 율법의 폐기가 아니라 율법주의자들의 잘못된 율법 해석을 바로잡는 데 있었다. 예수님은 '율법을 폐기하려는 온 것이 아니라 오히려 완전하게 하러 오셨다'고 하셨다(마 5:17). 심지어 예수님은 자신이 선포한 '새로운' 계명을 율법의 내용과 모순되는

---

5) 프랑크 크뤼제만, 김상기 역, 『토라: 구약성서 법전의 신학과 사회사』 (한국신학연구소, 1995), 12-13.

것으로 생각하지 않았다. 새 계명이란 율법을 폐기하는 것이 아니라 율법의 본래적인 뜻을 회복하는 것, 즉 '하나님을 경외하고 이웃을 사랑하는 데 있다'고 가르치셨다(요 13:34). 이처럼 복음과 율법 사이의 관계는 서로 '구분'되지만, 서로 '대립'되거나 '분리'되지 않는다.

바울 역시 율법의 폐기를 주장하지 않았다. 율법을 통해서만 우리가 죄인이라는 진실을 깨닫게 된다는 점에서 오히려 율법의 필요성을 강조했다(롬 3:20). 우리가 죄를 알지 못하면 어떻게 회개할 수 있으며, 회개하지 않는데 어떻게 구원에 이를 수 있겠는가? 그래서 바울은 율법을 가리켜 '거룩하다'고 표현했고, 계명을 가리켜 '의롭고 선하다'고까지 묘사했다(롬 7:12). 율법의 근본 정신을 사랑에서 찾았다는 점에서 바울은 예수님과 같은 생각을 가지고 있었다.

"간음하지 말라, 살인하지 말라, 도둑질하지 말라, 탐내지 말라 한 것과 그 외에 다른 계명이 있을지라도 네 이웃을 네 자신과 같이 사랑하라 하신 그 말씀 가운데 다 들었느니라 사랑은 이웃에게 악을 행하지 아니하나니 그러므로 사랑은 율법의 완성이니라"(롬 13:9-10).

"예수께서 이르시되 네 마음을 다하고 목숨을 다하고 뜻을 다하여 주 너의 하나님을 사랑하라 하셨으니 이것이 크고 첫째 되는 계명이요 둘째도 그와 같으니 네 이웃을 네 자신 같이 사랑하라 하셨으니 이 두 계명이 온 율법과 선지자의 강령이니라"(마 22:37-40).

위에서 살펴보았듯이, 예수님과 바울이 비판했던 것은 율법주의였지 율법 자체가 아니었다. 율법주의란 율법의 정신보다 율법의 형식에 더 관심하는 교조적 태도를 가리킨다. 율법주의자들은 율법을 주신 하나님과의 인격적 관계보다 율법 조항들, 예를 들면, 각종 정결법과 안식일 그리고 할례 같은 규례 그 자체에 더 관심한다. 율법의 근본 정신은 제쳐두고 오직 율법 조문을 자구적–문자적으로 지키는 일에만 관심을 둔다. 그러다보니 율법주의자들은 종교적 형식주의나 도덕적 형식주의로 흘러, 율법을 '죽은 문자' 혹은 '죽이는 문자'로 만들어버린다(고후 3:6). 그럼에도 불구하고 한국교회 신자들은 율법과 율법주의를 혼동함으로써 율법의 핵심이요 축약인 십계명을 멀리하고, 십계명의 신앙적–윤리적 가치까지 폄하하고 있다.

왜곡된 이신칭의 교리

한국교회에서 십계명의 가치를 폄하하게 만든 또 다른 신학적 요인은 곡해된 이신칭의(以信稱義) 교리다. '오직 믿음으로 의롭게 된다'는 신학 사상은 종교개혁 신학의 중요한 유산 가운데 하나로서 기독교 신앙의 핵심 교리다. 그런데 이신칭의 신학을 잘못 이해하게 되면, 신앙생활에서 윤리적 삶의 중요성을 간과하게 된다. 믿음을 체화된 삶이 아니라 종교적 교리에 대한 지적 동의로 환원할 때, 신앙은 삶과 유리된 공허한 관념이 되고 만다. 하나님을 '믿는다'는 것은 단순히 하나님에 대한 지식을 갖게 된다는 의미를 넘어서 하나님과 인격적 관계를 맺으며, 하나님의 성품을 닮아간다는 의미일 것이다. 믿음이란 하나님에 대한 관념이나 사변이 아니라 하나님에 대한 인격적 신뢰이며 순종하여 따르는 일이다. 종교 교육학자 토마스 그룸은 신앙을 앎(knowing), 신뢰(trust) 그리고 행함(doing)으로 조화를 이루는 통전적인 삶으로 이해한

다.6)

성서의 예언자들은 율법주의자들과 달리 신앙생활에서 종교 생활과 도덕 생활이 나뉠 수 없음을 강조했다. 예언자 미가는 종교 생활과 도덕 생활이 조화된 신앙생활을 이렇게 표현했다.

"내가 무엇을 가지고 여호와 앞에 나아가며 높으신 하나님께 경배할까 내가 번제물로 일 년 된 송아지를 가지고 그 앞에 나아갈까 여호와께서 천 천의 숫양이나 만만의 강물 같은 기름을 기뻐하실까 내 허물을 위하여 내 맏아들을, 내 영혼의 죄로 말미암아 내 몸의 열매를 드릴까 사람아 주께서 선한 것이 무엇임을 네게 보이셨나니 여호와께서 네게 구하시는 것은 오직 정의를 행하며 인자를 사랑하며 겸손하게 네 하나님과 함께 행하는 것이 아니냐"(미 6:6-8).

신약성서에서 야고보 역시 믿음이 행함과 조화를 이루는 참된 신앙에 대해 이렇게 말했다.

"내 형제들아 만일 사람이 믿음이 있노라 하고 행함이 없으면 무슨 유익이 있으리요 그 믿음이 능히 자기를 구원하겠느냐 만일 형제나 자매가 헐벗고 일용할 양식이 없는데 너희 중에 누구든지 그에게 이르되 평안히 가라, 덥게 하라, 배부르게 하라 하며 그 몸에 쓸 것을 주지 아니하면 무슨 유익이 있으리요 이와 같이 행함이 없는 믿음은 그 자체가 죽은 것이라"(약 2:14-17).

---

6) 토마스 그룹, 이기문 역, 『기독교적 종교교육』(한국장로교출판사, 2003), 124-131.

이신칭의 교리에 대한 잘못된 해석이 가져오는 더 큰 신앙적 폐해는 믿기만 하면 무슨 죄든 다 용서 된다는 식의 '값싼 은총'에 있다. 과거 우리나라 부흥사들 가운데에는 복음을 설명하면서 '십자가에 달린 두 행악자 이야기'(눅 23:39-43)를 즐겨 인용했다. 죽음 직전 한 행악자는 자기의 죄를 뉘우치고 예수님께 자비를 호소함으로써 낙원을 약속받았다. 물론 교리적으로 따져 잘못된 설교라고 볼 수 없지만, 신자들이 평생을 그 행악자처럼 살아도 괜찮다는 뜻으로 들려지면 곤란하다. 그런 위험성 때문에 이신칭의 교리의 기초를 놓았던 바울조차 이신칭의 교리의 위험성을 염려했다.

"그런즉 우리가 무슨 말을 하리요 은혜를 더하게 하려고 죄에 거하겠느냐 그럴 수 없느니라 죄에 대하여 죽은 우리가 어찌 그 가운데 더 살리요" (롬 6:1-2).

기독교 신학에 있어서 이신칭의란 신자들의 신앙생활 여정의 출발일 뿐이다. 성화(santification) 신앙으로 발전하지 못하는 칭의(justification) 신앙은 초보 신앙이요 반쪽짜리 신앙에 불과하다.

교회 밖의 십계명에 대한 비판들

한국교회 신자들이 신학적 몰이해 때문에 십계명의 중요성을 간과하고 그 가치를 폄하한다면, 교회 밖 사람들은 십계명을 오해하여 비판한다. 일반적으로 비신자들은 십계명을 진부하고, 권위주의적이며, 추상적이고, 위험스럽다고 비판한다.

첫째, 비신자들은 십계명을 시대착오적인 구시대의 유물 정도로 생각한다. 십계명이란 기껏해야 고대 히브리인에게 적용했던 케케묵은 도덕법으로서 21세기 최첨단 과학기술 사회에 적용할 수 없다고 본다. 마치 유교의 삼종지도나 칠거지악 같은 규범이 시대착오적이듯이, 십계명 역시 시대착오적이라고 생각한다. 예를 들면, 십계명은 간음죄를 결혼과 가족 제도의 보호막이라 생각하여 우상숭배죄나 살인죄와 마찬가지로 사형으로 엄격하게 다스렸다. 하지만 현재 이슬람 국가들을 제외 한 대부분의 나라에서 간통죄를 폐지하는 추세다. 성 관념과 성 풍속도가 변하면서 남녀 관계는 개인의 프라이버시로서 더 이상 국가가 간섭해서는 안 된다고 생각하기 때문이다. 우리나라 헌법재판소도 2015년 2월 간통죄가 생긴 지 62년 만에 위헌 판결을 통해 간통죄를 폐지했다.

둘째, 비신자들은 십계명을 권위주의적이라고 비판한다. '하지 말라'는 명령조로 되어 있는 십계명에는 마치 부모가 어린아이를 다루듯 하는 권위주의적 태도가 엿보인다고 한다. 부모공경 계명에서 보듯이, 부모나 통치자에 대한 무조건적 복종의 요구는 가부장적 지배 이데올로기를 반영하고 있다. 하지만 국가 통치자의 권위가 의심받고, 아버지의 권위마저 도전받는 우리 시대에 부모와 통치자에게 무조건 복종하라는 요구는 권위주의적으로 보이기 십상이다.

셋째, 비신자들은 십계명이 추상적이고 모호해서 현실 문제 해결에 아무런 실제적 도움을 주지 못한다고 비판한다. 실제로 십계명은 아주 간결하고 단순한 문장들로 되어 있다. 각 계명이 기껏해야 둘 혹은 세 단어로 표현되어 있다. 이처럼 표현이 단순하고, 내용이 원론적이다 보니 십계명을 구체적인 삶의 현장에 적용하려 할 때 어려움이 많을 수밖에 없다. 한 예로, 살인하지 말라는 계명을 현실에 적용하는 데에는 많은 논란이 생긴다. 전쟁에서의 살상이나 인공유산의 딜레마는 물론 '세월호 참사'에서 승객들을 버리고 배를 탈출한 선장에 대해 살인죄를 적용하는 문제에 이르기까지 계명을 적용하는 문제는 대단히 복잡하다.

마지막으로, 비신자들 가운데에는 십계명을 위험스럽다고 보는 사람까지 있다. 종교적 근본주의자들의 행태를 보면, 그런 우려가 전혀 근거 없는 것이 아님을 알 수 있다. 이슬람 국가들에서는 종종 십계명의 신성모독죄를 근거로 삼아서 기독교인들을 탄압하거나 개인의 사사로운 원한을 풀기도 한다. 드문 경우이기는 하지만 우리나라 기독교 근본주의자들 가운데에도 우상숭배 금지 계명을 지킨다는 명분으로 불교 사찰에 가서 소란을 피우거나 불상을 훼손하여 종교적 갈등을 불러오기도 한다.

십계명의 의의

십계명의 본래적 의미를 되찾고 가치를 회복하는 일은 한국교회만 아니라 한국 사회의 미래를 위해서도 중요한 과제다. 오늘 한국교회에 닥친 위기는 종교적 열심이 부족해서가 아니라, 도덕적 수월성과 사회적 신뢰의 상실 때문이다. 이러한 위기를 극복하려면 한국교회가 경건한 예배 공동체이면서 동시에 탁월한 도덕 공동체가 되어야 한다. 도덕 공동체로서 교회는 신자들을 착하고 덕스러운 시민들로 기를 뿐만 아니라 사회에 대한 공적 책무도 감당해야 한다. 한국교회가 탁월한 신앙적 도덕 공동체로 거듭나는 데 십계명은 중요한 길잡이요 나침반이다. 그리고 십계명은 여러 교단과 교파로 갈라진 기독교의 현실을 극복하는 데에도 도움이 된다. 왜냐하면 거의 모든 기독교 교단과 교파가 십계명을 근본 교리로 받아들이고 있기 때문이다.

한편, 십계명의 효용성은 교회 바깥으로 세계평화에 기여하는 데에서도 찾을 수 있다. 이데올로기 갈등이 사라진 오늘날 세계평화는 종교 간 갈등과 분쟁으로 위협을 당하고 있다. 이런 현실에서 십계명은 종교 간 대화를 촉진하고 상호 이해를 촉진하는 데 도움이 된다. 왜냐하면 기독교와 유대교는 물론 이슬람교(코란 17장)도 십계명의 주요 내용들을 수용하고 있기 때문이다.

뿐만 아니라 십계명의 가치를 회복하는 일은 한국 사회 발전에도 도움이 된다. 왜냐하면 십계명은 인류의 중요한 도덕적 유산 가운데 하나로서 신자들만 아니라 비신자에게도 적용될 수 있는 보편적 도덕규범이기 때문이다. 일찍이 종교 개혁가 칼빈은 십계명을 가리켜 하나님의 뜻에 따라 살아가고자 하는 '모든 나라와 모든 시대의 사람들'에게 주신 참되고 영원한 의(義)의 법칙이라고 했다.[7] 십계명이 애굽의 노예 생활에서 풀려나온 오합지졸의 무리를 하나의 공동체로 재탄생시켰듯이, 오늘날 한국 사회의 도덕적 무질서와 혼란을 극복하는 데에도 좋은 길잡이가 될 수 있다.

십계명의 한계

위에서 말했듯이, 한국교회가 십계명을 회복하게 되면 한국교회만 아니라 한국 사회에도 도움을 줄 것이다. 하지만 십계명이 오늘날 우리가 당면하고 있는 모든 신앙적—윤리적 문제들을 한꺼번에 해결하는 만병통치약이나 되는 것처럼 생각해서는 안 된다. 왜냐하면 십계명은 안

---

7) 존 칼빈, 원광연 역, 『기독교강요』 (크리스챤 다이제스트, 2003), IV. xx. 15.

꽎으로 여러 가지 한계를 지니고 있기 때문이다.

먼저, 십계명의 '내적 한계'란, 십계명이 오늘날 우리가 직면하는 모든 윤리 이슈에 대한 답을 제공하지 않는다는 점이다. 십계명은 현대 사회가 심각하게 다루는 기후 변화, 환경 파괴, 생명공학, 핵무기, 인터넷, 신자유주의 시장경제, 세계화와 같은 이슈들에 대해 전혀 언급하지 않는다. 어떤 정치 체제나 어떤 경제 제도가 좋은지에 대해서도 말해주지 않는다. 십계명은 윤리 문제에 대한 처방전이 아닌데다가 각각의 계명을 구체적으로 적용하는 일은 항상 논쟁적일 수밖에 없다. 말하자면 십계명은 삶의 방향을 안내하는 이정표나 나침반과 같은 것이지, 구체적인 목적지까지 안내하는 네비게이션 같은 역할을 하지는 않는다.

그리고 십계명은 신자들의 종교 생활에 관해서도 언급하지 않는다. 물론 모세가 파라오 앞에서 이스라엘 백성이 출애굽 해야 할 이유를 하나님을 예배하려는 데 있다고 밝힘으로써, 십계명과 예배생활이 밀접히 관련되어 있음을 암시했다(출 5:1, 3). 그렇다고 해서 십계명이 일주일에 예배를 몇 번 드려야 할지, 예배의 형태는 열린 예배가 좋은지 아니면 전통 예배가 좋은지에 대해서 구체적으로 답을 주지는 않는다. 뿐만 아니라 십계명에는 구약성서가 종교 생활과 관련하여 중요하게 다루는 각종 제사법이나 정결법과 같은 이슈에 대해서도 아무런 지침을 주지 않고 있다.

한편, 십계명이 지닌 '외적 한계'도 간과해서는 안 된다. 현대 사회와 같이 종교가 삶의 주변부로 내몰리고, 신앙이 사사로운 일처럼 되어버린 탈종교 사회 혹은 종교 이후의 사회에서 종교적 신앙에 기초한 십계명을 보편타당한 사회의 도덕규범으로 내세우는 데 대해 논란이 생길 수 있다. 대부분의 국가들이 특정 종교를 국가 종교로 인정하지 않는 정교분리 현실에서 야웨 신앙에 기초한 십계명을 보편적 규범으로 내세우기란 쉬운 일이 아니다. 십계명의 신앙 고백적 언어를 비신자들도 이해할 수 있는 일반적 보편 언어로 바꾸려는 신학적 작업이 필요한 이유다.

십계명이 지닌 내외적 한계를 극복하려면 십계명에 대한 신학적 통찰과 윤리적 상상력이 필요하다. 이것은 십계명을 학문적으로 연구하는 성서학자만이 아니라 기독교윤리학자 그리고 십계명을 설교하고 가르치는 모든 목회자가 함께 고민하고 해결해야 할 도전이요 과제다. 이 책은 그러한 도전에 대한 기독교윤리학자의 작은 응답이다.

2장
십계명의 신학과 해석 원리

구약성서 속의 십계명

　기독교는 물론 유대교와 이슬람교까지 십계명을 신자들의 종교 생활과 윤리 생활을 규율하는 중요한 규범으로 받아들이고 있다. 구약성서는 말할 것도 없고 신약성서에도 십계명에 대한 표현들이 나오는 걸 보면 신약성서 시대에도 여전히 십계명이 중요했음을 알 수 있다. 이후 기독교 역사 속에서도 줄곧 십계명은 신자들의 신앙과 윤리 교육에 중요한 자료로 활용되었다. 아래에서 우리는 성서와 교회 역사 속에서 십계명이 어떤 위치를 차지하고 있었는지 살펴보겠다.

　시내산에 오른 모세가 사십 일 밤낮 빵을 먹지 않고 물도 마시지 않으면서 하나님께로부터 받은 것이 바로 십계명 두 돌판 이었다(출 34:27-28). 십계명 두 돌판은 언약궤 안에 보관되었다(신 10:1-5). 십계명을 보관했던 언약궤는 법궤 혹은 증거궤로도 불리는데, 그 크기와 모양에 대한 자세한 내용이 성서에 기록되어 있다(출 25:10-22; 37:1-9). 이스라엘 백성은 언약궤를 '하나님의 임재'를 상징하는 성물로 다루었다.

이스라엘 백성은 광야 생활을 하는 내내 언약궤를 행진 대열의 맨 앞에 세우고 그 뒤를 따랐다. 하나님이 함께하셔야 전쟁에서 승리할 수 있다고 믿어서 전투 때에도 언약궤를 앞세웠다. 사무엘상 4-5장을 보면 아벡 전투에서 블레셋에게 패한 이스라엘 백성이 패인을 언약궤의 부재에서 찾고, 실로에 있던 언약궤를 모셔온다. 언약궤가 전선에 도착하자 이스라엘 사람들은 의기양양해진 반면에 블레셋 사람들은 의기소침해졌다. 언약궤가 하나님의 임재를 상징한다는 것을 이스라엘 사람만이 아니라 블레셋 사람도 알고 있었다고 한다.

가나안 정착 후에 솔로몬은 예루살렘 성전을 봉헌하면서 십계명 두 돌판을 보관하던 언약궤를 지성소 안에 가져다 놓았다(왕상 8:9). 그렇게 해서 십계명 두 돌판은 '거룩한 것 중의 가장 거룩한 것'으로 간주되었다.

율법서의 핵심으로서 십계명

일반적으로 구약성서는 크게 세 부분으로 구성된다. 율법서(토라), 예언서(느비임) 그리고 성문서(케투빔)다. 율법서에는 세 개의 법전이 나오는데, 곧 출애굽기의 계약법전(출 20:22-23:33), 레위기의 성결법전(레 17-26장) 그리고 신명기의 신명기법전(신 12-26장)이다. 이 법전들에는 언약 백성인 이스라엘 백성이 신앙 공동체로 살아가는 데 필요한 각종 규례가 규정되어 있다.

그런데 이 세 법전 가운데서도 특히 계약법전은 '십계명의 주석서'라 할 정도로 그 내용과 순서가 십계명의 내용과 순서에 일치한다. 그리고 성결법전에도 비록 십계명의 배열 순서와는 약간 차이가 나긴 하지만,

십계명과 아주 유사한 내용들이 반복적으로 표현되고 있음을 아래 성서 구절들을 통해 확인할 수 있다.

"너희 각 사람은 부모를 경외하고 나의 안식일을 지키라 … 너희는 헛된 것들에게로 향하지 말며 너희를 위하여 신상들을 부어 만들지 말라"(레 19:3-4).

"너희는 도둑질하지 말며 속이지 말며 서로 거짓말하지 말며 너희는 내 이름으로 거짓 맹세함으로 네 하나님의 이름을 욕되게 하지 말라"(레 19:11-12).

예언서 안에서 십계명

십계명은 율법서만이 아니라 예언서 안에서도 중요하게 다루어지고 있다. 예언자들의 공통되는 신학적 토대는 하나님과 이스라엘 백성 사이의 '언약'이었다. 예언자들은 종교적 우상숭배는 물론 도덕적 타락조차 하나님과의 언약을 파괴하는 행위로 해석했다. 당연히 예언자들이 중시하는 언약의 핵심 내용은 십계명이었다. 우리는 예언자들 가운데서 특히 호세아나 그의 영향을 받은 예레미야의 선포에서 십계명의 내용을 확인할 수 있다.

"이 땅에는 진실도 없고 인애도 없고 하나님을 아는 지식도 없고 오직 저주와 속임과 살인과 도둑질과 간음뿐이요 포악하여 피가 피를 뒤이음 이라"(호 4:1-2).

"너희가 도둑질하며 살인하며 간음하며 거짓 맹세하며 바알에게 분향하며 너희가 알지 못하는 다른 신들을 따르며"(렘 7:9).

예언자 에스겔도 십계명과 비슷한 내용을 선포하고 있다.

"만일 사람이 의로워서 정의와 공의를 따라 행하며 산 위에서 제물을 먹지 아니하며 이스라엘 족속의 우상에게 눈을 들지 아니하며 이웃의 아내를 더럽히지 아니하며 월경 중에 있는 여인을 가까이 하지 아니하며 사람을 학대하지 아니하며 빚진 자의 저당물을 돌려주며 강탈하지 아니하며 주린 자에게 음식물을 주며 벗은 자에게 옷을 입히며 변리를 위하여 꾸어 주지 아니하며 이자를 받지 아니하며 스스로 손을 금하여 죄를 짓지 아니하며 사람과 사람 사이에 진실하게 판단하며 내 율례를 따르며 내 규례를 지켜 진실하게 행할진대 그는 의인이니 반드시 살리라 주 여호와의 말씀이니라"(겔 18:5-9).

예언자 아모스의 선포에서도 십계명의 핵심 내용들을 근거로 언약 백성의 죄를 고발한다.

"너희가 이르기를 안식일이 언제나 지나서 우리로 밀을 내게 할꼬 에바를 작게 하여 세겔을 크게 하며 거짓 저울로 속이며 은으로 가난한 자를 사며 신 한 켤레로 궁핍한 자를 사며 잿밀을 팔자 하는도다"(암 8:5-6).

그 외에도 예언자 나단은 우리아의 아내 밧세바를 취한 다윗 왕을 책망하면서, 다윗이 살인(제6계명)과 이웃의 아내 도둑질(제8계명)은 물론 간음(제7계명)과 탐심(제10계명)의 계명들을 어겼음을 암시하였다.

"어찌하여 네가 여호와의 말씀을 업신여기고 나 보기에 악을 행하였느냐 네가 칼로 헷 사람 우리아를 치되 암몬 자손의 칼로 죽이고 그의 아내를 빼앗아 네 아내로 삼았도다"(삼상 12:9).

성문서 안에서 십계명

구약성서에서 십계명의 주요 내용은 율법서나 예언서만 아니라 성문서에도 나타난다. 시편 15편은 예배하러 성전에 들어오는 사람들에게 이렇게 묻는다. '여호와여 주의 장막에 유할 자 누구오며 주의 성산에 거할 자 누구오니이까'(1절). 뒤 이어 그에 대한 응답으로 십계명을 연상케 하는 10개의 항목이 열거된다(2-5절).

1. 정직하게 행하며 공의를 실천하는 사람.
2. 그 마음에 진실을 말하는 사람.
3. 그 혀로 남을 허물하지 아니하는 사람.
4. 그 이웃에게 악을 행하지 아니하는 사람.
5. 그 이웃을 비방하지 않는 사람.
6. 그 눈은 망령된 자를 멸시하는 사람.
7. 여호와를 두려워하는 자를 존대하는 사람.
8. 그 마음에 서원한 것은 해로울지라도 변치 않는 사람.
9. 이자를 받으려고 돈을 꾸어주지 않는 사람.
10. 뇌물을 받고 무죄한 자를 해치 않는 사람.

시편 50편에서도 십계명의 내용과 비슷한 내용들을 발견할 수 있다.

"도둑을 본즉 그와 연합하고 간음하는 자들과 동료가 되며 네 입을 악에게 내어주고 네 혀로 거짓을 꾸미며 앉아서 네 형제를 공박하며 네 어머니의 아들을 비방하도다"(시 50:18-19).

시편 81편에는 십계명의 전문과 제1계명을 떠올리게 하는 내용이 나타나 있다.

"너희 중에 다른 신을 두지 말며 이방 신에게 절하지 말지어다 나는 너를 애굽 땅에서 인도하여 낸 여호와 네 하나님이니"(시 81:9-10).

한편, 욥기나 잠언에도 십계명에서 언급된 내용들이 반복적으로 등장하고 있다.

"사람을 죽이는 자는 밝을 때에 일어나서 학대 받는 자나 가난한 자를 죽이고 밤에는 도둑같이 되며 간음하는 자의 눈은 저물기를 바라며 아무 눈도 나를 보지 못하리라 하고 얼굴을 가리며"(욥 24:14-15).

"여호와의 미워하시는 것 곧 그 마음에 싫어하시는 것이 예닐곱 가지이니 곧 교만한 눈과 거짓된 혀와 무죄한 자의 피를 흘리는 손과 악한 계교를 꾀하는 마음과 빨리 악으로 달려가는 발과 거짓을 말하는 망령된 증언과 및 형제 사이를 이간하는 자니라"(잠 6:16-19).

신약성서 안에서 십계명

예수님 당시에도 유대인들은 십계명을 중시하여 회당 예배에서 십계명을 암송했고, 매일 아침 저녁으로 드리는 기도에서 십계명을 낭송했다.[1] 예수님도 틀림없이 다른 유대인들처럼 어려서부터 십계명을 배우고 암송했을 것으로 짐작된다. 예수님은 구약성서의 가르침에 따라 십계명을 언약 백성의 신앙 생활과 윤리 생활에 중요한 규범으로 생각하셨다. 그래서 영생의 길을 묻는 한 부자 청년(관원)에게 '십계명을 지키라'고 대답하셨다. 비록 출애굽기 본문에 등장하는 십계명의 배열 순서와는 약간 뒤바뀌긴 했지만 십계명의 형태나 내용은 동일하다.

"살인하지 말라, 간음하지 말라, 도둑질하지 말라, 거짓 증언 하지 말라,
네 부모를 공경하라, 네 이웃을 네 자신과 같이 사랑하라"(마 19:18-19).

예수님의 산상수훈(마 5-7장)은 형식과 내용 면에서 십계명과 유사하다. 모세가 십계명을 받기 위해 시내산에 올랐듯이, 예수님도 팔복산에 올랐다. 십계명이 이스라엘 백성을 위한 신앙 생활과 윤리 생활을 위한 규범이었듯이 산상수훈도 새 언약 백성을 위한 규범으로 선포되었다. 산상수훈의 내용은 새로운 계명이라기보다는 옛 계명인 십계명의 본질적 의미를 드러내는 것이었다. 예수님은 십계명을 해석하시면서 의도적으로 율법주의자들의 해석과 대비시켰다. '이 계명에 대해 너희는 이렇게 들었다. 그러나 나는 저렇게 해석한다'고 반복적으로 말씀하셨다. 뿐만 아니라 예수님은 십계명 전체 내용을 하나님 공경과 이웃사랑의

---

1) 요하네스 그륜델, 김윤주 역, 『십계명. 어제와 오늘』(분도출판사, 1982), 28.

두 가지 계명으로 요약했다.

"예수께서 가라사대 네 마음을 다하고 목숨을 다하고 뜻을 다하여 주 너의 하나님을 사랑하라 하셨으니 이것이 크고 첫째 되는 계명이요 둘째 는 그와 같으니 네 이웃을 네 몸과 같이 사랑하라 하셨으니 이 두 계명이 온 율법과 선지자의 강령이니라"(마 22:37-40).

유대 율법주의자들과 치열하게 논쟁하면서 '믿음으로 의롭게 된다' 는 이신칭의 신학의 토대를 놓았던 바울조차도 십계명의 중요성을 간과 하거나 약화시키지는 않았다. 바울은 그가 쓴 서신 여러 곳에서 십계명 을 언급하고 있다.

"불의한 자가 하나님의 나라를 유업으로 받지 못할 줄을 알지 못하느냐 미혹을 받지 말라 음란하는 자나 우상 숭배하는 자나 간음하는 자나 탐색 하는 자나 남색하는 자나 도적이나 탐람하는 자나 술 취하는 자나 후욕하 는 자나 토색하는 자들은 하나님의 나라를 유업으로 받지 못하리라"(고 전 6:9-10).

"알 것은 이것이니 율법은 옳은 사람을 위하여 세운 것이 아니요 오직 … 망령된 자와 아버지를 죽이는 자와 어머니를 죽이는 자와 살인하는 자며 음행하는 자와 남색 하는 자와 인신매매를 하는 자와 거짓말 하는 자와 거짓 맹세 하는 자와 기타 바른 교훈을 거스르는 자를 위함이니"(딤 전 1:9-10).

그리고 바울은 예수께서 십계명의 본래적 의미를 이웃사랑에서 찾았던 것처럼 십계명의 본질을 이웃사랑으로 요약하고 있다.

"간음하지 말라, 살인하지 말라, 도둑질하지 말라, 탐내지 말라 한 것과 그 외에 다른 계명이 있을지라도 네 이웃을 네 자신과 같이 사랑하라 하신 그 말씀 가운데 다 들었느니라. 사랑은 이웃에게 악을 행치 아니하나니 그러므로 사랑은 율법의 완성이라"(롬 13:9-10).

신약성서의 마지막 책인 요한계시록에서도 십계명을 떠올리게 하는 구절을 찾을 수 있다.

"그러나 두려워하는 자들과 믿지 아니하는 자들과 흉악한 자들과 살인자들과 행음자들과 술객들과 우상 숭배자들과 모든 거짓말하는 자들은 불과 유황으로 타는 못에 참예하리니"(계 21:8).

교회사 속의 십계명

교회사 속에서 십계명은 주기도문이나 사도신경과 더불어 신자들의 신앙을 형성하고 생활을 규율하는 데 핵심적인 역할을 했다. 십계명은 교리문답의 핵심 내용 가운데 하나로 입교자와 세례자를 위한 '신앙 안내서'의 역할을 했다. 이렇게 된 데는 루터와 칼빈 같은 종교 개혁가들의 영향력이 컸다.

십계명의 신앙적 가치에 대해 루터는 『대교리문답』(1529)에서 다른 모든 가르침 보다 더 귀중한 하나님께서 주신 '최대의 보물'로 보았다.[2)]

그는 십계명을 온전히 아는 사람은 '성경 전체를 아는 것'이라고까지 말했다.3) 그리고 『십계명 주해서』(1530)에서 십계명을 가리켜 '모든 약속 중의 약속, 모든 신앙의 원천이며, 그리스도 복음의 약속을 포괄하는 지혜의 원천'이라고 표현하기도 했다.4)

칼빈 역시 루터 못지않게 십계명의 가치와 중요성을 강조했다. 그는 십계명을 '모든 율법의 핵심이며 요약'으로 간주하였다. 십계명을 모든 개인과 나라들을 위한 '참되고 영원한 의의 법'이라고 생각했던 그는 『기독교강요』에서 십계명을 비교적 상세하게 설명했다. 칼빈이 제네바에서 목회하던 기간 동안(1555-1556년)에는 무려 열여섯 번에 걸쳐 십계명에 대한 강해 설교를 하기도 했다.5) 『기독교강요』에서 이론적으로 설명했던 십계명을 강해 설교라는 형식을 통해 보다 생생한 방식으로 교인들에게 전달하려는 의도였다.

십계명의 성격

우리는 십계명의 성격을 율법과 도덕법, 언약 그리고 하나님의 말씀 자체로 나누어 설명할 수 있다.

첫째, 십계명은 이스라엘 백성의 종교 생활과 사회 생활을 규율하는 법적 성격을 지닌 율법이다. 율법으로서 십계명을 살펴보면, 일반법과 마찬가지로 법의 제정 이유를 설명하는 전문이 있고, 이어서 법조문들이 등장한다. 다만 십계명이 일반법과 차이가 있다면, 법조문을 위반할

---

2) 파울 알트하우스, 이희숙 역, 『말틴 루터의 윤리』 (컨콜디아사, 1989), 62.
3) 스탠리 하우어워스-윌리엄 윌리몬, 강봉재 역, 『십계명』 (복있는 사람, 2007), 13.
4) 프랑크 크뤼제만, 이지영 역, 『자유의 보존』 (크리스천 헤럴드, 1999), 17.
5) 존 칼빈, 김광남 역, 『칼빈의 십계명 강해』 (비전북, 2011).

때 그것에 대한 처벌 규정이나 보상 규정, 혹은 제제 수단을 명문화 하고 있지 않다는 점일 것이다. 그리고 십계명은 법을 적용하는 데 있어서도 엄격성을 결여하고 있다. 십계명의 각 계명들은 너무나 짧고 간단하게 표현되어 있어서 그것을 적용하는 데 다양한 견해와 논란이 생길 수밖에 없다.

둘째, 십계명이 이스라엘 백성에게는 법률적 구속력을 갖는 율법이지만 기독교 신자들이나 일반인들에게는 도덕법으로서의 기능을 한다. 도덕법이란 인간의 도덕행위나 가치의 기준이 되는 보편타당한 법칙이나 원리로서 실정법의 토대가 된다. 도덕법은 인간의 본성에 새겨진 도덕법칙으로서 자연법칙과 같이 자연스럽다는 점에서 '자연법'으로 표현되기도 한다. 사람이 도덕적으로 잘못된 일을 하게 되면 양심의 가책을 느끼게 되는 이유가 바로 인간 내면에 도덕법이 존재하기 때문이다. 바울은 로마서에서 인간 내면에 존재하는 도덕법에 대해 이렇게 말한다.

"율법 없는 이방인이 본성으로 율법의 일을 행할 때에는 이 사람은 율법이 없어도 자기가 자기에게 율법이 되나니 이런 이들은 그 양심이 증거가 되어 그 생각들이 서로 고발하며 혹은 변명하여 그 마음에 새긴 율법의 행위를 나타내느니라"(롬 2:14-15).

종교인이든 비종교인이든 인간이라면 누구든지 도덕적 옳고 그름에 대한 보편적 규칙, 즉 양심을 가지고 있다. 그런데 그 양심은 죄로 인해 계속해서 희미해지고 불명확해진다. 도덕법으로서 십계명은 이처럼 인간 본성에 새겨져 있지만 죄로 말미암아 희미해진 하나님의 뜻을 보다 명확하게 만드는 역할을 한다.

도덕법과 마찬가지로 십계명은 모든 인간의 본성에 새겨져 있기 때문에 영속성과 보편성을 지닌다. 타인의 생명을 보호하며, 이웃의 소유와 성을 존중해야 한다는 생각은 비단 고대 사회만 아니라 현대 사회, 이스라엘 사회만 아니라 모든 인간 사회 그리고 유대교만 아니라 모든 종교에 공통적으로 나타나기 때문에 보편적 윤리 체계의 토대로 삼을 수 있다

셋째, 십계명은 법의 속성만 아니라 언약의 속성도 지니고 있다. 십계명을 통해 야웨는 이스라엘 백성의 하나님이요, 이스라엘은 야웨의 백성이 된다. 십계명이 선포되는 장면에 포함 된 다음 구절은 십계명의 언약으로서의 성격을 잘 보여준다.

"너희가 내 말을 잘 듣고 내 언약을 지키면 너희는 모든 민족 중에서 내 소유가 되겠고 너희가 내게 대하여 제사장 나라가 되며 거룩한 백성이 되리라"(출 19:5-6).

비록 십계명이 하나님과 이스라엘 백성 쌍방 간 약속의 형태로 되어 있긴 해도 그 약속은 상거래상의 계약과는 확연히 다르다. 상거래상의 계약이 동등한 관계에서 쌍무적인 특징을 지닌 약속이라면, 십계명 계약에서 당사자는 동등한 관계에 있지 않고, 의무도 쌍무적이지 않다. 그런 이유에서 십계명을 '계약'(contract)이라고 부르지 않고 '언약'(covenant)이라고 부른다.

십계명의 형성에 영향을 주었으리라고 추측되는 고대 근동의 히타이트 왕국 문서에는 두 가지 형태의 계약이 등장한다. 하나는 '평등 계약'

이고, 다른 하나는 '종주권 계약'이다. 전자가 계약 당사자 사이의 동등성이라는 전제에서 맺는 쌍무 계약이라면, 후자는 종주국과 속국이라는 주종관계에서 맺는 편무 계약이다.

내용과 형식면에서 볼 때 십계명은 히타이트 왕국의 종주권 계약과 아주 유사하다. 계약을 통해 종주는 봉신에게 은혜를 베풀고, 봉신은 종주의 보호에 감사의 마음으로 절대 복종해야 한다.6) 하지만 십계명은 종주권 계약과 달리 정복자가 피지배자에게 일방적으로 강요하는 계약은 아니다. 십계명 계약의 두 당사자인 하나님과 이스라엘 백성은 '정복자와 피지배자'라기 보다는 오히려 '부모와 자녀'의 관계로 볼 수 있기 때문이다. 그런 생각은 십계명의 선포 배경에도 잘 나타나 있다. 여기서 하나님은 잔인한 정복자가 아니라 해방자요, 자애로운 어머니로 묘사된다.

"내가 애굽 사람에게 어떻게 행하였음과 내가 어떻게 독수리 날개로 너희를 업어 내게로 인도하였음을 너희가 보았느니라"(출 19:4).

하나님은 계약 상대인 이스라엘 백성에게 묶일 어떠한 법적-도덕적 의무가 없다. 그럼에도 불구하고 하나님께서 계약이란 형태를 취하여 굳이 이스라엘 백성에게 스스로를 속박하신 이유가 있다면, 그것은 오직 하나 곧 그들에 대한 사랑 때문이다. 하나님은 언약 백성의 자유와 행복을 위해 스스로에게 법적 의무를 지우신다. 하나님은 자신의 언약 백성이 애굽에서 고통당하는 것을 불쌍하게 여겨 그들을 해방시켰고, 앞으로도 계속해서 그들을 돌보시겠다고 스스로 다짐하신다. 그런 점

---

6) B. W. 앤더슨, 제석봉 역, 『구약성서의 이해 I』(성바오로출판사, 1983), 113-114.

에서 십계명 계약은 은혜의 계약 곧 '언약'이 된다.

마지막으로 십계명은 열 가지 하나님의 말씀이다. 십계명이 법적 성격을 지녔다는 것은 틀림없는 사실이지만 구약성서 어디에도 '열 가지 법조문'이라는 의미의 '십계명'이란 단어는 나타나지 않는다. 십계명을 언급하는 구약성서(출34:28; 신 4:13; 10:4-5)에는 '십계명'이라는 단어 대신에 '열 가지 말씀'이라는 히브리어 '에쉐레트 하드바림'이라는 표현이 나올 뿐이다.

'열 가지 말씀'이 십계명으로 바뀐 것은 주전 3세기경 알렉산드리아에서 히브리어 성서를 헬라어로 번역할 때였다. 숫자 10을 가리키는 헬라어 '데카'와 말씀을 가리키는 '로고스'가 합해져서 '데카로그'(십계명)로 번역되었다. 십계명을 '열 가지 법조문' 대신에 '열 가지 말씀'으로 보아야 할 이유다. 율법(토라) 개념이 포괄적으로는 가르침 혹은 교훈이라는 뜻을 지니고 있다는 점도 십계명을 열 가지 말씀으로 보아야 한다는 주장을 지지한다.

성서 전체가 하나님의 말씀이고, 율법에 나오는 구체적인 하나님의 명령들 목록 만해도 수 백 가지나 되는데, 왜 굳이 열 가지 말씀만 강조했을까? 이에 대해 성서학자 움베르토 카수토는 사람들로 하여금 열 손가락으로 계명을 하나씩 꼽으면서 언제나 기억하고, 지킬 것을 강조하려는 교육적 목적에서라고 대답한다.[7] 오늘날도 사람들은 교육적 이유에서 '부부 십계명', '다이어트 십계명', '투자 십계명'과 같은 표현을 즐겨 사용한다. 성서에 나타난 하나님의 모든 말씀이 다 중요하지만, 특별히 열 가지 말씀 곧 십계명은 신자들이 매일 열 손가락으로 꼽으면서 기억하고 지켜야 될 중요한 말씀이라는 의미다.

---

7) 박준서, 『십계명 새로보기』 (한들출판사, 2001), 22.

십계명의 기능

칼빈은 『기독교강요』 2권 7장에서 바울의 가르침에 의지하여 율법 곧 십계명을 세 가지 기능으로 나누어 설명하고 있다.

첫째, 십계명은 인간의 죄 성을 밝혀주고, 희미해진 양심을 예민하게 만들어 죄인 됨을 깨닫게 함으로써 하나님의 긍휼을 의지하게 만든다. 이것을 '신학적 기능'이라고 하는데, 바울은 로마서에서 이렇게 설명하고 있다.

"율법으로 말미암지 않고는 내가 죄를 알지 못하였으니 곧 율법이 탐내지 말라 하지 아니하였더라면 내가 탐심을 알지 못하였으리라"(롬 7:7).

둘째, 십계명은 악인과 불신자들로 하여금 심판에 대한 두려움을 갖게 함으로써 죄를 억제한다. 이것을 '정치적 기능'이라고 하는데, 이에 대한 바울의 설명은 다음과 같다.

"알 것은 이것이니 율법은 옳은 사람을 위하여 세운 것이 아니요 오직 불법한 자와 복종하지 아니하는 자와 경건하지 아니한 자와 죄인과 거룩하지 아니한 자와 망령된 자와 ⋯ 기타 바른 교훈을 거스르는 자를 위함이니"(딤전 1:9-10).

바울이 율법의 역할을 '몽학선생'으로 비유했을 때(갈 3:24), 그것은 바로 십계명의 신학적 기능과 정치적 기능을 가리키는 것이었다.

셋째, 십계명은 성령께서 거하시고 다스리시는 신자들을 가르치며

권고한다. 율법의 '제3의 기능'으로 불리는 이 규범적 기능이야말로 십계명의 가장 주된 기능이며, 율법의 고유한 목적에도 잘 부합한다. 말하자면 십계명은 이미 하나님의 구원 사건(출애굽 해방)을 체험한 신자들로 하여금 각각의 계명들을 채찍삼아 날마다 자신을 일깨워 하나님께 가까이 나아가도록 돕는 적극적 역할을 한다.

"주의 말씀은 내 발에 등이요 내 길에 빛이니이다."(시 119:105).

십계명 두 돌판의 배열

성서는 여러 곳에서 십계명이 두개의 돌판으로 되어 있다고 기록하고 있다(출 31:18 외). 그런데 각각의 돌판에 구체적으로 어떤 계명들이 배열되어 있을까 하는 물음에 대해서는 신학적 입장에 따라서 학자나 종파마다 견해를 달리한다.

첫째, 요세푸스 이래로 교부들이 지녔던 견해는 '5-5 배열법'이다. 이 견해에 따르면, 첫째 돌판에는 종교적 의무사항들이 새겨져 있고, 둘째 돌판에는 사회적 의무사항들이 새겨져 있다. 이 배열법은 제5계명(부모 공경)을 종교적 의무를 말하는 첫째 돌판에 배열했는데, 이는 유대인에게 있어서 부모란 하나님의 대리자라고 간주되었기 때문이다. 그리고 '야웨 하나님'이라는 표현이 앞쪽의 다섯 계명에만 등장한다(출 20: 2, 5, 7, 10, 12).

둘째, 아우구스티누스와 가톨릭 그리고 루터교회는 '3-7 배열법'을 주장했다. 이 입장은 셋이라는 숫자가 지니고 있는 신학적 의미(삼위일체)를 중요하게 생각한다. 이 견해에 따르면, 첫째 돌판은 하나님과 관련된 것이므로 제1계명부터 제3계명(가톨릭과 루터교회 분류법에 따르면 안식일 계명)까지 포함하고, 나머지 계명들은 인간관계와 사회관계를 다루는 내용으로서 둘째 돌판에 새겨졌을 것이라고 추측한다.

셋째, 칼빈과 개혁교회는 '4-6 배열법'을 주장한다. 이 입장은 십계명을 하나님 공경과 이웃 사랑으로 요약하신 예수님의 말씀에 기초하여, 두 돌판을 하나님 사랑과 이웃 사랑으로 구분해서 배열한다. 말하자면, 첫째 돌판에는 제1계명부터 제4계명, 둘째 돌판에는 제5계명부터 제10계명이 새겨져 있을 것으로 추측한다.

하지만 어떤 계명들이 어느 돌판에 속하는가를 확정하는 일은 쉬운 일이 아니고 꼭 필요한 일도 아니다. 성서 어디에서도 명확하게 이 물음에 대한 답을 찾을 수 없다. 게다가 열 개의 계명을 서로 다른 두 돌판으로 분리하는 것은 신학적 오해를 불러올 수 있다. 십계명 두 돌판은 서로 짝을 이루고 있어 둘로 나뉠 수 없으며, 그래서도 안 된다. 만약 이 두 돌판을 따로 떼어 놓게 되면 어느 한편 돌판의 내용도 제대로 이해할 수 없게 된다. 이는 십계명에서 하나님 공경과 이웃 사랑, 종교생활과 윤리생활이 통합되어 있기 때문이다.

십계명에서 전제하고 있는 인간이란 하나님과의 관계(첫째 돌판) 속에 있으며 동시에 이웃과의 관계(둘째 돌판) 속에 존재한다. 인간은 하나님을 공경하고 이웃을 사랑할 때라야 비로소 온전한 인간이 될 수 있다. 하나님에 대한 공경은 이웃 사랑을 통해 증명되며, 이웃 사랑 속에서 우리는 하나님을 만날 수 있다. 기독교윤리에서 하나님 신앙은 윤리적 삶을 통해 표현되며, 윤리규범은 하나님 신앙에 뿌리를 박고 있다.

십계명의 구분

십계명이 열 개의 계명으로 되어 있다는 사실은 누구나 알고 있다. 그런데 어느 명령이 몇 번째 계명에 속하는가 하는 물음에 대해서는 신학적 입장에 따라 종파마다 약간씩 견해를 달리한다.

첫째, 알렉산드리아 필로의 영향을 받은 개혁교회나 동방정교회의 입장으로 대다수의 한국교회가 따르는 구분법이다. 먼저 전문이 나오고, 이어서 열 개의 계명이 차례로 나타난다. 유대교와 달리 전문을 하나의 독립적인 계명으로 보지 않는 이유는, 그 형식이 다른 계명들과 달리 명령형이 아니라 서술형으로 되어 있는데다 내용도 요구사항이라기 보다는 하나님의 자기소개라고 보기 때문이다.

둘째, 탈무드 전승을 따르는 유대교 구분법은 우리가 알고 있는 전문을 제1계명으로 삼는다. 그리고 제1계명('다른 신을 두지 말라')과 제2계명('야웨의 신상을 만들거나 숭배하지 말라')을 합해서 제2계명으로 삼는다. 제1계명과 제2계명 둘 다 우상숭배를 금지한다는 점에서 공통적이라고 보기 때문이다. 나머지 계명들은 개혁교회나 동방정교회 입장을 따른다.

셋째, 아우구스티누스의 영향을 받은 가톨릭과 루터교회는 제1계명과 제2계명을 합해서 제1계명으로 삼는다는 점에서 유대교와 같다. 하지만 다른 종파들과 달리 제10계명(탐심 금지)을 서로 다른 두 개의 계명으로 나눈다. 이웃의 '아내'를 탐내지 말라는 계명을 제9계명으로 삼고, 이웃의 '집과 소유물'을(남녀종, 가축, 토지 등) 탐내지 말라는 계명을 제10계명으로 삼는다.

위에서 본 것처럼, 십계명의 두 돌판의 배열과 각 명령의 계명 구분에 대해서는 신학적 입장에 따라 견해가 종파마다 약간씩 다르다. 그럼에

도 불구하고 열 가지 계명의 내용 그 자체에는 아무런 차이가 없다. 십계
명의 구분과 배열 방식이 종파마다 다르다고 하는 것은 십계명에 대한
해석학적 작업의 정당성을 보여준다.

두 본문의 상이점

십계명은 출애굽기 20장과 신명기 5장 두 본문에 각각 나타난다.
히브리어 성서를 보면 두 본문에 여러 가지 차이점이 보인다. 물론, 그
차이라는 것이 대부분 히브리어 접속사의 있고 없음이나 문장의 차이
같은 형식적 요소다. 내용적인 면에서 유의미한 차이가 있다면 안식일
계명(제4계명)과 부모공경 계명(제5계명) 그리고 탐심 금지 계명(제10계
명) 정도다.

첫째, 안식일 계명과 관련하여 출애굽기에서 '기억하라'(출 20:8)로
표현된 부분이 신명기에서는 '기억하라'는 표현 대신에 '거룩하게 하라'
로 바뀌었고, '네 하나님 여호와가 네게 명령한 대로'라는 문장이 첨가되
었다(신 5:12). 안식일에 쉬어야 할 대상과 관련해서도 신명기에서는 출
애굽기에는 나타나지 않는 '소와 나귀'를 첨가했다(신 5:14-15). 이것들
보다 더 중요한 차이는 쉬어야 할 이유에 대한 신학적 차이다. 출애굽기
는 하나님께서 일곱째 날에 쉬셨다는 창조신학을 근거로 내세우는 반면
에(출 20:11), 신명기는 히브리인이 과거 애굽의 노예였다는 구속신학을
근거로 내세운다(신 5:15).

둘째, 부모공경 계명과 관련하여 출애굽기 본문과 달리 신명기 본문
에서는 '네 하나님 여호와께서 명령한대로'라는 표현과 '네 하나님 여호
와가 네게 준 땅에서 네 생명이 길고 복을 누리리라'는 약속이 첨가되었

다(신 5:16).

셋째, 탐심 금지 계명에서 두 본문 사이에는 탐심의 대상과 순서에 차이가 있다. 출애굽기 본문에서는 포괄적인 개념인 '집'이 먼저 언급되고, 이어서 집에 속해 있는 아내-남종-여종-가축-소유의 순서로 나열되어 있다(출 20:17). 하지만 신명기 본문에서는 먼저 '아내'를 독립적인 문장으로 분리한다(신 5:21). 그리고 다음 문장에서 집-밭-남종-여종-소-나귀-소유의 순서로 서술하고 있다. 신명기 본문에서 여성의 사회적 위상이 출애굽기 당시의 상황보다는 상당히 나아진 것을 보여준다.

위에서 간략하게 살펴본 것처럼, 십계명을 기록하고 있는 출애굽기와 신명기의 두 본문 사이에는 몇 가지 내용상 차이가 나타나는데, 이는 두 본문의 '삶의 자리'가 다르기 때문일 것이다. 하지만 이러한 차이점에도 불구하고 전체적으로 볼 때 두 본문 사이에 내용상 큰 차이는 없어 보인다.

해석학의 과제로서 십계명

우리가 십계명을 신학적 통찰과 윤리적인 상상력을 필요로 하는 해석학의 과제로 보아야 하는 데에는 여러 가지 이유가 있다.

첫째, 십계명의 배경이 되는 고대 이스라엘과 우리가 살아가는 현대 사회 사이에 커다란 사회 문화적 갭이 존재하기 때문이다. 고대 이스라엘 사회는 현대 사회보다 훨씬 더 종교적이고 공동체적이었으며, 권위주의적이고 남녀 차별적이었다.

둘째, 십계명의 각 계명들은 아주 간결하고 단순한 문장으로 표현되어 있어서, 그것이 구체적으로 무슨 의미인지 해석이 필요하기 때문이다. 특히 윤리적 딜레마 상황에서 계명을 적용하는 일은 훨씬 더 어렵고 까다로운 문제다.

셋째, 성서 안에서 그리고 이후 계속된 기독교 역사 속에서 십계명은 시대마다 늘 새롭게 해석되었기 때문이다. 출애굽기 본문과 신명기 본문에 기록된 십계명이 다르며, 구약성서와 신약성서에서도 조금씩 다르게 표현된다. 신약성서에서 계명의 순서가 바뀌고, 일부 계명이 생략되기도 한 이유는 시대 상황의 변화에 따른 새로운 해석 때문이었다.

마지막으로, 십계명의 구조나 배열에 대해 기독교 종파별로 차이를 보이는 점도 십계명에 대해 종파마다 서로 다른 신학적 입장과 해석학적 관점을 가지고 있었기 때문이다.

만약 우리가 십계명에 대한 해석학적 작업을 게을리 하여 십계명을 자구적-문자적으로만 가르치고 지키려고 할 때, 우리는 필연적으로 율법주의의 함정에 빠지고 말 것이다. 고대 히브리인을 위한 십계명을 우리 시대를 위한 살아있는 하나님의 말씀으로 만들려면 반드시 재해석이라는 고된 신학적 작업을 거쳐야만 한다. 그러한 신학 작업을 수행하는 데 있어서 다음에 서술하게 될 예수님의 십계명 해석 원리는 절대적으로 중요한 지침이 된다.

예수님의 십계명 해석 원리

십계명을 해석하는 데 있어서 최고의 권위를 가진 분은 예수님이시다. 예수님은 모세를 통해 주어진 십계명이 새로운 시대 상황에서도 여전히 의미를 가질 수 있도록 새롭게 해석하셨다. 율법 선생(랍비)이셨던 예수님을 통해 십계명을 해석하고 적용하는 데 있어서 중요한 원리

네 가지를 배울 수 있다. 곧 자구적 해석 대신 본질적 의미, 외면의 행위 대신 내면의 마음, 금지 명령 대신 긍정 명령 그리고 들음 대신 실천이다.

첫째, 예수님은 십계명을 해석하는 데 있어서 각 계명의 본질적 의미가 무엇인지에 관심하셨다. 하나님께서 그 계명을 통해 궁극적으로 무엇을 원하시는가에 초점을 맞추셨다. 율법주의자들이 계명을 자구적으로 이해하고, 그것을 문자적으로 해석하는데 머문 것과는 전혀 다른 해석 방법이었다.

계명의 본질적 의미에 초점을 두어야 한다는 예수님의 해석법이 적용된 대표적인 사례가 바로 안식일 계명이었다. 예수님의 관점에서 보면, 하나님께서 안식일 계명을 주신 본래 의도는 인간의 자유를 위해서다. 하지만 율법주의자들은 안식일을 자유를 옥죄고 억압하는 굴레로 만들어 버렸다. 율법주의자들은 안식일 계명을 해석하면서 안식일에 해서는 안 될 일의 목록 39가지를 만들었다. 여기에는 씨뿌리기, 밭 갈기, 수확, 타작, 키질, 반죽하기, 빵 굽기, 양털 깎기, 사냥하기, 글씨 쓰기, 불을 켜거나 끄기, 짐 나르기 등이 속했다. 심지어 안식일에 자기 아이를 안아주는 것은 무방하지만, 책을 손에 들고 있는 아이를 안아주는 것은 안식일 계명 위반으로 해석했다. 이는 책을 이동시키는 '일'에 해당된다고 보았기 때문이다.[8]

이처럼 세월이 흐르면서 안식일에 금지 된 일의 목록이 점차 늘어나면서 인간의 자유와 쉼을 위해 제정되었던 안식일 계명은 오히려 인간의 자유를 억압하고 쉼을 빼앗아 버렸다. 이런 왜곡된 상황에서 예수님은 안식일의 본래적 목적과 본질적 의미가 사람의 자유와 쉼에 있음을

---

8) 박준서, 『십계명 새로보기』, 80.

주지시켰다.

"안식일이 사람을 위하여 있는 것이요 사람이 안식일을 위하여 있는 것
이 아니다"(막 2:27).

한편, 예수께서는 십계명의 본질적 의미와 궁극적 목적에 관심하셨기 때문에 열 개의 계명들을 두 개의 계명, 즉 하나님 공경과 이웃 사랑으로 요약하셨다(마 22:34-40; 막 12:28-34; 눅 10:25-27). 하나님 공경과 이웃 사랑이야말로 십계명의 근본 정신이요 신앙의 요체다. 이 둘은 예수님의 십자가에 나타난 기독교의 핵심 진리이기도 하다. 위로는 하나님을 공경하고, 옆으로는 세상을 섬기는 것이 십자가의 진리다.

둘째, 예수님은 겉으로 드러난 행위가 아니라 내면 세계를 판단 기준으로 삼으셨다. 예를 들어 살인 금지 계명을 해석하시면서 예수님은 겉으로 드러난 살인 행위 대신에 인간 내면의 분노와 미움을 문제 삼으셨다.

"옛 사람에게 말한바 살인하지 말라 누구든지 살인하면 심판을 받게 되
리라 하였다는 것을 너희가 들었으나 나는 너희에게 이르노니 형제에게
노하는 자마다 심판을 받게 되고 형제를 대하여 라가라 하는 자는 공회에
잡혀가게 되고 미련한 놈이라 하는 자는 지옥 불에 들어가게 되리라"(마
5:21-22).

우리가 도덕적 판단을 내리는데 있어서 율법주의자들처럼 겉으로 드러난 행위만을 기준으로 삼을 때, 우리는 도덕적 형식주의나 바리새

적 위선이라는 함정에 빠지기 쉽다. 예수님께서 율법주의자과 바리새인을 향해 '회칠한 무덤'같다고 비판하신 이유가 바로 그 때문이다.

"화 있을 진저 외식하는 서기관들과 바리새인들이여 잔과 대접의 겉은 깨끗이 하되 그 안에는 탐욕과 방탕으로 가득하게 하는도다 … 화 있을 진저 외식하는 서기관들과 바리새인들이여 회칠한 무덤 같으니 겉으로는 아름답게 보이나 그 안에는 죽은 사람의 뼈와 모든 더러운 것이 가득하도다"(마 23: 25-27).

셋째, 예수님은 '하지 말라'로 표현된 수동적이고 소극적인 금지 명령을 적극적이고 긍정적인 명령으로 재해석하셨다. 십계명에는 '하지 말라'는 금지 명령이 '하라'는 긍정 명령보다 더 많다. 긍정 명령은 안식일 계명과 부모 공경 계명 두 가지 뿐이다. 그런데 우리가 금지 명령의 의미를 제대로 이해하지 못하면, 자칫 수동적이고 소극적인 도덕 상태로 만족하게 된다. 금지 명령들은 우리가 반드시 지켜야 할 도덕의 최소한을 말해주는 것이지, 그것으로 충분하다는 의미는 결코 아니다. 성서는 해서는 안 될 일을 저지른 죄(sins of commission)만 아니라 마땅히 행해야 할 일을 하지 않은 죄(sins of ommission)까지도 비판한다. 법률적으로 말하면, 작위(作爲)의 죄만 아니라 부작위(不作爲)의 죄까지 문제 삼는다. 말하자면 악을 행하지 않았다는 소극적 상태에 만족하지 말고, 적극적으로 선을 행해야 한다는 뜻이다.

"이러므로 사람이 선을 행할 줄 알고도 행치 아니하면 죄니라"(약 4:17).

안식일 계명을 예로 들면, 율법주의자들은 안식일에 금지 된 일을 하지 않는 것에 만족했다. 하지만 예수님께서는 고통 받거나 죽어가는 생명을 살리는 일이라면 비록 안식일이라도 서슴지 않고 행동하셨다. 안식일에 예수님은 굶주린 제자들이 밀 이삭을 잘라 손으로 비벼 먹은 일을 옹호하셨고(눅 6:1-5), 한쪽 손이 말라 고통당하는 사람을 고치셨고(막 3:1-6), 18년 동안이나 귀신 들려 허리를 펴지 못하는 여인을 치유하셨으며(눅 13:10-17), 38년 동안이나 거동을 못하던 병자를 일으켜 세우셨다(요 5:1-9). 예수님에게 안식일이란 '금기의 날'이 아니라 '행동의 날'이었다. 예수님은 이런 적극적이고 긍정적인 행동을 비난하는 율법주의자들을 향해 이렇게 반문하셨다.

"내가 너희에게 묻노니 안식일에 선을 행하는 것과 악을 행하는 것, 생명을 구하는 것과 죽이는 것, 어느 것이 옳으냐"(눅 6:9).

마지막으로, 예수님은 십계명의 실천을 강조하셨다. 십계명은 하나님의 언약백성이 듣고, 이해하고, 암송하는 데 머물지 않고 나아가 행동으로 실천해야 할 대상이었다. 십계명은 삶의 실천을 위해 있는 것이지, 단지 배우고 알기 위해 있는 것은 아니다. 예수께서는 산상수훈을 통해 십계명을 재해석하시면서 모든 가르침을 마무리하는 결론부에서 계명을 '듣는 것' 대신에 '실천할 것'을 강조하셨다. 계명을 듣기만 하는 사람은 모래위에 집을 짓는 '어리석은 자'와 같지만, 계명을 행하는 사람이라야 반석 위에 집을 짓는 '지혜로운 자'가 된다.

"그러므로 누구든지 나의 이 말을 듣고 행하는 자는 그 집을 반석 위에 지은 지혜로운 사람 같으리니 비가 내리고 창수가 나고 바람이 불어 그 집에 부딪치되 무너지지 아니하나니 이는 그 주초를 반석 위에 놓은 까닭이요 나의 이 말을 듣고 행치 아니하는 자는 그 집을 모래 위에 지은 어리석은 사람 같으리니 비가 내리고 창수가 나고 바람이 불어 그 집에 부딪히매 무너져 그 무너짐이 심하니라"(마 7:25-27).

자동차를 잘 운전하려면 매뉴얼을 충실히 읽는데 머물지 말고, 직접 차를 몰고 나가서 훈련해야 한다. 마찬가지로 신자들도 십계명을 듣고, 배우고, 외우는 데 만족하지 말고 나아가 직접 계명대로 살아보려고 노력해야 한다. 계명을 실천하려고 자꾸 애쓰다 보면 어느 날 그 계명이 우리의 삶이 되고 인격이 될 것이다.

3장
전문: 야웨는

"나는 너를 애굽 땅, 종 되었던 집에서 인도하여 낸 네 하나님 여호와니라"(출 20:2).

전문(前文)의 의의

"유구한 역사와 전통에 빛나는 우리 대한국민은 3.1운동으로 건립된 대한민국임시정부의 법통과 불의에 항거한 4.19 민주이념을 계승하고, 조국의 민주개혁과 평화적 통일의 사명에 입각하여 … 안으로는 국민생활의 균등한 향상을 기하고 밖으로는 항구적인 세계평화와 인류공영에 이바지함으로써 우리들과 우리들의 자손의 안전과 자유와 행복을 영원히 확보할 것을 다짐하면서 1948년 7월 12일에 제정되고 8차에 걸쳐 개정된 헌법을 이제 국회의 의결을 거쳐 국민투표에 의하여 개정한다"(대한민국 헌법 전문).

일반적으로 헌법 전문이란 법의 머리말로서 법이 어떤 역사를 거쳐서 제정되었고, 어떤 정신과 이념에 기초해 있는지 알려준다. 전문에는 이 헌법을 통해 이루고자 하는 목표가 무엇인지도 제시되어 있다. 그렇기 때문에 헌법 전문은 각종 법의 조문들을 해석하는 지침이 되며, 재판을 할 때에도 규범적 역할을 한다.

우리나라 헌법 전문과 마찬가지로 십계명의 전문 역시 십계명의 유래와 이념 그리고 제정 의도를 말해준다. 누가 어떤 과정을 거쳐 제정했으며, 왜 십계명을 주었는지 그 이유를 밝히고 있다. 따라서 십계명 전문은 뒤 이어 나오는 열 개의 계명들을 이해하는 열쇠와 같으며, 그것들을 해석하는 기본 원리와 규범이 된다.

하나님께서 직접 제정하심

십계명 이해의 본질은 하나님이 '무엇'을 명령하셨는가보다 그분이 '어떤' 분이신가를 이해하는 데 있다. 드라마틱하게 묘사된 십계명의 선포 장면(출 19장)이 십계명 선포에 앞서 자세히 묘사된 이유도 바로 그 때문이다. 애굽을 탈출한 이스라엘 백성이 시내 광야에 도착했을 때, 하나님께서 모세를 통해 백성들을 성결하게 한 후에 드디어 자신의 모습을 드러내신다. 우레와 번개, 빽빽한 구름, 자욱한 연기, 커다란 나팔소리가 진동하는 가운데 나타나신 하나님께서 십계명을 선포하신다. 성서는 이 같은 묘사를 통해서 십계명을 제정하시고 수여하신 분이 바로 하나님 자신이었음을 강조한다.

성서학자들은 십계명의 형식과 관련하여 고대 근동의 법전들, 즉 히타이트 종주권 계약법이나 에블라 계약법, 혹은 이집트의 '사자의 서' 등과 상관성이 있을 것이라고 가정한다. 특히, '만약 … 하면'이라는 표현으로 시작되는 법의 양식은 고대 근동의 법들에 공통적으로 나타난다고 한다. 하지만 우리는 십계명과 고대 근동의 법들 사이에 존재하는 차이점들을 간과해서는 안 된다. 왜냐하면, 그 차이야말로 바로 십계명의 고유성이며 본질적 특성이라고 볼 수 있기 때문이다.

고대 근동의 법들과 비교할 때 십계명이 지닌 가장 큰 차이점은 법의 기원에 대한 생각이다. 현대의 모든 법들은 국민의 합의에서 나오는 반면에 고대 근동의 법들은 군주에게서 나온다. 최초의 성문법으로 알려진 바벨론의 함무라비 법전(기원전 1772)은 그들이 숭배했던 신의 이름이 아니라 통치자의 이름으로 제정되었다. "(이것은) 탁월한 군주 함무라비가 정한 올바른 판결이다. (이것으로) 그는 이 나라에 확고한 도덕과 바른 행실이 자리 잡게 하였다."[1] 법전의 기원만 아니라 그 내용까지도 신의 권위가 아니라 통치자 함무라비의 권위에 기초해 있다.

그런데 십계명은 통치자였던 모세의 권위에 기초한 '모세의 법'이 아니라 '하나님의 법'이었다. 모세가 아니라 하나님이 제정하셨고, 모세는 단지 그것을 백성에게 전달하는 역할을 했을 뿐이다. 이처럼 십계명이 백성들이나 통치자에게서 나온 것이 아니라 하나님 자신으로부터 왔다는 생각은 십계명의 절대적 권위를 뒷받침하는 근거가 된다. 이런 생각은 하나님께서 십계명 두 돌판을 '손수 새겨 만드셨다'는 표현을 반복하는 데서도 확인된다.

> "네가 그들을 가르치도록 내가 율법과 계명을 친히 기록한 돌판을 네게 주리라"(출 24:12).

---

1) 프랑크 크뤼제만, 김상기 역, 『토라』(한국신학연구소, 1995), 38.

"그 돌판의 글은 하나님이 손으로 기록하신 것이요"(신9:10).

십계명의 도덕적 권위

고대 근동의 다른 법들과 달리 십계명은 신적 권위에 기초해 있다는 생각은 신학적으로만 아니라 윤리적으로도 중요한 의미를 지닌다. 종교적으로 세속화되고 세계관적으로 다원화 된 현대 사회는 도덕의 절대성을 거부한다. 보편적이고 절대적인 도덕적 기준이나 규범을 인정하지 않는 윤리적 상대주의가 지배하고 있다. 도덕적으로 옳고 그름을 판단하는 절대적 기준이 존재할 수 없다는 생각은 자칫 '무슨 일이든 내 맘대로 해도 된다'(도적적 쾌락주의)든가 '도덕적으로 살 필요가 없다' (도덕적 허무주의)는 생각으로까지 발전할 수 있다. 현대 사회의 도덕적 혼란과 무질서는 도덕적 상대주의와 어느 정도 관련되어 있다.

우리 사회는 지금 공동체의 해체 위기 앞에서 대안으로서 도덕 교육과 인성 교육을 강조하고 있다. 한참 늦은 감이 있으나 다행스런 일이다. 그런데 문제는 '어떤' 세계관이나 가치관에 기초해서 인성과 도덕성을 교육 할 것인가 하는 데서 생긴다. 절대자이신 하나님을 인정하지 않는 곳에서 사람들은 시대 조류인 도덕적 상대주의에 따라 '각기 자기의 소견에 옳은 대로'(삿 21:25) 행동하며 살게 될 가능성이 크다.

도스또예프스끼는 그의 작품 『까라마조프 씨네 형제들』에서 하나님 없는 무신론 시대에 인간성이나 도덕 상황이 어떻게 추락하는지 잘 보여주고 있다. '천국행 입장권을 반납하겠다'고 공공연히 말하는 무신론자 둘째 아들 이반은 자신의 배 다른 동생이며 하인이었던 스메르자코프를 세뇌시킨다. '신은 존재하지 않는다. 그러므로 모든 것이 허용된다.' 그렇게 세뇌 당한 스메르자코프는 아버지를 살해하고, 자신도 자살에 이르고 만다.

신이 없는 곳에서 인간은 스스로 신이 된다. 인간이 스스로 신이 되면, 절대 가치나 절대 규범이 무너지면서 인간은 도덕적으로 추락하고 사회는 도덕적 혼란에 빠질 가능성이 커진다.

도덕적 추락과 가치관 혼란에 고통 받는 우리시대에 야웨의 절대적 권위에 기초해 있는 십계명은 윤리적으로 매우 중요하다. 왜냐하면 십계명에는 도덕적 선과 악에 대한 절대 가치와 절대 규범이 명백하게 나타나 있기 때문이다. 하나님은 십계명을 통해서 그분이 기뻐하시는 일과 싫어하시는 일, 즉 우리가 해야 할 일과 해서는 안 될 일이 무엇인지 분명하게 말씀하고 있다. 그 절대적인 하나님의 뜻은 시대가 변한다고 변하는 것이 아니며, 장소가 바뀐다고 바뀔 수 있는 것도 아니다. 그 절대적인 하나님의 뜻은 인간의 합의에 의해 바꿀 수 있는 것도 아니며, 어느 통치자가 마음대로 수정할 수 있는 것도 아니다. 하나님이 불변하는 존재이듯이 그 하나님의 권위에 기초한 십계명도 도덕 생활의 불변하는 규범이 된다.

십계명의 인격적 특성

십계명 전문에서 하나님은 자신을 가리켜 '너'의 하나님 여호와라고 소개하셨다. 십계명이 딱딱한 법조문이나 차가운 계약서가 아니라 '나와 너'의 인격적 관계 속에서 맺어지는 '언약'임을 말해주는 표현이다.

마틴 부버는 그의 책 『나와 너』에서 인간의 참된 삶이란 만남이며, 그 만남은 '나-너'의 관계에서라야 가능하다고 한다. '나와 그것(It)'의 관계는 상대를 대상화하고 수단화함으로써 비인격적인 사물(그것)로 만든다. 이에 비해 '나와 너(You)'의 관계는 상대를 목적 그 자체로 대함으로써 인격 관계를 가능하게 만든다.[2] 인격 관계란 일방적이지 않고 상호적인 특징을 지니고 있어서 서로가 서로에게 영향을 주고받는다. 인격 관계는 선택받으며 동시에 선택하는 관계, 곧 수동인 동시에 능동인 관계다. 나-너의 관계 속에서 둘은 서로 사귀고, 사랑하고, 섬기고, 경청하고, 반응하고, 요청하고, 나누는 삶을 살게 된다.

성서에서 죄는 이러한 인간됨의 근본조건인 나-너의 관계를 왜곡하고 파괴하는 세력으로 묘사된다. 인간의 타락 이야기(창 3장)에서 죄는 하나님과의 관계, 이웃과의 관계, 자아와의 관계 그리고 자연과의 관계를 파괴하는 행위로 묘사되고 있다. 인간이 하나님과의 언약 관계를 파괴함으로 말미암아 생겨나는 모든 형태의 관계 왜곡이나 파괴가 곧 죄다. 하나님과의 관계가 단절된 인간은 이웃과 자연에 무책임하며, 자아까지 소외시킨다. 폴 틸리히는 이러한 인간의 실존적 상황을 '소외'라는 개념으로 설명했다.[3] 즉 낙원으로부터의 추방, 인간과 자연 사이의 적대감, 형제가 형제를 살해하는 적대감, 언어 혼란에 의한 민족과 민족 사이의 갈등 등이 다 하나님과의 관계가 파괴됨으로 말미암아 생겨나는 인간 사회의 필연적인 모습이다.

만약 죄를 관계의 왜곡이나 파괴라고 정의할 수 있다면, 구원을 관계의 회복과 개선이라고 정의 할 수 있을 것이다. 십계명은 인간과 하나님, 인간과 이웃 그리고 인간과 자연 사이에 깨어진 관계를 회복하고 개선하는 길을 제시해준다. 우리가 하나님의 계명을 지키고 순종하여 따를

---

2) 마틴 부버, 표재명 역, 『나와 너』(문예출판사, 2001), 7.
3) 폴 틸리히, 김경수 역, 『조직신학 2』(성광문화사, 1992), 85.

때, 하나님은 '우리의 하나님'이 되고, 우리는 '그의 백성'이 된다.

'무엇' 대신에 '누구'와 '왜'가 중요

십계명을 통한 하나님과의 인격적 관계 맺음은 십계명의 이해나 실천의 출발점이다. 하나님과의 인격적 만남이 없다면 십계명은 인간의 자유를 억압하고 구속하는 또 다른 무거운 짐으로 전락하고 말 것이다. 그러므로 십계명을 이해하는 데 있어서 중요한 물음은, 하나님께서 우리에게 '무엇'을 요구하셨는가가 아니라, 그분이 '누구'이시며, '왜' 계명을 주셨는지를 숙고하는 데 있다.

율법주의자들은 십계명의 내용만 신경 쓰느라 그것을 명령하신 분이 누구시며, 왜 그것을 주셨는지 알려는 노력에 소홀했다. 십계명을 자구적-문자적으로 지키는 데 열심을 내느라 그분과 인격적으로 사귀려는 노력을 게을리 했다. 그 결과 십계명은 인간의 자유를 구속하는 '죽이는 법조문'이 되었고, 그것을 담고 있는 성서는 '도덕 교과서'로 전락하고 말았다.

하지만 우리가 십계명을 통해 하나님과 인격적으로 만나게 되면, 우리의 신앙생활에서 도덕과 신앙이 조화롭게 되고 통일성을 가질 수 있게 된다. 실제로 성서 속 믿음의 선조들은 자신의 도덕적 잘못을 단순히 도덕적 문제로만 보지 않고, 하나님과의 관계를 파괴하는 신앙적 잘못으로 파악했다. 예로써 요셉은 보디발 장군의 아내가 유혹할 때, 그녀와 관계하는 것이 보디발 장군과의 관계만 아니라 하나님과의 관계도 파괴하는 일이라고 생각했다. 다윗도 밧세바와 관계를 맺고, 그녀의 남편을 죽게 만든 일을 두고서 '하나님께 지은 죄'라고 고백한다.

"내가 어찌 이 큰 악을 행하여 하나님께 죄를 지으리이까"(창 39:9).

"내가 주께만 범죄하여 주의 목전에 악을 행하였사오니"(시51:5).

우리가 십계명을 통해서 하나님을 인격적으로 만나고 경험하려면 계명들을 '배우고', '지키는 일'과 더불어 계명들을 '묵상하는 일'도 필요하다.[4] 우리는 십계명의 말씀을 묵상할 때 비로소 하나님이 어떤 분인지 그리고 그 말씀을 듣는 나는 누구인지 깨닫게 된다. 십계명 속에서 딱딱한 법조문이나 무거운 도덕적 요구가 아니라 하나님을 인격적으로 만났던 시편 시인은 119편에서 이렇게 고백한다.

"내가 주의 법을 어찌 그리 사랑하는지요. 내가 그것을 종일 작은 소리로 읊조리나이다 … 주의 말씀의 맛이 내게 어찌 그리 단지요. 내 입에 꿀보다 더 다니이다 … 내가 날이 밝기 전에 부르짖으며 주의 말씀을 바랐사오며 주의 말씀을 조용히 읊조리려고 내가 새벽녘에 눈을 떴나이다"(시 119:97-148).

십계명의 대상인 '너'

십계명에는 계명을 듣고 지켜야 할 대상으로 2인칭 단수인 '너'를 염두에 두고 있다. '너'가 구체적으로 누구를 지칭하는가에 대해서 성서학자들은 법적-종교적 권리를 가진 '히브리 자유인 남성'일 것이라는 데에 일치한다. 왜냐하면 십계명의 내용을 보면, '너'로 불리는 사람은

---

4) 안젤름 그륀, 송안정 역, 『인생을 떠받치는 열 개의 기둥』(21세기북스, 2010), 17.

부모를 모시고 사는 성인이며(제5계명), 여성에게 정욕을 느낄 수 있는 남성이고(제7계명), 재판에서 증인이나 원고로 등장할 수 있는 자유민이며(제9계명), 자기 재산으로 아내나 남녀종, 농토, 가축을 소유한 사람이기(제10계명) 때문이다.5) 십계명이 계명을 지켜야 할 대상으로 자유인 남성을 염두에 둔다고 해서 노인이나 어린이, 여성이나 종은 십계명을 지키지 않아도 된다는 뜻은 아닐 것이다. 십계명은 애굽에서 해방된 모든 이스라엘 백성들을 향해 선포된 것이다. 더 나아가 하나님의 '새언약 백성'이 된 우리들 모두를 대상으로 선포된 것이다.

십계명의 대상에 대한 논의에서 또 하나 기억해야 할 점은 고대 히브리인들에게 2인칭 단수로 표현된 '너'라는 존재는 항상 '공동체 속의 개인'이었다는 사실이다. 개인주의가 발달한 현대 사회에서는 개인을 공동체로부터 구분하고, 때로 개인이 공동체보다 더 중요하게 다루어지지만, 고대 사회에서 개인이란 항상 공동체적 존재로 이해되었다. '나'라는 존재는 태어나면서부터 죽을 때까지 가족이나 지파 그리고 민족이라는 공동체에 결속된 존재였다.

십계명을 지켜야 할 대상이 공동체적 존재로서 '너'였다는 사실은 윤리적으로도 중요한 의미를 가진다. 왜냐하면 개인을 공동체로부터 분리된 존재로 이해할 때 극단적 개인주의나 이기주의에 빠질 수 있으며, 그 반대로 개인을 공동체 속에 함몰된 존재로 이해할 때 집단주의에 함몰될 수 있기 때문이다.

기독교윤리가 전자의 입장을 취할 때 모든 책임을 구조 악 대신 개인에게 묻거나 개인의 양심에만 호소하게 되고, 개인 윤리적 이슈에만 관심하게 된다. 한편, 기독교윤리가 후자의 입장을 취하면 모든 책임을

---

5) 프랑크 크뤼제만, 이지영 역, 『자유의 보존』(크리스천 헤럴드, 1999), 36-37.

사회에 돌리고, 개인의 도덕적 책임은 약화된다. 사회의 구조 악이나 제도 악만 문제 삼으면서 정작 개인들의 윤리적 책무를 약화시킨다. 그런데 십계명의 대상인 '너'라고 하는 존재는 개인적 존재이며 동시에 공동체적 존재이기 때문에 십계명 윤리는 개인적 책임과 동시에 사회적 책임도 강조한다.

하나님의 일방적 사랑

십계명은 하나님과 그의 백성 사이에 맺어진 언약이다. 이 언약을 통해 하나님은 이스라엘 백성의 주(主)가 되며, 이스라엘은 그의 백성이 된다. 그런데 언약관계에서 두 파트너는 서로에게 구속되지만, 결코 억압적이지 않다. 비록 인간 쪽에서 하나님에게 불성실한 경우에조차 하나님은 그의 백성에게 한결같으시다.

이스라엘 백성을 향한 하나님의 언약적 사랑은 히브리 민족의 일방적인 선택과 구원의 약속이란 형태로 표현된다.

먼저, 하나님은 수많은 백성과 족속들 가운데 오직 이스라엘 백성만을 선택하시고, 그들에게 자유를 선물하셨다. 그렇게 하신 이유가 있다면 오직 하나, 하나님께서 그들을 사랑하셨기 때문이다. 조건 없는 사랑, 이유 없는 사랑이 그들을 애굽으로부터 해방시킨 이유다.

"여호와께서 네 조상들을 사랑하신 고로 그 후손인 너를 택하시고 큰 권능으로 친히 인도하여 애굽에서 나오게 하셨다"(신 4:37).

"여호와께서 너희를 기뻐하시고 너희를 택하심은 너희가 다른 민족보다

수효가 많기 때문이 아니니라. 너희는 오히려 모든 민족 중에 가장 적으니라 여호와께서 다만 너희를 사랑하심으로 말미암아, 또는 너희의 조상들에게 하신 맹세를 지키려 하심으로 말미암아 자기의 권능의 손으로 너희를 인도하여 내시되 너희를 그 종 되었던 집에서 애굽 왕 바로의 손에서 속량하셨나니"(신 7:7-8).

한편, 하나님은 이스라엘 백성을 선택하여 자유를 선물하셨을 뿐만 아니라, 그 자유를 영원토록 누릴 수 있도록 지키시고 돌보시겠다고 약속하신다. 하나님은 현재만 아니라 미래에도 영원토록 그들의 인도자가 되어 구원해 주실 것을 약속하신다.

"너는 두려워하지 말라 내가 너를 구속하였고 내가 너를 지명하여 불렀나니 너는 내 것이라 네가 물 가운데로 지날 때에 내가 너와 함께 할 것이라 강을 건널 때에 물이 너를 침몰하지 못할 것이며 네가 불 가운데로 지날 때에 타지도 아니할 것이요 불꽃이 너를 사르지도 못하리니 대저 나는 네 하나님이요 이스라엘의 거룩한 이요 네 구원자임이라"(사 43:1-3).

응답으로서 십계명 윤리

하나님의 일방적인 선택과 무조건적인 사랑은 선택받고 사랑받은 대상에게서 반응을 불러일으킨다. 기독교윤리에서 은혜(indicative)는 명령(imperative)보다 앞선다. 인간의 도덕적 책임이란 하나님의 사랑의 행위에 대한 반응이요, 하나님의 부르심에 대한 응답이다. '책임'이란 영어(responsibility)나 독일어(verantwortung) 단어 모두 부르심이라는 앞선 행위에 대한 '반응'이나 '응답'을 가리킨다.

십계명 윤리도 애굽의 노예 생활에서 자신들을 해방시켜준 은혜로운 하나님에 대한 언약 백성의 감사하는 마음에서 나오는 응답으로서의 윤리다. 십계명 윤리의 특징은 우리를 향한 하나님의 자유케 하는 사랑에 '아멘'으로 반응하는 신앙적 행위에 있다.

십계명 윤리에 대한 이런 신학적 이해 때문에 『하이델베르크 교리문답』은 구조상 십계명을 인간의 죄와 구원에 대한 교리 다음에 두고 있다. 즉, 제1부에서는 '인간의 죄와 비참함'을 다루고, 제2부에서는 '인간의 구원'을 다룬다. 십계명은 제3부에서 다루어지는데, '감사'라는 제목 아래 설명되고 있다. 말하자면, 신자에게 있어서 십계명이란 구원의 조건이 아니라 하나님의 구원행위에 대한 감사의 응답에 해당된다. 그러므로 십계명은 고통스러운 멍에나 무거운 짐이 아니라 '쉬운 멍에요 가벼운 짐'이 된다(마 11:30).

하나님의 부르심은 응답을 요청하고, 하나님의 선택에는 책임이 따르기 때문에 구원받은 신자들에게는 '부르심에 합당하게' 살아야 할 윤리적 책임이 뒤따른다. 하나님께서 아브라함을 부르신 이유가 그를 통하여 온 열방으로 하여금 복을 받게 하려는 데 있었듯이, 이스라엘 백성을 선택하고 해방시킨 이유도 그들로 하여금 온 세상을 위한 '제사장 나라'가 되게 하려는 데 있다(출 19:5-6). 그런데 제사장 나라와 거룩한 백성이 되는 일은 히브리인에게만 아니라 새 언약의 백성인 그리스도인들 모두에게 해당되는 축복이요 책임이다.

"너희는 택하신 족속이요 왕 같은 제사장들이요 거룩한 나라요 그의 소유가 된 백성이니"(벧전 2:9).

자유로의 초대장

십계명에 대한 가장 큰 오해나 편견은 십계명이 자유를 억압하고 구속한다는 의구심일 것이다. 얼핏 '하지 말라'는 금지명령으로 표현된 십계명은 인간의 자유를 제약하고 구속하는 것처럼 보인다. 하지만 십계명은 자유의 산물이며, 자유를 보존하는 데 목적이 있다. 우리는 십계명의 근본 주제가 자유(해방)라는 것을 다음 몇 가지 사실을 통해서 확인할 수 있다.

첫째, 십계명이 선포될 당시의 역사적 배경이 자유와 밀접하게 관련되어 있다. 십계명의 선포에 앞서 출애굽 해방 사건이 있었다. 출애굽 해방 사건과 십계명 선포 사건은 서로 뗄 수 없는 관계에 있다. 둘째, 십계명 전문에서 십계명을 제정하신 하나님께서 자신을 '해방자'로 계시하셨다. 애굽의 통치자 파라오와 달리 하나님은 자유롭게 하시는 분이지 인간을 노예로 삼거나 억압하는 통치자가 아니다. 셋째, 자유는 십계명을 지킬 때라야 비로소 실현이 가능한 윤리적-신앙적 가치다. 자유란 하나님 관계와 이웃 관계에서 책임적으로 살아갈 때라야 비로소 실현된다. 말하자면 십계명은 자유를 위한 것으로서, 해방 된 인간이 자유를 지키고 보존하는데 절대적으로 필요한 삶의 지침이다. 십계명은 인간다운 삶과 공동체 존립의 전제조건인 자유와 해방으로의 초대장이다.

전인적 해방 사건으로서 출애굽

이스라엘 사람들은 자신들의 민족적-신앙적 정체성을 출애굽 사건
에서 찾는다. 왜냐하면 그들이 출애굽 사건을 통해 비로소 하나의 신앙
공동체로 태어날 수 있었기 때문이다. 그래서 그들은 가나안 땅에 정착
한 후에도 매년 농사의 첫 수확기 때가 되면 출애굽 사건을 회상하는
의식을 치렀다.

"내 조상은 방랑하는 아람 사람으로서 애굽에 내려가 거기에서 소수로
거류하였더니 … 여호와께서 우리 음성을 들으시고 우리의 고통과 신고
와 압제를 보시고 여호와께서 강한 손과 편 팔과 큰 위엄과 이적과 기사
로 우리를 애굽에서 인도하여 내시고 이곳으로 인도하사 이 땅 곧 젖과
꿀이 흐르는 땅을 주셨나이다"(신 26:5-9).

이스라엘 백성에게 출애굽 사건이란 전인적이고 역사적인 해방 사
건이요 구원 사건이었다. 출애굽은 제국에 의한 식민지 백성의 정치적
억압과 탄압으로부터의 정치적 해방이었다. 출애굽은 제국에 의한 경
제적 착취와 강제 노동으로부터의 해방이었다. 출애굽은 유목민에게
낯선 농경문화를 따라 살아야 했던 문화적 소외와 차별로부터의 해방이
었다. 출애굽은 그들의 조상 아브라함의 하나님, 이삭의 하나님, 야곱의
하나님 대신에 애굽의 태양신 '아멘 라'와 그의 현현이라 믿었던 파라오
숭배로부터의 종교적 해방이었다. 십계명은 이러한 전인적이고 역사적
인 해방 사건에 잇대어 있다.

해방자 하나님

하나님은 십계명을 선포하시면서 자신을 해방자로 계시하셨다.

"나는 너를 애굽 땅, 종 되었던 집에서 인도하여 낸 네 하나님 여호와다"
(출 20:2).

하나님을 묘사하는 수많은 표현들이 있지만, '너의 해방자'라는 표현
만큼 인간에게 의미 있는 표현도 없을 것이다. 왜냐하면 인간은 자유로
울 때 비로소 인간다운 삶을 살아갈 수 있기 때문이다. 하나님께서는
이스라엘 백성들이 자신을 무엇보다 해방하는 신이요 자유를 주시는
통치자로 알아주기를 원하셨다.

"나는 애굽 사람의 무거운 짐 밑에서 너희를 빼낸 너희의 하나님 여호와
인줄 알리라"(출 6:7).

예수님께서도 자신의 정체성을 해방자로 이해하셨다. 예수님은 자
신이 부름을 받고, 보냄 받은 목적이 새 언약 백성에게 해방을 선포하는
데 있다고 생각하셨다. 어느 안식일 나사렛 회당에 들어가신 예수님께
서 두루마리 성서를 펼쳐 읽으셨는데, 그것은 바로 '해방자로서 메시야'
에 대한 예언서의 말씀(사 61:1-2)이었다. 예수님은 자신의 사명이 포로
된 자와 눌린 자의 해방과 '은혜의 해'(희년)를 선포하는 데 있다고 생각
하셨다. 일곱 번의 안식년 후에 맞는 희년에는 종들뿐만 아니라 땅도
자유를 얻게 된다(레 25:8-17).

"주의 성령이 내게 임하셨으니 이는 가난한 자에게 복음을 전하게 하시려고 내게 기름을 부으시고 나를 보내사 포로 된 자에게 자유를, 눈 먼 자에게 다시 보게 함을 전파하며 눌린 자를 자유롭게 하고 주의 은혜의 해를 전파하게 하려 하심이라"(눅 4:18-19).

출애굽의 하나님 곧 십계명의 하나님은 우리를 모든 형태의 종살이로부터 자유롭게 하시는 해방자다. 복음이란 해방자이신 하나님께서 우리를 모든 형태의 종살이로부터 해방시키심에 대한 '기쁜 소식'이다.

해방의 궁극적 목적

자유는 인간됨의 본질이요 전제 조건이다. 인간은 자유로울 때라야 비로소 인간다울 수 있다. 패트릭 헨리가 '자유가 아니면 죽음을 달라'고 외친 이유도 그 때문이다. 인간이 이처럼 자유를 갈망하는 것은 하나님께서 본래 인간을 자유로운 존재로 창조하셨기 때문이다. 창조주 하나님은 인간을 결코 자동 인형이나 로봇으로 만들기를 원치 않으셨다. 에덴동산에서 아담과 하와가 하나님께 반역할 수 있었던 이유도 그분이 주신 자유의지 때문이었다.

십계명은 이처럼 소중한 인간의 자유를 보호하고 지키는 데 그 근본 목적이 있다. 인간의 타락 이야기(창 3장)에서 보듯이, 하나님을 떠날 때 인간은 '자유인'이 되는 것이 아니라 죄의 '노예'로 전락하고 만다. 인간이 이웃의 자유를 파괴하면 자신의 자유도 잃게 된다.

일반적으로 자유에 대한 이해는 '소극적인 자유'(freedom from)와 '적극적인 자유'(freedom for)로 나뉜다. 전자가 자유의 조건을 가리킨다면,

후자는 자유의 목적과 관련된다. 자유는 소극적인 관점으로부터 적극적인 관점으로 나아갈 때 비로소 온전히 이해될 수 있다. 해방은 참된 자유를 위한 첫걸음일 뿐이다. 루터는 「그리스도인의 자유」(1520)라는 글에서 그리스도인은 모든 것, 모든 사람으로부터 자유로운 존재이지만 동시에 모든 것, 모든 사람을 섬기는 역설적 존재임을 강조했다. 자유에 대한 이 같은 역설적 생각은 신약성서의 바울에 그 뿌리를 두고 있다.

"내가 모든 사람에게서 자유로우나 스스로 모든 사람에게 종이 된 것은 더 많은 사람을 얻고자 함이라"(고전 9:19).

"형제들아 너희가 자유를 위하여 부르심을 입었으나 그러나 그 자유로 육체의 기회를 삼지 말고 오직 사랑으로 서로 종노릇하라"(갈 5:13).

만약 우리가 십계명에서 '애굽으로부터 해방'만 본다면, 그것은 자유에 대한 진리의 반쪽만 본 셈이다. 하나님은 언약 백성이 애굽의 파라오 숭배에서 해방되어 참 신이신 하나님을 섬기고 예배하길 원하셨다. 소극적 자유에 머물지 않고 적극적 자유로 나아가기를 원하셨다. 하나님은 모세의 입을 빌려 이스라엘 백성이 해방되어야 할 궁극적 목적이 하나님 '예배'에 있음을 분명하게 밝힌다.

"히브리 사람의 하나님 여호와께서 우리에게 임하셨은즉 우리가 우리 하나님 여호와께 제사를 드리려 하오니 사흘 길쯤 광야로 가도록 허락하소서"(출 3:18).

"내 백성을 보내라 그러면 그들이 광야에서 내 앞에 절기를 지킬 것이니라"(출 5:1).

애굽의 파라오조차 이 진리를 알고 있었다. 그래서 그는 열 가지 재앙을 만난 후 모세에게 히브리 노예들을 데리고 떠나 그들의 신 야웨를 예배하도록 허락한다.

"밤에 바로가 모세와 아론을 불러서 이르되 너희와 이스라엘 자손은 일어나 내 백성 가운데에서 떠나 너희의 말대로 가서 여호와를 섬기라"(출 12:31).

이로써 하나님께서 이스라엘 백성을 해방시킨 의도가 분명해졌다. 이스라엘 백성들은 애굽의 거짓 신들 대신에 참 신이신 야웨를 예배하기 위해 애굽으로부터 해방되어야 했다.[6]

이런 맥락에서 볼 때, 십계명 전문에 뒤이어 나오는 열 가지 계명들은 언약 백성이 하나님을 바르게 '예배하는 방법'에 대한 지침들이라고 볼 수 있다. 그리고 바른 예배란 애굽에서 파라오를 예배했던 방식과는 달리 '종교적 의례'에 머물지 않고 '일상의 거룩성'을 회복하는 일이다.[7] 말하자면 바른 예배란 성전에서 이루어지는 제사 의식에 머무는 것이 아니라, 일상생활에서 하나님을 공경하고 사랑하는 가운데 이웃의 생명을 존중하며, 간음하지 않고, 훔치지 않으며, 거짓말하지 않고, 탐심을 품지 않는 윤리적 삶을 통해 구체화되는 예배를 가리킨다.

---

6) 존 칼빈, 원광연 역, 『기독교강요』 (크리스챤 다이제스트, 2003), II, viii, 15.
7) 스탠리 하우어워스–윌리엄 윌리몬, 강봉재 역, 『십계명』 (복있는사람, 2007), 17.

과업로서의 자유

신약성서는 정치 경제적 해방 사건으로서 출애굽을 영적 해방 사건으로 재해석하여 현재화시켰다. 신자들은 예수님의 십자가와 부활을 통해서 영적인 노예 상태, 즉 사탄의 죽음 권세로부터 해방 되었다(골 1:13; 벧전 2:9). 그런데 그 해방은 인간의 노력으로 쟁취한 것이 아니라 하나님의 은총으로 주어진 선물이었다. 그래서 바울은 그 선물을 힘써 지키라고 요청한다.

"그리스도께서 우리를 자유롭게 하려고 자유를 주셨으니 그러므로 굳건
하게 서서 다시는 종의 멍에를 메지 말라"(갈 5:1).

언약 백성이 하나님께로부터 받은 소중한 선물인 자유를 지키려면 어떻게 해야 할까? 그 물음에 대한 답으로 주어진 것이 바로 십계명이다. 말하자면 계명들을 지킬 때 비로소 인간은 자유로워질 수 있다. 십계명에서 요구하는 대로, 하나님을 공경하고 이웃을 사랑할 때 비로소 우리 자신의 자유도 보호된다.

자유의 참된 의미를 오해한다는 점에서 율법주의자(근본주의자)나 반율법주의자(자유주의자) 사이에 아무런 차이가 없다. 십계명에 대한 율법주의적 해석에는 냉혹한 도덕적 원칙만 남고 인간의 자유는 사라진다. 율법주의자들은 도덕주의의 깃발 아래서 도덕적 위선과 교만의 잘못에 빠져들기 쉽다. 한편, 십계명에 대한 반율법주의적 해석에는 참된 자유 대신에 타락과 방종만 남는다. 율법 폐기론자들은 우리가 지금 '은혜의 시대'에 살기 때문에 더 이상 십계명이 필요하지 않다고 주장한다. 이들

은 순종 없는 제자도나 헌신과 희생 없는 구원이라는 '싸구려 복음'을
선포한다. 이러한 싸구려 복음은 필연적으로 신자들의 영적 천박함과
도덕적 추락을 불러오기 마련이다.

이상적인 자유 공동체의 비전

출애굽은 해방자이신 하나님께서 역사에 개입하셔서 노예였던 이스
라엘 백성을 자유로운 신앙 공동체로 거듭나게 만든 사건이다. 십계명
은 이렇게 거듭난 자유로운 신앙 공동체가 장차 하나님의 언약 백성으
로 살아가게 될 삶의 방식이요, 삶의 지침이다.

십계명에는 하나님의 언약 백성이 장차 만들어가게 될 이상적인 신
앙 공동체의 꿈이 그려져 있다. 제임스 패커는 십계명을 가리켜 '사회의
접합제'라고 하면서, 거기에 나타난 이상적인 공동체의 모습을 이렇게
묘사한다:[8]

하나님을 섬기고 예배하는 공동체(제1, 2, 3계명)
일과 휴식의 리듬이 있는 공동체(제4계명)
결혼생활과 가정생활을 존중하는 공동체(제5, 7계명)
인간의 생명과 기본권을 존중하는 공동체(제6계명)
모든 인간관계에서 진실과 정직을 존중하는 공동체(제9계명)
재산과 소유권을 존중하는 공동체(제8, 10계명)

십계명에 나타난 이러한 이상적인 공동체의 모습은 현대의 대부분

---

8) 제임스 패커, 김진웅 역, 『십계명』 (아바서원, 2012), 114.

국가들도 추구하는 목표다. 다만 차이가 있다면, 현대 국가들은 특정 종교나 신앙적 이념과 무관한 '세속적' 가치에 기초한 공동체를 염두에 둔다는 점일 것이다.

이러한 이상적인 자유 공동체를 실현해 가는 데 있어서 교회는 '제사장 나라'와 '거룩한 백성'(출 19:6)이 되어야 한다. 예수님께서도 새 언약의 백성인 제자 공동체가 '산 위의 동네'(마 5:14)가 되어야 한다고 하셨다. 새 언약 백성인 교회는 문제투성이인 현존하는 사회 질서에 맞서는 '대안 사회'여야 하며, 모든 사회가 추구하는 이상적인 공동체에 대한 '역할 모델'이 되어야 한다.

4장
제1계명: 주님

"너는 나 외에는 다른 신들을 네게 두지 말라"(출 20:3).

십계명 이해의 열쇠

'하나님만 섬기라'는 첫째 계명은 단순히 십계명의 순서상 첫 번째라는 것 이상의 의미를 지닌다. 첫째 계명은 열 개의 계명들 중에서 가장 중요하고 근본 되는 계명이다. 이스라엘 백성이 가정에서 매일 암송해야 했던 '쉐마'란 바로 이 계명이었으며, '가장 큰 계명'이 무엇인가를 묻는 율법사의 질문에 예수께서 대답하신 것도 바로 이 계명이었다.

"이스라엘아 들으라 우리 하나님 여호와는 오직 유일한 여호와이시니 너는 마음을 다하고 뜻을 다하고 힘을 다하여 네 하나님 여호와를 사랑하라"(신 6:4-5).

"예수께서 이르시되 네 마음을 다하고 목숨을 다하고 뜻을 다하여 주 너의 하나님을 사랑하라 하셨으니 이것이 크고 첫째 되는 계명이다"(마 22:37-38).

십계명의 핵심 계명으로서 이 계명은 다른 계명들을 이해하고 해석하는 열쇠다. 루터는 『소교리문답서』에서 십계명을 설명하는 가운데 이 계명의 의미가 '하나님을 두려워하고 사랑하는' 데 있다고 말한다. 그러면서 그는 이 문장을 이후에 나오는 계명들을 해설하는 도입부에서 반복적으로 언급한다. '하나님을 두려워하고 사랑하는 마음으로' 살인하지 말아야 한다, 간음해서는 안 된다, 도둑질해서는 안 된다는 식이다.

우리는 열 가지 계명 가운데 이 계명이 차지하는 중요성을 여러 가지 측면에서 확인할 수 있다.

첫째, 이 계명을 어긴 사람에 대한 처벌이 다른 계명보다 훨씬 더 엄격했다. 이 계명을 어긴 사람에 대해선 당사자만 아니라 그의 가족과 짐승까지 진멸시키는 '헤렘법'을 적용하였다. "여호와 외에 다른 신에게 제사를 드리는 자는 멸할지니라"(출 22:20; 신 13:6-18).

둘째, 다른 계명들과 달리 이 계명에는 보상이 딸려 있다. 열 가지 계명 가운데 보상이 딸린 계명은 두 가지 뿐인데, 이 계명과 부모 공경 계명이다.

셋째, 이스라엘의 종교 역사를 '우상숭배와의 투쟁의 역사'라 부를 만큼 우상숭배 문제는 근본적인 관심사였다. 이스라엘 왕조의 역사를 기록하고 있는 열왕기서나 역대기는 왕들의 정치적 성공과 실패의 판단 기준을 우상숭배 여부에 두었다.

넷째, 이 계명은 뒤 이어 나오는 계명들에 순종할 수 있는 힘과 동기를 제공한다. 하나님의 사랑을 경험하고(십계명 전문) 그 은혜에 감격하여 하나님을 공경하고 사랑하게 되면(제1계명) 뒤이어 나오는 나머지 계명들도 어렵지 않게 지킬 수 있게 된다. 하지만 하나님의 사랑에 대한 경험이 없는 사람에게 이웃 사랑만 요구할 때 그 요구는 무거운 짐이 된다. 우리가 은혜를 체험하고, 하나님을 주(主)로 모시게 되면, 우리의 윤리생활도 저절로 자리를 잡게 된다. 그런 점에서 첫째 계명은 다른 모든 계명들을 지킬 수 있는 출발점이요 토대다.

'나 외에'의 두 가지 해석

성서학자들 사이에는 본문의 '나 외에'로 번역된 히브리어 '알 파나이'의 해석을 둘러싸고 서로 다른 의견이 존재한다. 그것은 이 표현이 '나 외에' 혹은 '내 앞에'나 '내 곁에'로도 번역될 수 있기 때문이다. 그래서 '나 외에'로 번역한 개역성서는 이 단어에 각주를 달아 '내 앞에'로도 번역될 수 있음을 밝히고 있다. 전자의 해석을 취하면, 이 계명은 야웨가 아닌 다른 신에게 신적 권위를 인정하거나 섬기지 말라는 데 방점이 있다. 하지만 후자의 해석을 취하면, 이 계명은 야웨를 섬기면서 다른 신도 함께 숭배하는 혼합종교 행위를 금지하는 데 방점이 있다.

오직 하나님만

일반적으로 사람들은 이 계명을 유일신 사상(monotheism)의 신학적 근거로 생각한다. 대부분 다신론(polytheism)적 신관을 가지고 있던 고대 근동의 종교 환경에서 '야웨 외에 다른 신은 존재하지 않는다'는 유일신 사상은 독특한 야웨 종교의 유산임이 틀림없다. 하지만 이 계명을 하나의 신학 이론으로서 유일신 사상의 토대로 삼는데 대해서는 신학자들 사이에 서로 견해를 달리한다. 이 계명과 유일신 사상을 직접적으로 연관시키는 데 반대하는 신학자들은 그 근거로 이스라엘의 신앙 역사에서 유일신 사상이 예언자 시대에 비로소 확립되었다는 점을 내세운다.1)

물론 유일신 사상이 예언자 시대에 비로소 확립되었다는 생각은 이론의 여지가 없어 보이지만, 그 보다 훨씬 이전에 유일신 사상이 뿌리내리기 시작했다는 점도 잊어서는 안 된다. 홍해를 건넌 직후 모세와 미리암과 이스라엘 백성은 야웨를 다른 신과는 비교할 수 없는 분으로 노래했다.

"여호와여 신중에 주와 같은 자 누구니이까 주와 같이 거룩함에 영광스러우며 찬송할 만한 위험이 있으며 기이한 일을 행하는 자가 누구니이까"(출 15:11).

신명기에서도 야웨를 '오직 하나'인 여호와로 고백하는 쉐마(출 6:4)를 비롯해서 다른 여러 구절들에서 다른 신들과 비교할 수 없는 야웨에 대한 신앙고백들을 볼 수 있다.

"주 여호와여 주께서 주의 크심과 주의 권능을 주의 종에게 나타내시기를 시작 하셨사오니 천지간에 무슨 신이 능히 주의 행하신 일 곧 주의 큰 능력으로 행하신 일같이 행할 수 있으리이까"(신 3:24).

---

1) B. W. 앤더슨, 제석봉 역, 『구약성서의 이해 I』(성바오로출판사, 1983), 123-124.

"그런즉 너는 오늘날 상천하지에 오직 여호와는 하나님이시오 다른 신이

없는 줄을 알아 명심하고"(신 4:39).

이런 신학 전통에서 이스라엘의 종교지도자들과 예언자들은 우상숭배와 맞서 싸웠다. 광야 생활 중 이스라엘 백성이 싯딤에서 바알브올을 섬기는 모압 여인들과 함께 먹다 심판 당한 일(민 25:1-3), 가나안 부족들을 진멸하라고 명령한 일(신 7:1-4), 가나안 주민과 혼인을 금지한 일(수 23:1-3), 가나안 주민과 언약을 맺지 말고 그들이 숭배하는 제단을 헐라는 명령(삿 2:1-3)을 비롯하여 왕국 시대에 예언자들이 나서서 투쟁했던 수많은 사건들이 다 유일신 신앙의 형성과 관련되어 있다.

그런데 유일신 사상의 출현 시기에 대한 신학적 논쟁은 본질적인 문제로 보이지 않는다. 왜냐하면 이 계명의 관심이 다른 신의 존재 여부에 대한 신학 이론적 논쟁에 있는 것이 아니라 야웨 외에 어떤 신에게도 야웨에 버금가는 신적 권위를 인정하지 말고, 오직 야웨만 섬기고 예배하라는 실천적 의미에 있기 때문이다. 이 계명이 '다른 신이란 없다'고 말하는 대신에 '나 외에 다른 신을 네게 두지 말라'고 표현한 이유도 그런 실천적 관심 때문이었을 것이다. 이 계명을 해석하는 데 있어 바울이 우상의 제물 문제와 관련하여 말한 내용은 많은 도움이 된다.

"비록 하늘에나 땅에나 신이라 칭하는 자가 있어 많은 신과 많은 주가

있으나 그러나 우리에게는 한 하나님 곧 아버지가 계시니 만물이 그에게

서 났고 우리도 그를 위하며"(고전 8:5-6).

거짓 신들

이 계명이 야웨 외에 '다른 신들'을 두지 말라 명령했을 때 대체 어떤 신들을 염두에 둔 것이었을까? 그것은 아마도 이스라엘 백성이 애굽에서 보았던 신들이거나, 가나안 정착 과정 중 주변들에서 보았던 신들일 것이다. 즉 가나안의 바알(민 22:41; 삿 10:6 등), 다곤(삼상 5:2; 대상 10:10), 아스다롯(왕상 11:5), 아세라(왕상 14:15; 왕하 13:6 등) 그리고 모압의 그모스(왕상 11:7; 왕하 23:13 등)와 바알브올(민 25:3; 신 4:3 등), 암몬의 밀곰(몰렉) (신 12:31; 겔 16:20 등)과 같은 신들 이었을 것이다. 그 가운데서도 가장 위세를 떨친 '다른 신'은 다름 아닌 바알이었다. 바알은 농사를 주관하는 풍요의 신으로서 가나안 주변 사람들만 아니라 이스라엘 백성들 사이에서도 광범위하게 숭배되었던 매력적인 신이었다. 당시 사람들은 주(主) 신인 바알과 안주인 신인 아스다롯 사이의 성적 결합을 통해서 농사에 필요한 비가 온다고 믿었기 때문에 가나안 신전에서 제의적인 매음행위까지 벌이곤 했다.

그런데 우리 시대에는 바알보다 더 매력적이고, 아스다롯 보다 더 매혹적인 수많은 '다른 신들'이 존재한다. 그들은 바알처럼 풍요와 성공을 약속하며, 거짓 희망과 구원을 전하면서 사람들을 미혹한다. 하지만 약속과 달리 그들은 자신에게 사로잡힌 사람의 자유를 빼앗아 버리고, 영혼까지 파괴해 버린다. 성서는 그런 거짓된 신들을 가리켜 '우상'이라고 한다.

티머시 켈러는 그의 책 『거짓 신들의 세상』에서 우상을 가리켜 '짝퉁 하나님'(counterfeit Gods)이라고 정의한다. 우상이란 야웨 이외에 우리가 사랑하고, 신뢰하며, 순종하고, 헌신하는 대상이다.[2] 달리 표현하면, 우상이란 우리가 평소에 가장 많이 생각하고, 돈을 가장 많이 사용하며, 시간을 가장 많이 투자하는 그 어떤 대상이다.

우상들은 행복과 구원을 약속하면서, 마치 자기가 절대적인 힘을 가지고 있기나 한 것처럼 행세하지만 실제로는 생명조차 갖지 못한 '허수아비'에 불과하다(시 115:4-7; 사 44:12-19; 46:6-7). 그럼에도 불구하고 현실 세계에서 이런 '짝통 하나님'이 자꾸 생겨나는 이유는 인간의 욕망 때문이다. 우상이란 인간이 자신의 욕망을 투사하여 만들어낸 가짜 신에 불과하다. 일찍이 예언자 이사야는 인간의 헛된 욕망과 그것에서 만들어진 우상의 헛됨을 통찰했다.

"보라 그들은 다 헛되며 그들의 행사는 허무하며 그들이 부어 만든 우상들은 바람이요 공허한 것뿐이니라"(사 41:29).

칼빈이 정확히 분석한대로, 죄로 인해 부패한 인간의 마음은 끊임없이 우상을 '잉태'하고, 타락한 인간의 손은 우상을 '낳는다'. 말하자면 타락한 인간의 본성은 우상을 만들어내는 '공장'이다.3)

우리 시대의 짝통 신들

철학자 막스 쉘러는 '모든 사람은 반드시 신이 아니면 우상을 믿고 있다'고 말했다.4) 인간에게 있어서 문제는 신이 '있느냐 없느냐'가 아니라 '어떤' 신을 믿느냐. 인간이 참된 신을 믿지 않을 때, 그는 쉽게

2) 티머시 켈러, 이미정 역, 『거짓 신들의 세상』(베가북스, 2012), 29.
3) 존 칼빈, 『기독교강요』, I, xi, 8.
4) 마틴 부버, 표재명 역, 『나와너』(문예출판사, 2001), 136 재인용.

거짓되고 허접한 신, 심지어 가짜 신들까지 숭배하게 된다. 말하자면 사소하고 비본질적인 존재물들에게 자신의 시간과 에너지 그리고 돈을 쏟아 부으며 살게 된다. 그 사소하고 비본질적인 대상에 의존하고, 심지어 그것을 위해 목숨을 바치기까지 한다. 그러면서도 사람들이 그 신들의 거짓됨을 분별하지 못하는 이유는, 그것들이 인간 자신의 욕망에 의해 만들어진 데다 그 형태도 과거에 비해 훨씬 더 세련되고 매력적으로 변형되어 있기 때문이다. 우리시대 우상들은 어떤 모습을 지니고 있을까?

첫째, 맘몬(mammon)은 예나 지금이나 가장 매력적인 우상이다. 맘몬이란 아람어로 '재화'나 '소유'를 뜻하지만, 거기에 머물지 않고 의인화되고 신격화된 개념이다. 그래서 예수님도 맘몬을 하나님을 대적하는 거짓 신으로 보셨다.

"한 사람이 두 주인을 섬기지 못할 것이니 혹 이를 미워하고 저를 사랑하거나 혹 이를 중히 여기고 저를 경히 여김이라 너희가 하나님과 재물(맘몬)을 겸하여 섬기지 못하느니라"(마 6:24).

본래 돈이란 상품의 교환가치로서 상품의 교환을 매개하고, 가치를 저장하는 수단이었다. 하지만 돈은 수단으로 머물지 않고 목적으로 바뀐다. 돈은 끝없는 증식 욕망을 갖고, 그 욕망을 실현하기 위해 수단 방법을 가리지 않는다. 특히, 자본주의 소비 사회에서 돈은 인간이 욕망하는 모든 것을 살 수 있는 능력과 힘을 지닌 절대 존재로 신격화되고 있다. 사람들은 맘몬을 하나님처럼 의지하고 숭배하며 영혼의 안전과 구원을 보장받는다. 어리석은 부자 이야기(눅 12:13-21)는 맘몬이 어떻게 하나의 종교로 변하는가를 잘 보여준다.

그런데 맘몬이라는 거짓 신은 이른바 '성공주의 신학'이나 '번영 신학'의 형태로 교회 안에도 침투해 있다. 교회가 맘모니즘에 사로잡힌 결과 가난을 죄악시하며 물질적 풍요나 사회적 성공을 구원의 징표로 간주한다. 1970년대부터 교회 안에서 유행했던 '적극적 사고방식'(로버트 슐러)이나 2000년대 인기를 얻은 '긍정의 힘'(조엘 오스틴) 같은 신앙 논리는 인간의 물질적 풍요와 사회적 성공을 약속하며 욕망을 부추긴다는 점에서 비판 받는다.

둘째, 온갖 종류의 이데올로기들이다. 이데올로기란 왜곡된 허위의식으로서 교조적인 사상 체계나 신념 체계를 가리킨다. 역사 속에 등장했던 수많은 정치 경제 이데올로기들은 절대적 권위와 힘으로 사람들의 자유를 억압하며 생명을 희생 제물로 요구하기까지 했다. 오늘 전 세계적으로 절대적 힘을 행사하고 있는 신자유주의 시장 근본주의도 하나의 우상이 되어가고 있다.

> "전능하신 신(神) 대신 시장이 등장했다. 이 신의 현현은 뉴욕의 주가지수(Dow-Jones-Index)이고, 그의 성채는 미국의 달러이며, 그의 미사는 환율조정이다. 그리고 그의 나라는 지금 크레믈린의 지도자들까지도 찬양하는 자본주의적 보편문명이다."[5]

셋째, 소비주의라는 우상이다. 소비 사회에서 인간은 재화나 서비스를 소비하거나 소유하는 데서 존재감과 행복을 느끼며, 소비를 목적으로 살아간다. 소비인에게 젖과 꿀이 흐르는 가나안 땅이란 백화점이나

---

5) 울리히 두흐로, 손규태 역, 『성서의 정치경제학』 (한울, 1997), 11.

대형 쇼핑센터일 것이다. 소비주의 사회에서는 돈으로 살 수 있는 모든 것이 상품으로 바뀌는데, 심지어 종교와 영성조차 소비의 대상이 된다.

그런데 문제는 인간의 소비 욕구가 결코 만족을 모른다는 점이다. 늘 '새 것'을 추구하도록 만들지만, 그 갈망은 영원히 채워지지 않는다. 왜냐하면 소비하면 할수록 더 큰 욕망과 더 큰 갈증이 생겨나기 때문이다. 소비 사회에서 쇼핑 중독자의 증가는 소비주의라는 우상이 인간을 어떻게 노예화하는가를 잘 보여준다.

넷째, 절대 권력도 강력한 우상이다. J. 톨킨은 그의 소설 『반지의 제왕』에서 '절대 반지'를 통해 상징화된 절대 권력을 문제 삼는다. 절대 권력이란 온 세상을 제 맘대로 다스릴 수 있는 힘이다. 마귀가 예수님을 유혹할 때 '만일 내게 엎드려 경배하면 주겠다'던 천하만국과 그 영광이다. 절대 권력은 그것이 정치적이든, 경제적이든, 아니면 영적인 것이든, 그 어떤 형태이든지 너무나 강렬하고 매혹적이어서 모든 사람들에게 욕망의 대상이 된다. 그래서 절대 반지는 사람들 사이에 갈등과 싸움을 불러일으키고, 마침내는 그것을 쟁취 한 사람의 영혼까지 파괴해 버린다. 역사적 경험들은 절대 권력이 어떻게 부패하게 되고, 어떻게 악마적으로 변하는지 증언하고 있다.

마지막으로, 자기중심성이라는 우상이다. 현대인은 과거 어느 시대 사람들보다 훨씬 더 자아 성취, 자기 개발, 건강, 외모 등에 관심을 갖는다. 외모와 건강 그리고 성에 대한 폭증하는 관심과 집착은 '몸 숭배'라 할 정도다. "여러분 자신을 사랑하는 것이 진정으로 신앙적이다."[6]라는 오스카 와일드의 말보다 현대인의 자기중심을 잘 보여준 표현은 없어

---

6) 마이클 호튼, 윤석인 역, 『십계명의 렌즈를 통해서 보는 삶의 목적과 의미』 (부흥과개혁사, 2005), 64.

보인다. 신약성서에서 바울도 말세의 뚜렷한 징조 가운데 하나로 자기 사랑을 들었다(딤후 3:2).

위에서 살펴 본 대로 거짓 신들은 다양한 모습을 지니긴 하지만 몇 가지 공통점을 지닌다. 그들은 사람들에게 구원과 행복을 약속한다. 그리고 사람들로부터 시간과 에너지, 재산, 심지어 생명을 제물로 요구한다. 그들은 추종자들의 자유를 빼앗아 마침내 종살이 하던 영적 애굽 땅으로 다시 끌고 가 영혼을 파괴해 버린다.

정신적으로 미성숙하거나 세속적 욕망이 큰 사람일수록 더 쉽게 거짓 신에게 빠져드는 경향이 있고, 그런 사람일수록 정신적·영적 소외가 더 커지기 마련이다. 왜냐하면 인간이 거짓 신들을 숭배하는 것은 결국 소외된 자기 자신을 섬기는 행위이기 때문이다. 시편 시인이 정확히 관찰한대로, 우상을 숭배하는 자들은 자기가 만든 우상과 마찬가지로 허망한 삶을 살게 될 뿐이다.

"우상들을 만드는 자들과 그것들을 의지하는 자들이 다 그와 같으리로다"(시 115:8).

양다리 걸치기

이 계명은 야웨 아닌 짝퉁 신을 섬기는 우상숭배만 아니라 야웨 하나님을 믿으면서 동시에 다른 신도 함께 섬기는 혼합 종교적 신앙 태도도 비판한다. 본문에 '나 외에'로 번역된 히브리어를 '내 앞에'로 번역할 수 있다고 위에서 밝혔다. 야웨를 섬기던 이스라엘 백성들이 그 분 면전에서 이방신들도 함께 섬기던 풍습을 금지한 것이다. 실제로 이스라엘 종교 역사에는 혼합 종교 사례가 끊임없이 등장했다. 한 예로 솔로몬은 야웨에게 제사 드리던 예루살렘 성전 건너편에 이방신들, 곧 밀곰, 그모스, 몰록을 위한 산당을 지어 제사드렸다고 기록하고 있다.

> "솔로몬의 나이가 많을 때에 그의 여인들이 그의 마음을 돌려 다른 신들을 따르게 하였으므로 왕의 마음이 그의 아버지 다윗의 마음과 같지 아니하여 그의 하나님 여호와 앞에 온전하지 못하였으니 이는 시돈 사람의 여신 아스다롯을 따르고 암몬 사람의 가증한 밀곰을 따름이라 … 모압의 가증한 그모스를 위하여 예루살렘 앞산에 산당을 지었고 또 암몬 자손의 가증한 몰록을 위하여 그와 같이 하였으며 그가 또 그의 이방 여인들을 위하여 다 그와 같이 한지라 그들이 자기의 신들에게 분향하며 제사하였더라"(왕상 11:4-8).

이후 이스라엘 백성들은 아예 예루살렘 성전 안에 바알과 아세라 신상들을 세움으로써 야웨 하나님의 면전에서 이방신들에게 제사를 드렸다. 남유다의 요시아 왕 때 있었던 성전 개혁에 대한 역사는 당시의 혼합 종교적 상황이 얼마나 심각했었는지를 증언한다. 당시 예루살렘 성전 안에는 아세라 상이 세워져 있었고, 바알과 아세라만 아니라 하늘의 일월성신에게 제사하는 제단과 성물들, 심지어 남창의 집까지 있었다고 기록하고 있다(왕하 23:4-7). 이처럼 성서가 종교적 혼합주의를 엄격히 경계했던 이유는 하나님을 섬기지 않았기 때문이 아니라, 하나님과 동시에 이방신을 함께 섬김으로써 신앙적 '순수성'을 잃어버렸기 때문이다(왕상 11:4).

혼합 종교에 대한 유혹은 어느 시대, 어느 종교에나 있기 마련이다.

우리나라의 기독교도 고대 샤머니즘을 비롯해서 불교와 유교의 토양 위에 전파되고 이식되었기에 혼합 종교의 유혹에서 벗어나지 못했다. 그러다보니 신자들의 머리는 기독교적인데, 마음과 행동은 비기독교적일 때가 많다. 신자들 가운데서도 샤머니즘의 영향을 받아 점집을 찾고, 궁합을 보며, 손 없는 날 이사하는 사람이 적지 않다. 교회에서조차 '수능 백일기도' 같은 미신화된 불교의 모습이 재현되고 있다.

야웨만 섬겨야 할 두 가지 이유

첫째 계명이 야웨만 섬기라고 명령하는 이유를 십계명의 선포 배경과 하나님의 속성이라는 두 가지 차원에서 설명할 수 있다.

첫째, 십계명은 자유를 위한 것이며, 야웨만이 인간을 참으로 자유케 하는 신이기 때문이다. 야웨는 자기 백성을 애굽의 종살이에서 해방시킨 신이다. 하지만 짝퉁 신들은 자유를 약속하면서도 실제로는 자유를 억압하고 착취한다. 암몬족의 국가신인 몰렉(밀곰, 몰록, 말감)은 사람의 목숨을 희생 제물로 요구하기까지 한다(신 12:31). 얀 밀리치 로흐만이 비판했듯이, "우상들은 우상숭배자들을 노예로 만들고, 그들의 인간성을 축소시키며, 마지막에는 신뢰하는 자들을 배신한다. 이것이 우상숭배의 논리적 귀결이다."[7] 거짓 신들의 유혹으로 가득한 세상에서 우리가 자유로운 존재로 살아가려면 참 신이신 하나님만 믿고 섬겨야 한다.

둘째, 우리가 야웨만 섬겨야 하는 이유는 야웨가 '질투하는 신'이기 때문이다. 가톨릭과 루터교는 제1계명과 제2계명을 나누지 않고 하나의 계명으로 간주하는 데 그 이유는 두 계명이 공통적으로 야웨만 섬기

---

7) 얀 밀리치 로흐만, 박봉랑 · 박재순 공역, 『자유의 길』 (한신대학출판부, 1981), 58.

라는 내용이기 때문이다. 다만 제2계명에서는 야웨만 섬겨야 할 이유를 야웨가 '질투하는 신'이기 때문이라고 설명한다.

> "그것들에게 절하지 말며 그것들을 섬기지 말라 나 여호와 너희 하나님
> 은 질투하는 하나님인즉"(출 20:5).

고대 근동지방 종교들의 신관은 다신론적이었으며, 그 때문에 다른 종교나 다른 신에게 너그러운 편이었다. 하지만 야웨는 경쟁자를 허락하지 않고, 배타적 순종을 요구하는 까다로운 신이다. 그분은 다른 신들과의 관계를 금지하며, 오직 야웨만 섬길 것을 요구한다.

> "나는 여호와니 이는 내 이름이라 나는 내 영광을 다른 자에게, 내 찬송을
> 우상에게 주지 아니하리라"(사 42:8).

종종 사람들은 야웨 종교의 배타성을 종교적 편협성이나 속 좁음으로 오해한다. 야웨를 너그럽지 못한 신이라고 비난한다. 그런데 '질투하는 하나님'이란 표현은 우리와 하나님 사이의 인격 관계, 즉 사랑이라는 관점에서만 제대로 이해될 수 있는 표현이다. 연인 관계에서는 둘 사이에 다른 어떤 사람도 끼어들도록 허락하지 않는다. 그것을 너그럽지 못하다거나 속 좁다고 비난할 사람은 없다. 성서는 야웨를 오직 이스라엘 백성만 사랑한 연인으로 묘사한다.

> "너는 너의 하나님 여호와의 성민이라 여호와께서 지상 만민 중에서 너
> 를 택하여 자기의 기업의 백성을 삼으셨느니라"(신 14:2).

"내가 땅의 모든 족속 가운데 너희만을 알았다"(암 3:1).

성서는 야웨와 자기 백성 사이의 사랑의 관계를 결혼 관계라는 은유로 표현한다. 예언자 호세아는 자신의 결혼생활을 통해 야웨와 이스라엘 백성 사이의 관계를 보여주었다. "내가 네게 장가들어 영원히 살되 공의와 정의와 은총과 긍휼히 여김으로 네게 장가들며 진실함으로 네게 장가들리니"(호 2:19-20) 연인 관계나 결혼 관계에서 볼 때, 질투란 사랑의 다른 표현이다. 실제로 구약성서에서 '질투'를 뜻하는 히브리어 '콰나'는 사랑의 다른 이름으로 사용되고 있다. 개역성서에서 '질투'라고 번역한 단어를 새번역성서는 '사랑'으로 번역하고 있다.

"만군의 여호와가 이같이 말하노라. 내가 시온을 위하여 크게 질투하며
그를 위하여 크게 분노함으로 질투하노라"(슥 8:2, 개역성서).

"나 만군의 주가 말한다. 나는 시온을 열렬히 사랑한다. 누구라도 시온을
대적하면 용서하지 못할 만큼 나는 시온을 열렬히 사랑한다"(슥 8:2, 새번
역성서).

그러므로 '질투하는 하나님'이란 표현의 다른 번역은 '열정적으로 사랑하는 하나님'이 될 것이다. 하나님은 우리를 뜨겁게 사랑하시는 그만큼 뜨겁게 질투하신다. 예언자들을 통해서 보여주셨듯이, 야웨는 자신의 연인인 언약 백성들이 거짓 신들을 사랑할 때 아무렇지도 않은 듯 초연한 모습으로 계시는 신이 아니다. 사랑의 질투 때문에 속상해 하고, 화를 내고, 무섭게 심판하는 신이다. 아브라함 헤셸이 예언자들의 하나

님을 가리켜 '정념(pathos)의 하나님'이라고 표현한 것이 바로 그 때문이다.[8]

야웨는 사랑 때문에 질투하는 신이시기 때문에 다른 신을 사랑하고 섬기는 자를 무섭게 벌하시지만 자기를 사랑하는 자에게는 영원토록 인자를 베푸신다.

> "나 여호와 너의 하나님은 질투하는 하나님인즉 나를 미워하는 자의 죄를 갚되 아비로부터 아들에게로 삼사 대까지 이르게 하거니와 나를 사랑하고 내 계명을 지키는 자에게는 천대까지 은혜를 베푸느니라"(출 20:5-6).

결단의 촉구

야웨는 자기가 이스라엘 백성을 열정적으로 사랑했듯이, 이스라엘 백성들도 온 맘으로 자신을 열정적으로 사랑해 줄 것을 기대하신다. 왜냐하면 인격 관계에서는 서로가 서로에게 자기 전체를 걸기 때문이다. 따라서 하나님과 언약백성의 관계는 배타적일 수밖에 없다. 전부(all)가 아니면 아무 것(nothing)도 아닌 관계다. 그런 이유에서 성서는 끊임없이 신자들에게 결단을 촉구했다. 하나님과 짝퉁 신들, 하나님과 세상 사이에서 한 편을 선택하라고 요청했다.

여호수아서 24장에는 세겜에서 있었던 시내산 언약 갱신 의식이 묘사되어 있다. 죽음을 앞둔 여호수아는 온 이스라엘 지도자들을 세겜에 불러 모아 족장들의 언약으로부터 시작하여 출애굽과 가나안 정착의

---

8) 아브라함 헤셀, 이현주 역, 『예언자들』(삼인, 2004), 351-366

역사를 회상하면서 하나님께 대한 충성과 헌신을 다짐하라고 촉구한다. 여호수아의 요청대로 이스라엘 백성들이 하나님만 섬기겠다고 약속하자, 그는 큰 돌을 취하여 하나님과 언약 백성 사이의 증거로 삼았다.

"그러므로 이제는 여호와를 경외하며 온전함과 진실함으로 그를 섬기라 너희의 조상들이 강 저쪽과 애굽에서 섬기던 신들을 치워 버리고 여호와 만 섬기라 만일 여호와를 섬기는 것이 너희에게 좋지 않게 보이거든 너희 조상들이 강 저쪽에서 섬기던 신들이든지 또는 너희가 거주하는 땅에 있는 아모리 족속의 신들이든지 너희가 섬길 자를 오늘 택하라 오직 나와 내 집은 여호와를 섬기겠노라"(수 24:14-15).

그렇게 철석같이 약속해놓고서도 이스라엘 백성은 줄곧 우상을 따르면서 하나님의 사랑을 배신했다. 한 예로, 이스라엘 아합 왕은 아내로 맞은 시돈출신의 이세벨을 위해 바알 신전을 건축해 주었고, 백성들로 하여금 야웨와 함께 바알도 숭배하게 했다. 그 결과 북이스라엘 안에는 바알 사제의 숫자가 450명을 넘었고, 아세라 사제 숫자는 400명이나 되었다. 예언자 엘리야는 갈멜산에서 이들 이방 종교 사제들과 대결하면서 이스라엘 백성의 신앙적 결단을 촉구했다. 양다리를 걸치는 대신에 한편을 선택하라고 압박했다.

"너희가 어느 때까지 둘 사이에서 머뭇머뭇 하려느냐 여호와가 만일 하나님이면 그를 따르고 바알이 만일 하나님이면 그를 따를지니라"(왕상 18:21).

하나님 먼저

야웨만 주님으로 모시고 섬기라는 이 계명은 현대인들이 이해하거나 순종하기가 쉽지 않은 명령이다. 왜냐하면 현대인의 자기중심주의는 인간 스스로를 주인으로, 인간 자신을 모든 가치의 척도로 삼기 때문이다. 그런 인간을 향해 이 계명은 하나님의 '주되심'(lordship)을 인정하고 그분에게 복종할 것을 요구한다. '너는 신이 아니라 피조물에 불과하다. 그러니 네 자신의 삶에 대한 통제권을 야웨께 넘겨라.'

우리는 입만 열면 하나님을 향해 '주님'이라고 외친다. 내 자신이 아니라 하나님이 나의 삶의 주인이라는 고백이다. 그런데 우리가 실제로 하나님을 우리 인생의 주인으로 인정하며 살아가는 것 같지는 않다. 우리는 하나님을 주님이라 부르면서도 종이 주인에게 순종하듯 복종하며 살지는 않는다. 이런 우리를 향해 하나님은 예언자 말라기의 입을 통해 지금도 되묻고 계신다.

"아들은 그 아버지를, 종은 그 주인을 공경하나니 내가 아버지일진대 나를 공경함이 어디 있느냐 내가 주인일진대 나를 두려워함이 어디 있느냐"(말 1:6).

제임스 패커는 이 계명을 해석하면서, 우리가 하나님을 주님으로 고백한다는 의미를 '하나님을 맨 앞에, 다른 사람을 그 뒤에, 자신을 맨 뒤에'(God first, others second, self last) 두는 삶이라고 한다.9) 달리 표현하자면, 예수님께서 가르치신 '먼저 하나님의 나라와 하나님의 의를 구

---

9) 제임스 패커, 김진웅 역, 『십계명』(아바서원, 2012), 107.

하는 삶'(마 6:33)이요, 바울이 권면한 '먹든지 마시든지 무엇을 하든지 다 하나님을 영광을 위하여 하는' 삶이다(고전 10:31). '오직 하나님께 영광을'(솔리 데오 글로리아)은 종교개혁가들의 구호이기도 했다.

이 계명에 순종하고자 하는 사람들이 경계해야 할 가장 큰 죄악은 교만이다. 교만이란 하나님께서 내 인생의 주님 되심을 거부하고, 자기 스스로 주인 행세를 하는 일이다. 교만한 사람은 자기가 인생의 주인이 될 뿐만 아니라 하나님의 통치를 거부하고 그분의 법도를 무시하며 지시에 불순종한다. 대신 자기 뜻과 자기 생각을 절대화한다. 광명의 천사가 타락하고(사 14:3-4), 아담과 하와가 에덴동산에서 추방당한(창 3:1-7) 이유도 교만 때문이다. 아우구스티누스가 말했듯이, 교만이야말로 '모든 죄의 시작'이다.[10]

예배자로 살아가기

신자들이 교만의 죄를 극복하고 하나님만 섬기라는 계명에 순종하는 효과적인 길은 예배자로 사는 것이다. 그런데 예배자로 살아간다는 의미는 매주일 교회에 출석하여 설교를 듣고, 찬양을 하며, 헌금을 드리는 종교 행위 이상이다. 곧 자기중심성을 포기하고, 하나님을 내 삶의 주인으로 인정한다는 뜻이다. 예배자로 우리가 하나님 앞에 무릎 꿇지 않을 때, 우리는 쉽게 맘몬이나 이데올로기, 소비주의나 절대 권력 같은 거짓 신들에게 무릎을 꿇게 된다.

칼빈도 십계명 첫째 계명을 해석하면서 그 의미가 예배자의 삶에

---

10) 김용규, 『데칼로그: 십계, 키에슬로프스키 그리고 자유에 관한 성찰』(바다출판사, 2002), 169.

있다고 말했다. 그러면서 그는 다음 네 가지 요소가 예배자에게 필요하다고 강조했다:[11] 첫째, 하나님의 위엄을 생각하고 두려워하며 경배하는 존경심이다. 둘째, 우리 자신의 힘과 능력이 아니라 하나님을 통해서만 살아갈 수 있음을 인정하고, 의지하는 신뢰와 의지다. 셋째, 하나님의 도우심을 구하며 살아가는 기도의 삶이다. 마지막으로, 하나님의 위대하심을 기리고 감사하며 찬양하는 보은의 삶이다. 우리가 예배자로서 하나님을 두려워하며, 의지하고, 간구하고, 감사와 찬양의 삶을 살아가는 일이야말로 첫째 계명을 지키는 일이고, 그 때 비로소 우리는 온전히 해방 된 자유인이 된다.

---

11) 존 칼빈, 원광연 역, 『기독교강요』(크리스챤 다이제스트, 2003), II, viii, 16.

5장
제2계명: 자유

"너를 위하여 새긴 우상을 만들지 말고 또 위로 하늘에 있는 것이나 아래로 땅에 있는 것이나 땅 아래 물속에 있는 것의 어떤 형상도 만들지 말며 그것들에게 절하지 말며 그것들을 섬기지 말라"(출 20:4-5).

형상 없는 신

종교사적 관점에서 볼 때 '하나님만 섬기라'는 첫째 계명과 더불어 하나님에 대한 '어떤 형상도 만들거나 숭배하지 말라'는 둘째 계명은 매우 독특한 히브리적 사상이다. 십계명 당시의 고대 근동에는 수많은 형태의 신상들이 존재했다. 이스라엘 백성이 노예 생활을 했던 애굽은 물론 광야 생활을 끝내고 이주한 가나안에서 신상의 제작이나 신상의 숭배는 지극히 자연스러워 보이는 종교 현상이었다. 신전마다 신상들을 세운 것은 말할 것도 없고, 집집마다 작은 신상을 모시고 수호신처럼 떠받들었다. 이는 형상이 없는 신을 떠올리거나 믿는 것을 상상할 수 없었기 때문이다. 그런 종교 상황에서 신상 없이 신을 섬기라는 명령은 야웨 종교만이 갖는 아주 독특한 신학 사상임에 틀림없다. 이 계명을 통해 비로소 야웨 종교는 '자연 종교'에서 벗어나 '계시 종교'가 될 수 있었다.

십계명에서 신상의 제작을 금지했음에도 불구하고 중세 가톨릭이나 동방정교는 교육적 목적에서 성화와 성상을 장려했다. 반면에 종교 개혁가들은 가톨릭과 동방정교의 성상 숭배가 가져오는 신앙의 '미신화'를 심각하게 생각했다. 그래서 칼빈과 그를 따르는 개혁교회는 루터교나 가톨릭과 달리 신상 제작을 금지하는 이 계명을 아예 하나의 독립된 계명으로 독립시켜 강조했다. 칼빈은 첫째 계명이 하나님만 섬기고 예배하라는 '당위성'을 말한다면, 둘째 계명은 하나님을 섬기고 예배하는 바른 '방법'을 알려주는 것이라고 보았다.[1]

여러 모양의 신상들

성서에서 말하는 신상이란 나무나 돌에 새긴 것이나(페셀), 부어 만든 것(마쩨카)을 가리킨다. 신상들은 손에 쥘 수 있는 작은 것에서부터 신전에 세우는 커다란 것까지 그 크기가 다양하다. 야곱이 외삼촌 라반의 집에서 떠나올 때, 그의 아내 라헬이 몰래 가져온 '드라빔'이란 죽은 조상을 본떠서 만든 집안의 수호신으로서 그 크기가 작은 신상이다(창 31장). 신상의 크기만 아니라 모양도 각양각색이었는데, 고대 근동 지방에서 발견되는 신상들은 대부분 사람이나 동물 모양이었다. 사람 모양의 신상인 경우에는 풍요와 다산을 상징하는 차원에서 여성의 젖가슴을

---

1) 존 칼빈, 원광연 역, 『기독교강요』(크리스챤 다이제스트, 2003), II, viii, 17.

강조했다. 동물 모양의 신상인 경우에는 다산과 힘을 상징하는 황소나 사자의 형상이 많았다. 암몬족의 국가 신인 몰렉의 경우에는 황소 머리에 사람 몸통을 지녔고, 블레셋의 다곤신은 사람 머리에 물고기 몸통을 지녔다. 이스라엘 종교 역사에서 가장 큰 골칫거리였던 바알신은 몰렉과 마찬가지로 황소 머리에 사람 몸통을 지닌 모습이었다.

십계명을 받기 위해 모세가 시내산에 올라가 있는 동안 이스라엘 백성들이 만들었던 야웨의 신상은 금송아지였다. 이스라엘 사람들은 왜 하필 금송아지 모습으로 야웨 신상을 만들었을까? 그것은 아마도 고대근동에서 황소가 생산 능력과 밀접히 연관되고, 전투적인 힘과 권력의 상징이었기 때문일 것이다.[2] 예나 지금이나 황소는 인간의 물질적 탐욕과 성공에 대한 욕망이 투사된 우상들의 총체라 할 수 있다. 미국 뉴욕 맨하튼 월가의 증권거래소나 독일 프랑크푸르트 증권거래소 그리고 우리나라 여의도의 한국증권거래소 앞에 세워진 조형물이 황소상이라는 사실은 결코 우연이 아니다.

성서는 사람들이 만든 신상을 아무런 생명력이나 능력도 없는 허수아비 곧 우상에 불과하다고 본다. 우상이란 그 모양이 제 아무리 거대하고 화려하다 하더라도 기껏해야 허수아비일 뿐이다. 그것들은 사람의 손으로 만들어진 것으로서 '보지도 못하며, 듣지도 못하며, 먹지도 못하고, 냄새 맡지도 못하는 나무와 돌'일 뿐이다(신 4:28). 그래서 예언자들은 이교의 각종 신상들을 가리켜 '땔감'이나 '돌덩이'에 불과하여, 사람이 그것을 메고 다녀야 한다고 조롱하기까지도 했다.

"이 나무는 사람이 땔감을 삼는 것이거늘 그가 그것을 가지고 자기 몸을

---

2) 얀 밀리치 로흐만, 박봉랑 · 박재순 공역, 『자유의 길』(한신대학출판부, 1981), 49.

덥게도 하고 불을 피워 떡을 굽기도 하고 신상을 만들어 경배하며 우상을 만들고 그 앞에 엎드리기도 하는구나"(사 44:15).

"여러 나라의 풍습은 헛된 것이니 삼림에서 벤 나무요 기술공의 두 손이 도끼로 만든 것이라 그들이 은과 금으로 그것에 꾸미고 못과 장도리로 그것을 든든히 하여 흔들리지 않게 하나니 그것이 둥근 기둥 같아서 말도 못하며 걸어 다니지도 못하므로 사람이 메어야 하느니라"(렘 10:3-5).

하나님을 보여 주십시오

흔히 사람들은 둘째 계명을 우상숭배 곧 야웨 아닌 다른 신의 숭배를 금지하는 것으로 이해한다. 그런데 이교 신에게 절하거나 숭배하지 말고 오직 야웨만 하나님으로 섬기라는 명령은 이미 첫째 계명에 나타나 있는 명령이다. 그렇다면 둘째 계명의 목적은 어디에 있을까? 그것은 아마도 이교 신의 숭배를 금지하는 것 보다는 야웨를 형상화하지 못하도록 하는 데 있다고 볼 수 있다.

"내가 하늘에서부터 너희에게 말하는 것을 너희가 친히 보았으니 너희는 나를 비겨서 은으로 신상이나 금으로 신상을 너희를 위하여 만들지 말라"(출 20:22-23).

그럼에도 불구하고 이스라엘 종교역사에는 야웨의 신상을 만들고 숭배하는 행위들이 사라지지 않았다. 그 중 대표적인 사건이 바로 출애굽 이후 광야에서 금송아지를 만들고 숭배한 일이다. 성서가 이 같은 행위를 심판한 이유는, 이스라엘 백성이 야웨가 아닌 다른 신을 섬기려고 했기 때문이 아니었다. 아론이 금송아지를 가리켜 '이것이 너희를 애굽 땅에서 인도하여 낸 너희의 신이로다'(출 32:4)고 말하고, '야웨의 날'까지 정해서 축제를 벌인 것을 보면, 이스라엘 백성들은 틀림없이 야웨를 하나님으로 섬겼다(출 32:5). 다만 문제가 된 것은 형상화할 수 없고, 감히 형상화해서는 안 될 존재인 야웨를 금송아지 모양으로 형상화하여 숭배했기 때문이다.

기독교 신자들에게 이교의 신상을 만들거나 숭배하지 말아야 한다는 명령에 순종하기란 야웨의 형상을 만들거나 숭배하지 말라는 명령에 순종하기보다 훨씬 쉽다. 해외여행을 하는 신자들 가운데 나무로 조각하고, 돌로 깎아 만든 토착 종교의 신상을 경배하는 사람은 거의 없다. 그저 기념품이나 토산품 정도로만 생각하기 때문이다. 하지만 신자라 하더라도 모양이 없는 신이나 얼굴이 없는 신을 믿고 따라야 한다는 명령은 순종하기가 어렵다. 오죽하면 예수님을 삼년 내내 아침 저녁으로 뵙고 따랐던 제자 빌립조차 '선생님, 하나님을 우리에게 보여주옵소서. 그리하면 족하겠나이다'(요 14:8)고 간청했겠는가.

신상 제작의 숨은 의도

신자들조차 왜 얼굴 없는 신을 믿기 힘들어 하고, 굳이 형상화하고 싶어 하는 것일까? 표면적으로는 하나님을 위하며, 하나님을 더 잘 섬기기 위함이라고 내세우지만, 실제로는 그것을 만드는 사람 자신을 위한 의도가 숨겨져 있다. 그래서 본문에서 야웨의 신상을 만들지 말 것을 명령하면서 분명하게 '너를 위하여'라는 표현을 넣고 있다(출 20:4). 인간이 신앙의 이름으로 자신을 위한 신상을 만드는 이유들은 많다.

첫째, 인간의 내면 세계에 있는 불안과 두려움 때문이다. 유한한 존재인 인간은 보이지 않는 것이나 확실하지 않은 것에 대해 불안해하고 두려워한다. 실증주의 세계관을 지니고 살아가는 현대인에게 그런 현상은 한층 더 심해졌다. 그래서 현대인은 무엇인가 구체적이고, 실제적이며, 경험하고, 만질 수 있는 것을 추구한다. 이스라엘 백성이 광야에서 금송아지 상을 만든 이유도 그 때문이었다.

> "우리를 인도할 신을 우리를 위하여 만들라 이 모세 곧 우리를 애굽 땅에서 인도하여 낸 사람은 어찌 되었는지 알지 못함이니라"(출 32:1).

좌표를 알 수 없는 드넓은 광야, 애굽에서부터 이끌었던 지도자 모세는 사라지고, 하나님의 임재도 확인할 수 없으니 얼마나 불안하고 두려웠겠는가. 그들은 하나님의 임재와 인도하심을 확증할 수 있는 구체적인 물증으로 황금송아지 신상을 만들었다.

둘째, 주술적인 목적 때문이다. 주술이란 초자연적 존재의 힘을 빌려 불가항력적 일이나 재앙을 막고, 그 대상을 통제해 보려는 미신적 신앙이다. 야곱의 아내 라헬이 아버지 집을 떠날 때 아버지의 드라빔을 훔친 이유가 어쩌면 먼 여행길의 안전 때문은 아니었을까. 오늘날에도 사람들이 몸에 부적을 지니고 다니는 이유는, 그것이 귀신을 쫓고 액을 막아준다고 믿기 때문이다. 사람들이 드라빔이나 부적을 지니는 것은 그것을 진짜 신으로 생각해서가 아닐 것이다. 다만, 자신의 행운과 액땜을 위해 초자연적인 존재의 힘을 이용해보려는 얄팍한 생각이다.

셋째, 정치적 이유 때문이다. 북왕국을 세운 여로보암은 백성들이 절기 때마다 예루살렘 성전이 있는 남유다로 내려가는 것을 막기 위해 북쪽 도시 벧엘과 단에 각각 제단을 쌓고 금송아지 상을 세웠다. 그리고는 '이것이 너희를 애굽 땅에서 인도하여 낸 야웨'(왕상 12:28)라고 외쳤다. 여로보암은 정치적 목적으로 야웨의 신상을 만들고 숭배하도록 했다.

넷째, 기복적인 목적 때문이다. 사사기에는 에브라임에 살던 미가라는 사람의 어머니 이야기가 나온다(삿 17:1-17). 그녀는 자신의 잃어버린 돈을 찾아 준 아들을 축복하며, 그를 위해서 은장이를 시켜 조각한 목상에 은을 입힌 야웨 신상을 만들게 하였다. 그리고 떠돌이였던 레위인 청년을 제사장으로 삼아 자기 가정을 위해 제사를 드리도록 했다. 기복적 의도로 야웨 신상을 만들고 제사를 드렸던 것이다.

이처럼 사람들이 야웨의 신상을 제작하는 숨은 의도는 하나님이 아니라 자기 자신에게 있다. 자기가 믿는 신을 형상화함으로써 불안을 해소하고, 그 신을 자기 수중에 넣고 싶은 마음 때문이다. 그렇게 소유한 신을 각종 종교의식을 통해 길들이고, 통제하고, 조종하려 한다. 에리히 프롬은 이렇게 만들어진 신을 가리켜 '우상'이라고 했다. 우상이란 인간이 자신의 욕망과 힘을 투사하여 만든 하나의 물건에 불과하다.[3] 우상이란 인간 자신의 욕망을 신의 이름으로 포장한 것이다. 그런데 인간은 어리석게도 자신이 만든 물건을 마치 신이나 되는 것처럼 숭배하고, 그 앞에 스스로를 복종시킴으로써, 결국 자기 기만과 소외에 빠져버리고 만다.

---

3) 에리히 프롬, 김진홍 역, 『소유냐 삶이냐』 (기린원, 1989), 65.

창조주와 피조물 사이의 존재론적 차이

두 번째 계명이 이교 신상의 제작과 숭배는 물론 야웨에 대한 신상 제작까지 엄격하게 금지하는 신학적 이유는 여러 가지다.

첫째, 야웨는 창조주로서 우주의 그 어떤 아름답고 웅장한 피조물과도 비교할 수 없는 초월적 존재이기 때문이다. 창조주는 유비(類比)가 불가능한 존재다. 우주 전체에 그분과 관련시켜 표현할만한 그 어떤 것도 존재하지 않는다. 왜냐하면 그것들은 여전히 피조물에 불과하기 때문이다. 창조주이신 야웨는 그분 자신이 만든 그 어떤 피조물의 일부일 수 없으며, 그것들을 다 합한 것과도 동일시 될 수 없다. 성서는 창조주와 피조물 사이에 존재하는 질적인 차이를 이렇게 묘사한다.

"그런즉 너희가 나를 누구에게 비교하여 나를 그와 동등하게 하겠느냐"
(사 40:25).

창조주이신 야웨는 '존재물'이 아니라 존재물들의 근원인 '존재 자체'시다. 예술적 아름다움으로도 그분을 제대로 표현해 낼 수 없는데, 이는 그분이 아름다움의 원천이시기 때문이다. 제 아무리 훌륭한 성화나 성상조차 그분의 거룩함을 담아낼 수 없는데, 이는 그분이 거룩함 자체이시기 때문이다. 그럼에도 불구하고 인간들은 창조주를 썩어질 피조물로 형상화하려는 유혹에 끊임없이 사로잡힌다.

"스스로 지혜 있다 하나 어리석게 되어 썩어지지 아니하는 하나님의 영광을 썩어질 사람과 새와 짐승과 기어 다니는 동물 모양의 우상으로 바꾸었느니라"(롬 1:22-23).

둘째, 야웨는 영광가운데 '스스로 존재(自存)하는' 신이기 때문이다. 우리는 그분이 자신의 모습을 우리에게 계시해 주실 때에만 비로소 그분을 알아 볼 수 있다. 그런데 성서는 십계명 두 돌판을 수여하시는 하나님의 모습을 빽빽한 구름, 우레와 번개, 자욱한 연기, 산의 진동, 나팔 소리 속에 계셔서 '알 수 없는 분'으로 묘사하고 있다(출 19장). 모세조차 하나님의 등만 보았을 뿐, 얼굴을 볼 수 없었다고 기록하고 있다(출 33:23). 십계명 선포 당시의 상황을 묘사하는 신명기 본문은 얼굴 없는 하나님에 대해 이렇게 말하고 있다.

"여호와께서 불길 중에서 너희에게 말씀하시되 음성뿐이므로 너희가 그 말소리만 듣고 형상은 보지 못하였느니라"(신 4:12).

피조물인 인간이 창조주이신 야웨를 보지 못하는 것이 어쩌면 복일 수도 있다. 맨눈으로 태양을 쳐다보는 사람이 시력을 잃을 수밖에 없듯이, 창조주를 보고도 생존할 피조물은 없다(출 33:20). 오죽하면 이사야가 성전에서 천사들의 날개로 모습을 가린 하나님을 보았다가 죽게 되었다고 탄식했을까(사 6:1-5). 신약성서에서 바울도 하나님을 가리켜 '볼 수 없는 신'으로 묘사한다.

"(그분은) 가까이 가지 못할 빛에 거하시고 아무 사람도 보지 못하였고 또 볼 수 없는 자시니"(딤전 6:16).

하나님의 자존성은 그분의 이름에도 드러난다. 하나님은 자신의 이름을 묻는 모세에게 '스스로 있는 자'(自存)라고 알려주셨다(출 3:14). 야웨란 '나는 나'라고 밖에는 달리 표현이 불가능한 존재다. 말하자면 하나님은 어떤 '무엇'으로 존재하지 않고, '그저' 존재하는 분이다.4) 무엇으로 존재하지 않고 그저 존재하는 분이시기에 우리는 그분에게 이름을 붙일 수 없다. 우리가 그분에게 이름을 붙일 수 없기 때문에 규정할 수 없으며, 규정할 수 없기 때문에 형상화하는 것이 불가능하다.

셋째, 야웨는 예언자 이사야의 표현대로 인간의 지각을 넘어 '숨어계시는 하나님'(deus absconditus)이기 때문이다. 우리의 지각이나 감각, 혹은 상상력을 통해서가 아니라 오직 자신을 우리에게 드러내실 때에만 비로소 알 수 있는 하나님을 인간이 무슨 수로 형상화할 수 있겠는가?

"구원자 이스라엘의 하나님이여 진실로 주는 스스로 숨어 계시는 하나님이시니이다 우상을 만드는 자는 부끄러움을 당하며 욕을 받아 다 함께 수욕 중에 들어갈 것이로다"(사 45:15-16).

야웨는 피조 세계와 인간 저편에 멀리 떨어져 계신다. 그분은 인간의 이해 능력은 물론 경험에서조차 멀리 벗어나 계신 분이다. 말하자면, 그분은 신비로운 분이셔서 인간이 지각과 감각을 통해 파악할 수 없는 불가해한 존재이다.

---

4) 김용규, 『데칼로그: 십계, 키에슬로프스키 그리고 자유에 관한 성찰』 (바다출판사, 2002), 101.

"내 생각은 너희 생각과 다르며 내 길은 너희의 길과 다름이니라 하늘이 땅보다 높음 같이 내 길은 너희의 길보다 높으며 내 생각은 너희의 생각 보다 높음이니라"(사 55:8-9).

얼굴 대신 음성

하나님을 직접 보고서 생존할 자가 없기 때문에 하나님께서는 예언 자 엘리야에게 자신의 얼굴을 보여주시는 대신에 '세미한 음성'을 통해 자신을 계시하셨다(왕상 19:12). 하나님께서 얼굴 대신 음성을 통해서 자신을 계시하셨다는 사실은, 야웨 종교가 말씀과 밀접한 종교임을 말 해준다.

이스라엘 백성의 신앙생활에 있어서 언약궤와 십계명이 갖는 의미 도 매한가지다. 왜냐하면 언약궤란 하나님의 임재와 현존의 상징물로 서, 그 안에는 십계명 두 돌판 곧 하나님의 말씀이 보관되어 있었기 때문 이다. 언약궤는 하나님이 말씀(십계명)을 통해 임재하시고, 현존하시며, 계시하시는 신이심을 알리는 상징물이라 할 수 있다.

야웨는 말씀을 통해 자신을 계시하시는 신이시기 때문에 신자들은 그분의 얼굴을 보려고 노력하기보다는 차라리 그분의 말씀에 귀를 기울 이도록 힘써야 한다. 그분의 얼굴 보다는 그분의 음성에 집중해야 한다. 말씀을 통한 계시의 중요성을 특별히 강조하는 기독교가 '성육신하신 말씀'인 예수 그리스도 외에도 '기록된 말씀'인 성서와 더불어 '선포된 말씀'으로서 설교를 똑같이 중요시하는 데에는 그만한 신학적 이유와 타당성이 있어 보인다.

온전한 형상 예수 그리스도

성서는 예수 그리스도를 가리켜 죄로 왜곡되지 않은 '온전한' 형태의 하나님의 형상이라고 표현한다. 그래서 인간 세상에서 아무도 하나님을 볼 순 없지만, 예수 그리스도 안에서 우리는 하나님의 모습을 볼 수 있다. 하나님의 모습을 보여 달라는 빌립에게 예수께서 '나를 본 것이 곧 하나님을 본 것'이라고 말씀하셨다(요 14:9). 바울도 예수 그리스도를 가리켜 보이지 아니하는 '하나님의 형상'이라고 말했다.

"그는 보이지 아니하는 하나님의 형상이시오 모든 피조물보다 먼저 나신 이시니 만물이 그에게서 창조되되 하늘과 땅에서 보이는 것들과 보이지 않는 것들과 혹은 왕권들이나 주권들이나 통치자들이나 권세들이나 만물이 다 그로 말미암고 그를 위하여 창조되었고 또한 그가 만물보다 먼저 계시고 만물이 그 안에 함께 섰느니라"(골 1:15-17).

물론, 성서가 예수 그리스도를 가리켜 하나님의 형상이라고 했을 때 유대 광야의 뜨거운 햇볕에 그을린 구리 빛 피부를 가진 여느 팔레스타인 남성의 외모를 가리키는 것은 아닐 것이다. 예수께서 지니신 하나님의 모습이란 자신의 성품과 사역을 통해 하나님을 '드러내는 방식', 곧 예수님과 하나님 사이의 '관계 맺는 방식'에 대한 표현으로 이해될 수 있다. 예수께서 자신의 삶을 통해 하나님의 모습(형상)을 드러내셨다면, 그의 백성 된 기독교 신자들 역시 자신의 삶을 통해 하나님의 모습을 드러내도록 힘써야 한다. 신앙인들이란 하나님을 떠올리기 힘든 세속적인 세상 한복판에서 하나님을 생각나게 하고 떠올릴 수 있게 하는 사람들이어야 한다.

딱지 붙이기

성서는 모든 인간이 하나님의 형상으로 지음을 받았다고 했다(창 1:26-27). 인간이 하나님의 모습을 지녔다는 말은 모든 인간이 하나님처럼 존엄하다는 의미다. 비록 인종이나 성, 사상이나 종교가 다르더라도 모든 인간은 하나님처럼 존엄한 존재다. 존엄하신 하나님을 형상화하는 것이 금지되듯이 그분의 모습을 지닌 모든 인간에 대해서도 같은 생각과 태도를 지녀야 한다.

신비롭고 자유로운 존재이신 하나님께 이름을 붙여서는 안 되듯이, 무한히 열려 있는 존재인 인간에게도 감히 이름을 붙이거나 규정하려고 해서는 안 된다. 있는 그대로, 모습 그대로 대해 주고 수용해야 한다. 우리가 상대방을 형상화하려 할 때, 곧 상대를 규정하고 대상화하려 할 때, 그 사람의 자유와 신비는 사라지고 그와의 인격 관계는 파괴되고 만다.

그럼에도 불구하고 사람들은 하나님에 대해서와 마찬가지로 이웃에 대해서도 끊임없이 자기 나름의 상(像)을 만들고 싶어 한다. 그래서 배우자상, 교사상, 학생상, 목사상, 교인상 등 수없이 많은 형상들이 생겨나게 된다. '너는 이런 사람이다'라는 형상을 만드는 행위는 이웃에게 '딱지'를 붙이는 일과 같다. 의식적이든 혹은 무의식적이든 상대에게 딱지를 붙임으로써 우리는 상대를 규정하여 그를 소유하고, 조종하고, 통제하려는 유혹에 빠진다. 말하자면 '너는 이런 사람이라'라는 딱지붙이기가 나중에는 '너는 마땅히 이런 사람이 되어야 한다'는 무서운 명령으로 바뀌게 된다.

예수회 신부였던 안소니 드 멜로는 사람에게 딱지붙이는 행위와 관련해서 이런 이야기를 들려주었다.[5]

"어떤 사람이 총리대신이 되었는데, 궁정을 거닐다가 난생 처음 보는 애완용 매를 만난다. '살다보니 별 희한한 비둘기도 다보겠다'고 생각한 그는 가위로 친절하게 매의 발톱과 날개와 부리를 잘라 주었다. 그러면서 스스로를 자랑스러워하며 말했다고 한다. '이제야 제법 점잖은 새답게 보이는군. 사육사 녀석이 널 소홀히 했던 게 틀림없어.'"

오늘날 가정교육이나 학교교육 그리고 교회교육 현장에서 이와 비슷한 일들이 끊임없이 벌어지고 있다. 교육이란 이름으로 학생들을 자기가 생각하는 모습으로 형상화하려 한다. 가정에서 자식 사랑이란 이름으로 벌어지는 부모들의 딱지 붙이기는 수많은 자식들의 삶을 고통스럽고 불행하게 만들고 있다. 우리는 온갖 종류의 인간 관계에서 상대를 있는 그대로 받아주는 대신에 내가 생각하는 방식대로 뜯어고치려는 유혹을 받는다. 딱지 붙이기란 행동을 통해 하나님의 모습으로 지어진 이웃의 인간 존엄성과 자유를 파괴하는 죄를 짓는다.

이웃에게 딱지를 붙이지 말라는 명령은 자기 자신에 대해서도 적용된다. 우리는 모두 하나님처럼 신비스럽고 자유스러운 존재로 지음 받았다. 따라서 자기 자신에 대해서도 고정되고 폐쇄된 자아상을 만들어 덧씌워서는 안 된다. 스스로를 언제나 '열려진' 존재, 즉 무한히 변화할 수 있는 가능성을 지닌 존재로 인정해야 한다. 그런 점에서 볼 때, 유전

---

5) 앤소니 드 멜로, 정한교 역, 『종교박람회』 (분도출판사, 1983), 21.

자(DNA)가 인간 미래를 결정한다고 말하는 생명공학이나, 사람을 특정 심리적 유형에 가두어버리는 심리학이나, 인간 변화의 가능성을 부정하는 모든 종류의 결정론은 비판을 받아야 한다.

이미지 (형상) 시대의 도전

현대 사회에서 미디어 기술이 획기적으로 발전함에 따라서 이미지의 영향력도 증가하고 있다. 글을 모르는 어린 아이조차 기업의 브랜드나 상품 로고를 아는 것을 보면, 이미지 곧 형상의 힘이 얼마나 강력한지 쉽게 알 수 있다. 기업들이 이미지 만들기에 관심하는 이유는 이미지 시대에는 상품의 실제 기능보다 브랜드 이미지가 소비자의 구매 행동에 더 큰 영향을 미치기 때문이다. 그러다보니 기업의 브랜드 가치가 기업의 공장이나 설비의 유형적 가치보다 더 큰 경우도 비일비재하다.

이미지 시대가 도래 하면서 거룩한 실재에 대한 종교적 이미지를 만들어 내는 일이 중요한 신학적 과제로 부각되고 있다. 성스러운 종교 이미지들은 비신자들에게는 기독교 진리를 생동감 있게 전달하는 데 도움이 되고, 신자들에게는 신앙심을 고양시키는 데에 효과적이다. 유대교의 역사만 아니라 기독교 역사에서도 거룩한 상징과 이미지들을 사용한 수없는 사례들을 쉽게 발견할 수 있다. 가톨릭의 성모상이나 동방정교의 성화(icon)들이 대표적이다. 기독교 역시 십자가라는 이미지를 사용하고 있으며, 물고기 모양의 스티커를 자동차 뒤에 붙이는 신자도 있다.

하나님을 형상화 하지 말라는 계명 때문에 이스라엘 백성들은 야웨 신상을 만들지는 않았지만 언약궤나 놋뱀 같은 이미지(상징물)를 사용하기는 했다. 언약궤는 광야 생활 때부터 성막과 더불어 야웨 종교의 중요한 상징물이요 이미지였다.

그리고 모세가 광야에서 만들어 세웠던 놋뱀은 치유의 기능을 가진 성스러운 상징물이었다. 험한 광야 생활에 지친 이스라엘 백성이 하나님과 모세를 원망할 때, 하나님께서 뱀을 보내 그들을 물게 했다. 그 때문에 죽는 백성이 많아지자, 모세가 백성을 위해 기도하면서 놋뱀을 만들어 장대에 매달았다. 그리고 그것을 쳐다보는 사람들은 누구나 낫게 되었다. 놋뱀은 하나님의 용서와 치유를 상징하는 성스러운 상징물이요 이미지였던 셈이다(민 21:4-9).

이미지와 상징물의 위험성

그런데 모든 종교적 이미지와 상징물들은 심각한 위험성을 지니고 있다. 비록 순수한 신앙적 동기에서 만든 것이라 하더라도 한 순간에 우상으로 전락해 버릴 수 있다. 그러한 위험은 상징물이 지닌 본질(실체)과 이미지(형상) 사이를 혼동할 때 생겨난다. 이미지와 상징은 본질이나 실체가 아니라 그것을 가리키는 수단일 뿐이다. 달을 가리키는 손가락이 결코 달이 아니듯이, 본질을 상징하는 이미지가 결코 본질은 아니다. 모세의 놋뱀은 불순종한 백성을 치유하는 은혜의 상징물이었지만 세월이 흐르면서 우상이 되었다. 이스라엘 백성은 본질에 해당하는 치유하시는 하나님을 잊고, 놋뱀의 형상 그 자체를 신성시하고, 심지어 그 앞에 분향하며 숭배하였다. 그래서 히스기야 왕 때 성전을 정화하면서 놋뱀을 부숴버렸다고 했다. 놋뱀을 '느후스단'(놋 조각)이라고 부름으로써, 그것이 하나의 상징물에 불과하다는 점을 명확히 했다(왕하 18:4).

언약궤도 마찬가지다. 이스라엘 백성은 하나님의 임재와 현존의 상
징물인 언약궤를 전쟁 때마다 앞세웠다. 하나님이 함께하시면 언제든
지 전쟁에서 승리할 수 있다고 믿었기 때문이다. 그런데 엘리가 제사장
으로 있을 때, 블레셋과의 전쟁에서 이스라엘 백성은 언약궤를 앞세웠
음에도 불구하고 패배했을 뿐만 아니라 언약궤마저 빼앗기고 말았다
(삼상 4-5장). 하나님의 영광이 이미 이스라엘에게서 떠났기 때문이다.
본질이요 실체이신 하나님의 임재가 없는 언약궤란 기껏해야 하나의
궤짝에 불과하다.

하나님의 집인 성전조차도 하나님의 임재를 보증하지는 못한다. 하
나님의 성전이라도 영이신 하나님을 바르게 예배하는 공간이 아니라
탐욕을 추구하는 공간으로 전락한다면 그것은 성전이 아니라 강도의
소굴이다. 그래서 예언자 예레미야는 악을 행하면서도 성전에 들어왔
다고 안심하는 이스라엘 백성에게 이렇게 외쳤다.

"너희는 이것이 여호와의 전이라, 여호와의 전이라, 여호와의 전이라 하
는 거짓말을 믿지 말라"(렘 7:4).

성상 파괴 운동의 영향

야웨의 신상을 만들지 말라는 둘째 계명은 성상을 둘러싼 기독교
안에서의 신학적 논쟁과 갈등을 불러왔다. 역사적으로 유명한 사건이
8-9세기에 있었던 성상 파괴 운동(iconoclasm)이다. 기독교가 공인되
고, 십자가가 기독교의 핵심 상징물로 인정되면서 6세기 말에 그레고리
우스 교황은 문맹 신자들을 위한 교육적 목적으로 성서를 주제로 한

성화들을 장려했다. 그는 성화가 설교를 통해 선포된 말씀을 회상시킬 뿐만 아니라 헌신의 감정을 불러일으키는데 도움이 된다고 생각했다. 그렇게 해서 성화나 성상이 폭발적으로 늘어나게 되었고, 나중에는 성화나 성상 자체가 초자연적인 힘을 가진다는 미신적 신앙으로까지 변질되었다.

그러자 동로마제국 황제 레오3세가 성상 파괴령(726년)을 내리면서 동로마 지역에서 수많은 성상과 성화들이 파괴되었고, 성상을 옹호하는 성직자들은 목숨을 잃게 되었다. 성상 파괴령은 성화나 성상을 사용하여 이교도들에게 선교하고 있던 서로마 교회와의 갈등도 불러왔다.

그로부터 한 세기가 지난 842년 테오필루스 황제가 죽고 그의 아내 테오도라가 섭정을 하게 되면서 성상 파괴 운동은 마침내 막을 내렸다. 동시에 성화나 성상들은 동방정교 예배에서 기도문과 함께 중요한 예배 요소로 다시 승인 되었다. 동방정교가 이 날을 축제일(3월 11일)로 삼아 지금까지 지켜오는 것을 보면, 성화나 성상에 대한 그들의 관심과 애착이 얼마나 깊었던가를 알 수 있다.

한편, 가톨릭은 처음부터 예수님과 마리아, 천사들 그리고 성인들을 그린 성화를 신학적으로 정당하게 생각했을 뿐만 아니라 교육적으로 필요하다고 하여 적극적으로 장려했다. 당시 수도사나 사제들을 제외하고는 글을 아는 사람이 없고, 성경을 읽을 수 있는 사람도 없는 상황이었기 때문에 예수님의 성화나 마리아 성상은 자연스럽게 일반 신자들의 신앙생활에서 중요한 역할을 했다. 하지만 세월이 흐르면서 성인들의 유물까지 숭배하는 미신적 행위가 신자들 사이에 번져나갔다. 그래서 종교 개혁가들은 성상 금지 계명의 중요성을 새롭게 인식하기 시작했다. 그들은 예배에서 하나님의 말씀에 대한 집중을 흩트리는 일체의 장식과 조형물을 금지하기 시작했다.

성화나 성상에 대한 칼빈의 비판적 태도는 루터보다 훨씬 더 급진적이었다. 칼빈은 자신이 목회하던 제네바 생 삐에르 교회 안의 프레스코화를 전부 긁어내고, 조각상들을 불태웠다. 예배 찬양을 순수하고 단순하게 부를 것을 강조했다. 그래서 화성을 금지했고, 오르간과 같은 악기 연주도 금지했다. 칼빈주의 영향을 받은 스코틀랜드와 네덜란드 교회들은 예배당 안에 있던 모든 성화를 불태우고, 오르간을 '악마의 악기'라고 생각하여 부수고, 스테인글라스도 깨뜨렸다.

우리는 이 계명을 문자적으로 지키려고 했던 칼빈이나 그 후예인 개혁교회의 열정이 기독교 예술 세계와 신앙생활에 미친 부정적인 영향을 가볍게 생각해서는 안 된다.

첫째, 이 계명의 문자적 이해는 종교 예술이 지닌 신앙 교육적 순기능까지 약화시켰다. 종교 예술은 하나님의 말씀을 전하는 '간접적'이지만 '효과적'인 수단이다. 성스럽고 아름다운 종교적 상징들은 인간의 이성을 통한 방법 외에도 감성이나 직관을 통해 하나님을 느끼고 경험하도록 돕는다. 종교 예술은 색체와 소리 그리고 조형을 통해 하나님의 아름다움을 표현하여 신자들의 마음에 감동을 주고 상한 심령을 치유하기도 한다.

한 예로, 헨리 나우엔은 『탕자의 귀향』이란 책에서 프랑스 라르쉐 공동체 자료센터에서 보았던 렘브란트의 '탕자의 귀향'이란 그림이 어떻게 자신을 영적으로 치유해주었는지 고백하고 있다. 그가 페루에서의 빈민촌 사역과 귀국 후 이어진 강연으로 탈진했을 때 우연히 본 이그림을 통해 큰 영적 감동을 받고 회복되어 새로운 사역을 찾을 수 있었다. 그는 그 때의 영적 감동을 이렇게 고백했다.

"렘브란트의 포옹은 감상적인 마음의 일시적인 표현을 넘어서 내 영혼 속에 너무나 깊이 새겨져 있다. 그것은 나로 하여금 내면 속에 있는 그 무언가를 느끼게 해주었다. 그 무엇이란 바쁜 생활을 통한 성공과 실패를 초월하는 것으로서 인간 정신이 지속적으로 추구해 온 것, 즉 최후의 귀향과 확실한 안정감, 영원한 안식처 등에 대한 동경을 상징한다. 많은 사람들과 바쁜 나날들을 보내면서 수많은 이슈들에 참여하고 수많은 장소에 모습을 드러내면서, 탕자의 귀향은 내 마음 속에 머물면서 끊임없이 나의 영적 생활에 보다 큰 의미를 띠게 되었다."6)

둘째, 이 계명의 문자적 이해는 예술적 상상력마저 금기시함으로써 기독교 예술의 발전 가능성까지 가로막았다. 종교개혁 이후 기독교는 교리(진리)나 행위(선)에 대해서는 많은 관심을 기울였지만, 예술(미)에 대해서는 크게 관심하지 않았다. 진리나 선만 아니라 아름다움 역시 하나님의 속성 가운데 하나라는 사실을 잊어버렸다. 하지만 18세기 활동한 조나단 에드워즈의 신학과 목회에 있어서 하나님의 아름다움이란 주제는 아주 중요했다.

"하나님은 모든 존재와 모든 아름다움의 기초요 원천이시다. 만유가 완벽하게 하나님으로 말미암았고 모든 것이 하나님께 가장 절대적으로 완벽하게 의존한다. … 말하자면 하나님의 존재와 아름다움은 모든 존재와 탁월함을 전부 합하여 포괄한다."7)

---

6) 헨리 뉴우엔, 김항안 역, 『탕자의 귀향』 (글로리아, 1997), 20-21.
7) 조나단 에드워즈, 노병기 역, 『참된 미덕의 본질』 (부흥과개혁사, 2005), 41.

우리가 하나님의 속성 가운데 하나인 아름다움이란 가치의 중요성을 잊어버릴 때 기독교 신학과 신앙생활은 커다란 손실을 입게 된다. 바른 교리만 강조하게 되면 교리적으로 메마른 신앙인이 되어 교리 논쟁을 일삼게 되고, 바른 실천만 강조하게 되면 도덕적 위선이나 율법주의 함정에 빠지기 쉽다. 한국교회가 계속되는 교단 갈등과 분열을 겪는 이유가 어쩌면 하나님의 아름다우심을 드러내는 종교예술이 지닌 신앙적 의미를 간과한 데 있을지 모른다.

기독교의 예술 작품과 건축물의 예술적 수준이나 깊이가 가톨릭이나 동방정교와 비교할 때 모자란다고 생각하는 사람이 많다. 예배에 있어서도 청각만 아니라 시각, 후각, 촉각 그리고 미각까지 활용하는 가톨릭이나 동방정교 예배가 설교 (청각) 중심의 기독교 예배보다 훨씬 더 풍부하다고 생각한다. 이러한 약점들을 극복하려면 한국교회가 그동안 간과했던 아름다움이란 가치의 신앙적 의미를 되찾고 그 중요성을 새롭게 강조할 필요가 있다.

셋째, 이 계명의 오해가 불러 온 더 큰 문제는 예술 세계를 세속적 가치관을 가진 예술가들 손에 넘겨주었다는 점이다. 일반 예술가들 가운데에는 하나님이 아름다움의 근원이라는 진리를 잊은 채 아름다움 자체에 탐닉하거나 신처럼 숭배하는 사람들이 많다. 아름다움은 그 자체가 너무 매혹적이어서 예술가들은 자칫 그 자체를 숭배하느라 그것의 원천이신 창조주를 잊기 쉽다.

기독교가 아름다움을 추구하는 예술 활동에 무관심하고 심지어 적대적인 태도를 가지는 것은 예술 세계에 대한 하나님의 통치권을 포기하는 무책임한 일이다. 그 같은 행동은 우리의 내면 세계만 아니라 삶의 모든 영역을 하나님이 통치하시게 하라는 첫 번째 계명에 불순종하는 일이다.

현대 사회에서 이미지의 영향력이 커질수록 예술을 멀리하고 심지어 적대시하는 기독교의 입지는 점점 좁아지게 될 가능성이 크다. 이런 위험에 빠지지 않으려면 성스럽고 아름다운 종교적 이미지를 만들어낼 수 있는 예술적 능력과 영적 소명을 지닌 기독교 예술가가 필요하다. 하나님께서 광야에서 성막과 언약궤를 만들라고 하시면서, 브살렐과 오홀리압 같은 예술가(장인)를 부르고, 그들에게 하나님의 영을 충만케 하여, 지혜와 총명만 아니라 여러 가지 예술적 재능을 더하신 일을 잊어선 안 된다(출 31:1-11). 하나님은 성막과 언약궤의 '기능'만 아니라 '예술성'도 중요하게 생각하셨다.

교회는 브살렐과 오홀리압 같은 예술적 탁월성과 경건한 신앙을 지닌 예술가들을 발굴하고 후원하는 일에 적극 나서야 한다. 그럴 때 교회 안으로는 신자들의 신앙심이 풍성하고 깊어지며, 교회 밖으로는 불신자를 위한 선교적 효과도 커질 것이다.

비유와 침묵 그리고 부정 신학(via negativa)

'하나님의 형상을 만들지 말라'는 둘째 계명은 기독교를 '계시의 종교'와 '말씀의 종교'로 발전시켰다. 그런데 언어 역시 하나의 이미지로서, 다른 형태의 이미지들이 오류에 빠지듯이, 본질을 제약하고, 실재를 왜곡할 위험성을 지니고 있다. 하지만 이런 위험성에도 불구하고 우리는 어쩔 수 없이 하나님의 계시에 대해 진술하고, 하나님의 말씀을 선포하기 위해 언어라는 이미지를 사용할 수밖에 없는 딜레마 속에 있다. 이러한 딜레마를 해결하는 방편으로 그동안 신학자들은 비유, 침묵 그리고 부정 신학(via negativa)과 같은 신학 방법론을 고안했다.

첫째, 구약성서 예언자들은 하나님의 진리를 진술하는 다양한 방식 가운데 하나로 '비유'나 '은유'를 사용했다. 예언자들은 산문체가 아닌 운문체를 통해 하나님의 메시지를 전달했으며, 그 과정에서 은유적 표현들을 많이 사용했다. 호세아 같은 예언자는 아예 자기 자신이 하나의 은유가 되어 자기 몸으로 하나님의 말씀을 전했다. 그는 음란한 여인 고멜과의 결혼 생활을 통해 하나님과 이스라엘 백성 사이의 깨어진 언약 관계를 묘사했다.

예수께서 하나님 나라의 복음을 전하시면서 수많은 비유로 말씀하신 것도 그 때문이었다. '비유가 아니면 아무것도 말씀하지 않았다'(마 13:34)고 할 정도로 예수님은 많은 비유를 사용하여 하나님 나라를 설명하셨다. 직접적 진술과 달리 비유는 진리의 역동성을 유지하고, 말씀을 듣는 사람으로 하여금 능동적으로 말씀에 참여하도록 유도하는 장점이 있다. 그 참여의 과정을 통해 선포된 말씀은 각 사람에게 살아있는 말씀으로 생명력을 얻게 된다.

둘째, 기독교 영성가들은 '침묵'을 강조함으로써 말씀 중심의 종교가 빠질 수 있는 위험성을 극복하려 했다. 하나님은 신비요, 살아있는 실재로서 인간의 언어 세계 바깥에 존재하신다. 이에 대해 독일의 신비주의자였던 마이스터 에크하르트는 이렇게 표현한다.

"사람이 신이라고 하는 것은 이미 신이 아니다. 사람이 신에 대해서 무언 (無言)을 지키는 것이야말로 말로써 신이라고 하는 것보다 더욱 참된 신이다."[8]

---

8) 에리히 프롬, 박근원 역, 『정신분석과 종교』 (전망사, 1979), 136 재인용.

야웨 하나님은 인간의 언어나 감각은 물론 상상력까지도 넘어서 계신다. 언제나 '영원한 너'로 존재하는 하나님은 항상 새로운 모습으로 실존하시기 때문에 인간에게는 영원토록 낯설고 두려운 분이다. 인간의 어떤 언어로도 이 신비스럽고 역동적인 하나님을 온전히 표현하거나 묘사할 수 없다. 그런 이유에서 기독교 영성가들은 차라리 하나님에 대해 침묵하자고 주장한다. 트라피스트 수도사였던 토마스 머튼은 침묵을 '영적 어두움'이란 개념으로 표현했다.

"볼 수 있는 것이 하느님일 수 없고, 우리에게 하느님을 보여 줄 수도 없을진대, 하느님을 발견하기 위하여, 볼 수 있는 것을 다 뚫고 넘어서 어두움으로 들어가야 한다. 들을 수 있는 것이 하느님일 수 없을진대, 하느님을 발견하기 위하여 들어가야 한다. 하느님은 상상될 수 없으므로, 우리의 상상이 하느님께 대하여 말해 주는 것은 어느 것이나 결국 한갓 거짓말에 불과하다. 그러므로 우리는 상상할 수 있는 모든 것을 뛰어 넘어서 피조물의 영상(映像)이나 유사(類似)가 조금도 없는 컴컴한 곳으로 들어가야 한다. 그 때 비로소 우리는 하느님께서 계신 그대로 볼 수 있다."[9]

셋째, 동방정교에서는 이른바 '부정 신학'(via negativa)이란 신학 방법을 통해서 언어라는 이미지로 하나님을 형상화하는 신학의 위험성을 극복하고자 한다. 부정 신학이란 하나님에 대한 단정적 언어나 긍정적 표현들이 초월적이고 신비스러운 하나님을 제약할 수 있다는 문제 인식에서 출발한다. 그 문제의 해결책으로서 하나님에 대해 부정적이거나

---

9) 토마스 머튼, 조철웅 역, 『명상의 씨』(가톨릭출판사, 1980), 65.

소극적인 방식으로 진술하자고 주장한다. 이를테면, '하느님은 무엇 무엇이다'라고 단정적이고 긍정적으로 표현하는 대신에 '하느님은 무엇 무엇이 아니다'라는 부정적인 표현으로 하느님을 진술한다. '하나님은 악하지 않다'고 부정적으로 표현하는 것이 '하나님은 선하다'라고 긍정적으로 표현하는 것보다 더 낫다고 생각한다. 왜냐하면 절대적 선이 무엇인지조차 모르면서, 감히 하나님을 선이라고 정의해서는 안 되기 때문이다. 이로 보건데 부정 신학이란 인간적 언어가 하나님의 신비를 표현하는 데 여러 가지 제약을 안고 있고, 오해를 불러일으킬 수 있다는 한계를 극복하려는 신학적 노력이다. 말자하면 하나님의 형상화를 금지하는 둘째 계명에 순종하면서 언어라는 이미지를 사용하여 하나님을 진술해보고자 하는 학문적 노력이다.

6장
제3계명: 거룩

"너는 네 하나님 여호와의 이름을 망령되게 부르지 말라 여호와는 그의 이름을 망령되게 부르는 자를 죄 없다 하지 아니하리라"(출 20:7).

이름과 명예

사람들은 누구나 자신의 이름을 소중하게 생각한다. 옛 선비들은 이름을 중시하고, 가문의 명예를 더럽히는 것을 큰 수치로 알았다. 오늘날도 사람들은 이름을 떨치기 위해 출세를 힘쓰고(立身揚名), 더럽혀진 이름을 씻겠다고 벼르고, 훼손된 명예를 회복하기 위해 소송을 걸기도 한다. 간혹 검찰의 수사를 받는 정치인이나 고위 공직자, 사회 유명인 가운데에는 명예를 지키기 위해 자살하는 사람들도 있다.

사람들이 이처럼 이름을 소중히 다루는 이유는 이름이란 한 사람의 존재됨과 인격을 나타내기 때문이다. '본디오 빌라도'라는 이름처럼 한 번 더럽혀지면 죽어서도 회복하기 어려운 것이 이름이고 명예다. 그래서 잠언과 전도서의 지혜자는 재물보다 명예를 더 소중히 여기라고 교훈한다.

"많은 재물보다 명예를 택하라"(잠 22:1).

"좋은 이름이 좋은 기름보다 낫다"(전 7:1).

사람들이 자신의 이름과 명예를 소중히 여기는 것 이상으로 하나님께서도 자신의 이름과 명예에 예민하시다.

"나는 여호와이니 이는 내 이름이라 나는 내 영광을 다른 자에게, 내 찬송을 우상에게 주지 아니하리라"(사 42:8).

하나님은 자신의 이름이 모욕당하고, 명예가 훼손당하는 것을 참지 못하고 분노하는 신이다. 예언자 에스겔은 이스라엘 백성이 멸망하게 된 원인이 하나님의 이름과 명예를 더럽혔기 때문이라고 했다.

"주 여호와께서 이같이 말씀하시기를 이스라엘 족속아 내가 이렇게 행함은 너희를 위함이 아니요 너희가 들어간 그 여러 나라에서 더럽힌 나의 거룩한 이름을 위함이라 여러 나라 가운데에서 더럽혀진 이름 곧 너희가 그들 가운데에서 더럽힌 나의 큰 이름을 내가 거룩하게 할지라"(겔 36:22-23).

하지만 사람들은 예나 지금이나 자신의 이름과 명예에 대해서는 예민하면서도 하나님의 명예에 신경 쓰지 않고, 그 이름을 무시하기도 한다. 구약 시대 노아와 롯 그리고 예언자들의 경고에도 불구하고 사람들은 하나님의 말씀을 잔소리나 농담쯤으로 생각하여 거들떠보지도 않았다. 하나님이라 해서 두려워하지 않았고, 하나님의 말씀이라 해서 귀담아 듣지도 않았다. 그래서 예수께서도 당시 사람들을 향해 '피리를 불어도 춤추지 않고, 슬피 울어도 가슴을 치지 않는'(마 11:17) 사람들이라고 표현했다.

탈종교화된 우리 시대에 상황은 훨씬 더 나빠졌다. 솔직히 말해서 하나님의 이름은 가볍게 다루어지는 정도가 아니라 아예 무시를 당하고, 조롱거리가 되고 있다. 칼빈이 이미 지적하였듯이, 신자들조차 "하나님의 이름이 우리의 발밑에서 짓밟힐지라도 우리 자신의 명예와 명성에만 열중"하고 있다.[1]

인격의 표현으로서 이름

이름이란 한 사람을 다른 사람들로부터 구별하여 부르는 명칭 이상이다. 우리가 어떤 사람의 이름을 부를 때, 그 사람의 이미지만 아니라 그 사람 자신을 떠올리게 된다. 이름에는 다른 존재와 구별되는 그 사람만의 고유성, 개별성 그리고 정체성이 드러나 있다. 말하자면 이름은 그 사람의 존재 자체와 같다. 그런 점에서 이름은 '숫자'나 '번호'와는 다른데, 이는 숫자나 번호도 어떤 것을 다른 것과 구분하는 수단이기는 하지만, 이름처럼 그 안에 존재를 담고 있지는 않기 때문이다. 감옥이나 군대 훈련소에서 이름을 부르지 않고 번호를 부르는 것은 그런 이유

---

1) 존 칼빈, 김광남 역, 『칼빈의 십계명 강해』(비전북, 2011), 120.

때문이다.

따라서 이름이 바뀐다는 것은 인격이 바뀌고, 존재가 바뀌며, 미래의 운명이 바뀌는 일이다. 실제로 성서에는 이름이 바뀌면서 운명도 바뀐 사람들이 많다. 구약성서에서 '아브람'(존귀한 아버지)은 '아브라함'(열국의 아비)으로, '야곱'(발꿈치를 붙잡은 자)은 '이스라엘'(하나님과 겨루어 이긴 자)로 각각 그 이름이 바뀌면서 인생도 바뀌었다. 신약성서에서 어부였던 '시몬'은 예수님을 만나 '베드로'(반석)라는 새 이름을 얻게 되면서 인생도 바뀌었다.

이름이 인격이고 또한 존재이기 때문에 이름에는 힘이 있다. 특히 예수님의 이름은 능력이 있어 제자들은 그 이름으로 귀신들을 항복시켰고(눅 10:17-18), 걷지 못하는 사람을 일으켜 세웠다(행 3:6). 예수님께서는 자신의 이름으로 무엇을 구하든지 응답받으며(요 14:13), 자신의 이름으로 모이는 곳에 함께 하시겠다고 약속하셨다(마 18:20). 우리는 예수님의 이름을 힘입어 죄 사함을 받으며(행 10:43; 요일 2:12), 그 이름을 부름으로써 영생을 얻는다(행 2:21; 4:12).

하나님의 이름들

구약성서 창조 이야기를 보면 아담이 하나님께서 지으신 모든 생물들에게 이름을 지어주는 모습이 나온다. 아담은 모든 곤충과 공중의 새 그리고 들의 짐승에게 이름을 붙여 주었다(창 2:19-20). 그렇게 함으로써 그들에 대한 지배권을 갖게 되었다. 그런 아담이지만 하나님에게는 감히 이름을 붙일 수 없었다. 하나님은 창조주시고, 인간은 그분의 피조물에 불과하기 때문이다.

창세기 32장에는 얍복강 가에서 천사와 씨름한 야곱 이야기가 나온다. 야곱이 하나님의 이름을 알려 달라면서 붙들고 놓아주지 않자, 천사는 자신의 이름을 알려주지 않으려고 야곱의 엉덩이뼈를 부러뜨리고 야곱을 떠나갔다. 천사가 굳이 야곱의 엉덩이뼈까지 부러뜨리면서 자신의 이름을 알리지 않은 이유는 무엇일까? 고대인들은 상대방의 이름을 알게 되면, 상대를 파악하고, 나아가 상대를 지배할 수 있다고 생각했기 때문이다. 말하자면 하나님께서 야곱에게 자신의 이름을 밝히지 않음으로써 당신에 대한 지배권을 허용하지 않았다는 의미다.

피조물은 감히 창조주에게 이름을 붙일 수 없다. 하나님은 오직 그분이 자신의 이름과 존재를 우리에게 계시해 줄 때에만 비로소 알 수 있는 분이다. 그런데 출애굽 사건에 즈음하여 하나님은 시내산의 불붙은 떨기나무 가운데로 모세를 부르셨다. 그때 모세는 그분의 이름을 물었고, 하나님은 자기 이름을 알려 주셨다.

"나는 스스로 있는 자이니라. … 이는 나의 영원한 이름이요 대대로 기억할 나의 칭호니라"(출 3:14-15).

'스스로 있는 자'로 번역된 히브리어 '에흐예 아쉐르 에흐예'는 '나는 나다' 혹은 '나는 있는 자다'라고 번역된다. 그런데 동사 '에흐예'는 그 시제가 1인칭 미완료형으로서, 그 존재가 과정 가운데에 있으며, 아직 완료된 상태가 아님을 표현한다. 그렇다면 하나님의 이름의 뜻은 '나는 현재에 존재하며, 미래에도 존재할 자'쯤 될 것이다.

사실 '존재'를 나타내는 히브리어 동사 '하야'는 생성(있게 됨)이나 작용(있게 함)과 같은 동적(動的)인 의미를 지닌다. 이것은 존재를 정적(靜

的)으로 이해하는 그리스적 사유방식과는 확연히 구분되는 독특한 히브리적 사유 방식이다.[2] 히브리적 사유 방식에서 볼 때, 하나님은 어떤 고정된 실체가 아니라 살아 있는 과정이어서 이름 붙이기가 근본적으로 곤란한 대상이다.

그럼에도 불구하고 구약성서에는 하나님의 이름이 다양하게 알려져 있다. 엘 로이(살펴보시는 하나님, 창 16:13), 엘 샤다이(전능하신 하나님, 창 17:1), 엘 올람(영원하신 하나님, 사 40:28), 엘 콰나(질투하는 하나님, 출 20:5) 등 '엘'의 복합어로 된 이름들이 많다. 그리고 '여호와'의 복합어로 된 이름도 여럿이다. 여호와 이레(준비하시는 하나님, 창 22:13), 여호와 라파(치료하시는 하나님, 출 15:26), 여호와 닛시(나의 깃발이신 하나님, 출 17:15), 여호와 샬롬(나의 평강이신 하나님, 삿 6:24), 여호와 체호밧(만군의 하나님, 삼상 1:3), 여호와 로이(여호와는 나의 목자, 시 23:1), 여호와 삼마(거기에 계신 하나님, 겔 48:35) 등이다. 그리고 신약성서에는 임마누엘(우리와 함께하시는 하나님, 마 1:23)이란 이름도 등장한다.

다양한 하나님의 이름의 표현에서 주목해야 할 특이점은, 이 모든 이름들이 하나님의 성품과 인격, 정체성만이 아니라 그의 백성들과 관계 맺는 방식도 보여준다는 사실이다. 말하자면 하나님은 스스로 존재(자존)하시지만 동시에 자기 백성들의 삶과 역사에 개입하셔서 그들을 돌보고, 지키며, 해방하며, 인도하고, 구원하시는 신이다. 출애굽 이야기에는 그런 하나님의 모습이 잘 묘사되어 있다.

하나님은 자기 백성들에게 자신의 이름을 알리셨을 뿐 아니라 그들에게 자신의 이름을 사용할 수 있는 특권도 허락하셨다. 그리고 하나님

---

2) 토를라이프 보만, 허혁 역, 『히브리적 사유와 그리스적 사유의 비교』(분도출판사, 1975), 56-59.

은 기꺼이 '그들의 하나님'으로 불리셨다('내 이름으로 일컫는 내 백성', 대하 7:14).

이름을 불러 관계를 맺다

우리가 상대의 이름을 모르면 부를 수 없고, 말을 걸지 못하면 관계를 맺을 수 없다. 인간이 하나님과 관계를 맺고 하나님을 예배하려면 그분의 이름을 부를 수 있어야 한다. 하나님의 이름을 찬양하고, 그분의 이름으로 기도할 수 있어야 한다. 그런 배경에서 볼 때, 하나님께서 자기 이름을 알려주셨다는 것은 자기 백성들로 하여금 그분 자신과 관계 맺도록 허락하셨다는 뜻이다. 그런 의미에서 '이름 부르기'란 단지 상대를 부르는 호칭이 아니라 상대와 관계를 맺는 방식이라고 말할 수 있다. 시인 김춘수의 '꽃'이라는 시에는 이름을 부르는 것과 관계를 맺는 것 사이의 상관성이 잘 드러나 있다.

"내가 그의 이름을 불러주기 전에는/ 그는 다만/ 하나의 몸짓에 지나지 않았다/ 내가 그의 이름을 불러주었을 때/ 그는 나에게로 와서/ 꽃이 되었다"

좋은 관계를 맺으려면 상대의 이름을 부를 뿐만 아니라 상대의 빛깔과 향기에 어울리는 적합한 이름을 붙여주어야 한다. 성서는 하나님의 본성과 성품에 어울리는 이름이 바로 '거룩(함)'이라고 했다.

"거룩하다 거룩하다 거룩하다 만군의 여호와여 그 영광이 온 땅에 충만

하도다"(사 6:3).

그러므로 우리가 하나님의 이름을 부를 때에는 망령되게 불러서는
안 된다. 마틴 부버도 지적했듯이, 우리가 하나님의 이름을 '거룩하다'고
하는 이유는 우리가 그 이름을 부를 때 단지 그 분에 '대해서' 이야기하는
것만이 아니라, 그 분을 '향해서' 이야기하는 것이기 때문이다.3)

하나님의 이름을 잘못 부르는 경우들

우리는 종종 그분의 이름을 함부로 부름으로써 그분의 인격을 훼손
하고, 그분과의 관계를 손상시킨다. 이 계명에서 '망령되게'라고 번역된
히브리어는 '샤붸'인데, 이 단어는 '가치 없게', '허망하게', '거짓되게',
'부당하게'와 같은 뜻으로 사용된다. 성서는 하나님의 이름을 망령되게
부르는 다양한 경우들을 알려준다.

첫째, 하나님의 이름으로 거짓 맹세할 때이다. 과학적 수사 기법이
발달하지 못했던 고대 사회에서 법정 판결은 원고나 피고 그리고 증인
들의 증언에 크게 좌우되었다. 법정만 아니라 사회 전체가 맹세에 기초
해 있었다고 말할 정도로 맹세에 뒤이은 증언은 중요했다.4) 그런 상황
이었으니 하나님의 이름을 걸고 하는 맹세는 훨씬 더 신빙성있게 여겨
졌을 것이다. 그래서 법정에서 재판장은 법정 진실을 위해 하나님의
이름으로 맹세할 것을 요구했다(출 22:10-11; 민 5:21-22; 신 6:13; 10:20;
왕상 8:31 등). 하나님의 이름을 걸고 하는 맹세는 그렇지 않은 증언보다

---

3) 마틴 부버, 표재명 역, 『나와너』 (문예출판사, 2001), 98
4) 김용규, 『데칼로그: 십계, 키에슬로프스키 그리고 자유에 관한 성찰』 (바다출판사,
   2002). 108.

더 신뢰할 수 있고, 갈등과 분쟁을 해결하는 데 있어 최종적인 권위가 될 수 있었다. 하지만 사람들이 날로 사악해지면서 하나님의 이름을 건 맹세조차 신뢰할 수 없게 되었다. 그 결과 사회 전체에서 신뢰가 사라졌을 뿐만 아니라 하나님의 이름은 우스갯거리로 전락하고 말았다. 이처럼 거짓을 증언하면서도 하나님의 이름을 걸고 하는 맹세는 하나님의 이름을 모욕하는 짓이다. 그 같은 행위는 하나님까지 거짓말 하는 자로 만들기 때문이다.

> "너희는 내 이름으로 거짓 맹세함으로 네 하나님의 이름을 욕되게 하지 말라"(레 19:12).

둘째, 거짓 예언도 하나님의 이름을 망령되게 일컫는 행위다. 예언자들은 미래를 점치는 사람이 아니라 하나님의 말씀을 '대언'(代言)하는 자이며, '하나님의 이름으로 말하는 자'다. 예언자들은 하나님의 말씀을 전할 때, '여호와께서 이렇게 말씀하셨다' 혹은 '이것이 여호와의 말씀이다'라는 표현을 통해 하나님의 이름을 사용했다(사 45:11-19; 렘 2:1-3; 암 1:3, 6, 9, 13 등).

그런데 하나님의 이름으로 선포했다고 해서 예언자 모두가 참된 하나님의 대언자는 아니었다. 거짓 예언자들은 참 예언자들과는 하나님의 이름으로 말했지만, 진리를 선포한 것도 아니고, 하나님의 뜻을 전달한 것도 아니었다. 그들은 마땅히 심판을 외쳐야 할 때에도 평안과 축복만 외쳤다. 물론 그 덕에 권력자들로부터 좋은 대우를 받고, 사람들로부터 호감을 살 수 있었다. 성서는 이런 거짓 예언자들을 가리켜 하나님의 이름을 '훔치고 도용하는 자들'이라고 비난했다.

"여호와께서 내게 이르시되 선지자들이 내 이름으로 거짓 예언을 하도다 나는 그들을 보내지 아니하였고 그들에게 명령하거나 이르지 아니하였 거늘 그들이 거짓 계시와 점술과 헛된 것과 자기 마음의 거짓으로 너희에 게 예언하는도다"(렘 14:14).

종교인들은 하나님의 이름을 입에 달고 사는 사람들이다. 특히, 목사 는 다른 누구보다 하나님의 이름을 자주 입에 담는 사람이다. 그는 '하나 님의 종'이라 불리며, 하나님의 이름으로 설교한다. 그런 점에서 목사는 누구보다 더 신중하고 무겁게 이 계명을 대해야 한다. 예언자 말라기를 통해 종교인들에게 경고하시는 하나님의 음성은 준엄하고 매섭다.

"내 이름을 멸시하는 제사장들아 나 만군의 여호와가 너희에게 이르기를 아들은 그 아버지를, 종은 그 주인을 공경하나니 내가 아버지일진대 나를 공경함이 어디 있느냐 내가 주인일진대 나를 두려워함이 어디 있느냐 하나 너희는 이르기를 우리가 어떻게 주의 이름을 멸시 하였나이까 하는 도다 너희가 더러운 떡을 나의 제단에 드리고도 말하기를 우리가 어떻게 주를 더럽게 하였나이까 하는 도다 이는 너희가 여호와의 식탁은 경멸히 여길 것이라 말하기 때문이라"(말 1:6-7).

셋째, 인간의 사사로운 이익을 위해 하나님의 이름을 사용할 때 그분 의 이름이 잘못 사용된다. 우리는 때로 자신의 목적을 이루기 위해 하나 님의 이름을 이용함으로써 그분을 수단화한다. 예를 들면, 가정에서 자녀가 말을 듣지 않을 때 하나님의 심판과 지옥으로 협박하는 신자들 이 있다. "너, 내말 안 들으면 하나님이 벌 주실거야." 사람들은 자기의 생각이나 신념을 정당화하기 위해서 성서를 임의적으로 인용하고, '하나님의 뜻'이라고 강변하면서 하나님의 이름을 잘못 사용한다.

한편, 하나님의 이름을 주술적으로 사용하는 것도 그분의 이름을 망령되게 부르는 행위다. 초자연적 존재를 인격적으로 믿고 섬기는 종교와 달리 주술은 초자연적 존재의 힘을 이용하는 데에만 관심한다. 신약성서에는 예수님의 이름을 주술적으로 사용한 예가 나온다. 바울이 에베소에서 사역할 때, 그의 손수건이나 앞치마를 병자에게 얹기만 해도 병이 낫고 귀신은 쫓겨 나갔다. 당시 그곳에 떠돌이 마술사들이 있었는데, 바울이 행하는 기적을 보고 예수님의 이름을 이용하고자 했다. 같은 의도로 유대인 제사장 스게와의 아들들도 예수님의 이름을 사용했다. 그들은 예수님을 인격적으로 믿지도 않으면서 오직 그 이름을 빌려 돈벌이를 하려다 벌을 받았다(행 19장).

그리고 사람들 가운데에는 자기가 미워하는 사람을 하나님의 이름으로 저주함으로써 하나님의 이름을 욕되게 한다. 교회가 분쟁 중에 있을 때, 흔히 교인들은 상대편 교인들을 하나님의 이름으로 저주한다. 어제까지 함께 예배드렸던 형제와 자매들을 향해 '마귀 새끼'니 '악마의 자식'이니 하면서 저주한다. 심지어 목사들 가운데에는 자신의 화난 감정을 억제하지 못해 신성한 설교단에서 교인들을 향해 저주를 퍼붓기도 한다.

한편, 역사에는 하나님의 이름으로 악을 저지른 수많은 사건들이 있다. 중세의 종교 재판, 마녀사냥, 십자군운동, 나치의 유대인 학살, 남아프리카의 인종차별 정책을 비롯한 수많은 악행들이 다 하나님의 이름 아래 행해졌다. 지금도 세계에는 하나님의 이름으로 하는 '성전'(聖戰)이나 테러가 그치지 않고 있다.

이름을 거룩하게 하옵시며

　　예수님은 십계명의 다른 계명을 해석하실 때와 마찬가지로 세 번째 계명을 해석하는 데 있어서도 부정적이고 소극적인 표현('망령되게 부르지 말라')을 긍정적이고 적극적으로 재해석하셨다. 예수께서 제자들에게 가르쳐주신 주기도에는 그런 해석 방법이 잘 나타나 있다. 하나님의 이름을 '거룩히' 하는 일은 다른 모든 간구에 앞서 최우선적으로 간구할 내용이었다.

　　"하늘에 계신 우리 아버지여 아버지의 이름을 거룩하게 하옵시며"(마 6:9).

　　말하자면 이 계명은 거짓 맹세나 거짓 예언 그리고 인간 자신의 헛된 목적을 위해 하나님의 이름을 사용하지 않는 소극적 윤리 상태에 만족하는 대신에 그분의 이름을 거룩히 하고 그 이름에 걸 맞는 삶을 사는 데로 나아가길 요청한다. 하나님의 이름으로 불리는 언약백성이 '하나님의 백성답게' 살아갈 때라야 그분의 이름도 '거룩하게' 된다.

　　유대인들이 하나님의 이름을 얼마나 거룩하게 생각했는가는 그들이 성서를 읽을 때 어떤 행동을 취했는가를 보면 잘 알 수 있다. 그들은 토라를 읽을 때, 하나님의 이름(YHWH)이 나오는 곳에서 '야웨' 대신에 '아도나이'(주님)로 발음하고, 평상시에는 야웨라는 말과는 아무 관련도 없는 '하솀'(그 이름)이라고 말했다. 거룩하신 하나님의 이름을 입에 담는 것조차 불경스럽다고 생각했기 때문이다. 그리고 성서를 필사하는 사람들도 하나님의 이름이 나오는 곳에서는 몸을 씻고, 옷을 갈아입은 다음, 붓이나 펜을 몇 번씩 물에 씻어서 하나님의 이름을 쓰고, 사용한 붓과 펜은 부숴버려서 다시 쓰지 못하게 했다고 한다.

그런데 예수께서는 그들의 이런 조심스런 태도조차도 이 계명의 의미를 너무 좁게 이해하는 것이라고 보셨다. 왜냐하면 이 계명의 근본 목적이 하나님의 이름을 함부로 입에 올려선 안 된다는 소극적인 의미를 넘어 그분의 이름을 올바로 사용함으로써 하나님과 바른 관계를 맺는데 있다고 보셨기 때문이다. 입술로만 '주여, 주여'하는 립 서비스가 아니라, 마음으로 하나님을 공경하는 것을 더 중요하게 생각하셨다.

> "주께서 이르시되 이 백성이 입으로는 나를 가까이 하며 입술로는 나를
> 공경하나 그들의 마음은 내게서 멀리 떠났다"(사 29:13).

예수님은 하나님과의 바른 관계를 위해서 유대인들이 감히 입에 올리는 것조차 금기시했던 하나님을 '아바'(abba)라고 부르셨다. 아바(아빠)란 가정에서 어린 아이들이 사용하는 언어로서, 부자 간의 친밀성이 강조된 표현이다. 하나님은 유대인들이 생각했듯이 저 멀리 계시는 무서운 심판자로 머물러 계시지 않고 한없이 가까이 계시는 자애로운 '아빠' 같은 신이다. 아빠라는 단어 속에 나타나는 친밀함이야말로 두 존재 사이의 관계의 질과 깊이를 잘 보여주는 지표가 아닐까.

거룩(함)이란 하나님의 속성 가운데 가장 중요한 속성으로서 그분의 영광과 성품의 본질이다. 거룩은 '분리' 혹은 '구별'이란 뜻을 지니는데, 어떤 사람이 하나님의 것으로 구별될 때 '성도'가 되고, 어떤 물건이 하나님의 것으로 분리될 때 '성물'이 된다. 성도는 하나님의 것이요 하나님의 이름으로 불리기 때문에 세상과 구분되고, 세상 사람과 다르게 살아

가야 한다.

"너희는 거룩하라 이는 나 여호와 너희 하나님이 거룩함이니라"(레
11:44; 19:2).

그런데 거룩이 분리를 의미한다고 해서 거룩한 삶을 세상으로부터
완전히 벗어나 수도원이나 기도원에 들어가 사는 수도자의 삶만 가리키
는 것으로 생각할 필요는 없다. 오히려 세상 한 복판에서 일상을 살아가
면서도 세속적인 삶의 방식과 '다르고' '구별되게' 살아가는 것으로 이해
하는 것이 옳다. 거룩함을 주제로 다루고 있는 레위기 19장을 보면, 거
룩함이란 종교적 제의행위에만 관련된 것이 아니라(레 19:3-8), 일상의
윤리적 행위들과도 관련된다(레 19:9-37). 성도의 삶에서 제의와 삶은
분리되지 않는다. 즉, 가난한 이웃을 배려하여 추수 때 곡식을 남겨두
며, 이웃에게 거짓말이나 도둑질하지 않으며, 가난한 이웃의 품삯을
착취하지 않으며, 장애인을 비롯한 사회적 약자를 배려하며, 재판에서
공의를 행하는 것들이 다 '거룩한' 일에 속한다.

예수께서도 제자들의 거룩함을 위해 기도하시면서 그들을 세상에서
'데려가 달라'고 기도하는 대신에 그들이 세상 안에 살아가면서도 세상
사람들과 '다른' 방식으로 살도록 간구하셨다.

"내가 비옵는 것은 그들을 세상에서 데려가시기를 위함이 아니요 다만
악에 빠지지 않게 보전하시기를 위함이니이다 내가 세상에 속하지 아니
함같이 그들도 세상에 속하지 아니하였사옵니다 그들을 진리로 거룩하
게 하옵소서 아버지의 말씀은 진리니이다"(요 17:15-17).

하나님의 이름에 걸 맞는 생활

우리가 하나님과 친밀한 관계 속에서 그분의 이름을 바로 사용한다는 의미는 그분의 이름에 '걸 맞는' 삶을 산다는 뜻이다. 자기 이름으로 불리어지는 자기 백성(대하 7:14)에 대해 하나님께서도 특별한 관심을 갖는다. 하나님은 자기 이름과 명예를 지키기 위해서라도 자기 백성의 죄를 용서하시고 구원하신다.

"여호와께서는 자기의 이름을 위하여 그들을 구원하셨으니 그의 큰 권능을 만인이 알게 하려 하심이로다"(시 106:8).

하나님의 이름으로 불리는 존재이기에 언약 백성의 책임은 그만큼 커질 수밖에 없다. 하나님의 이름으로 일컫는 언약 백성이 우상숭배나 부도덕한 행위에 빠질 때마다 하나님의 이름, 곧 하나님 자신이 욕스럽게 되기 때문이다.

"그들이 땅 위에 피를 쏟았으며 그 우상들로 말미암아 자신들을 더럽혔으므로 … 그 여러 나라에서 내 거룩한 이름이 그들로 말미암아 더러워졌나니"(겔 36:19-20).

"여호와께서 이와 같이 말씀하시되 이스라엘의 서너 가지 죄로 말미암아 내가 그 벌을 돌이키지 아니하리니 이는 그들이 은을 받고 의인을 팔며 신 한 켤레를 받고 가난한 자를 팔며 힘없는 자의 머리를 티끌 먼지 속에 발로 밟고 연약한 자의 길을 굽게 하며 아버지와 아들이 한 젊은 여인에게 다녀서 내 거룩한 이름을 더럽혔다"(암 2:6-7).

신약성서에서 바울은 예언자 이사야를 인용하면서, 하나님의 백성으로 불리는 유대인의 악행으로 말미암아 하나님의 이름이 '이방인 중에서 모독을 받는다'고 비판했다(롬 2:24). 마찬가지로 '그리스도인'으로 불리는 신자들이 그리스도의 가르침에 따라 살아가지 못할 때 예수 그리스도의 이름을 욕되게 만든다.

우리는 길거리에서 물고기 상징을 부착한 승용차나 교회 이름을 크게 써 붙인 승합차가 불법주정차를 하거나 신호 위반을 하는 것을 종종 보게 된다. 주일 예배 시간에 교회 주변의 지역 주민들은 교인들의 무질서한 주차 때문에 속이 상한다. 오죽하면 한 외국인이 쓴 책에서 '교통법규부터 지키시오, 아멘'이라는 소제목으로 글을 썼겠는가?5) '교회 다니는 사람이 더 한다'라는 말을 들을 때마다, 신자들로 인해서 하나님의 이름이 욕스럽게 된다. 그래서 바울은 '주의 이름을 부르는 자마다 불의에서 떠날' 것을 강력히 요구한다(딤후 2:19).

신자들은 사람들로부터 도덕적 비난을 받지 않는 것으로 만족할 것이 아니라, 도덕적 탁월성을 통해서 하나님의 이름을 빛내고 영광스럽게 하는 데까지 나아가야 한다.

"이같이 너희 빛이 사람 앞에 비치게 하여 그들로 너희 착한 행실을 보고 하늘에 계신 너희 아버지께 영광을 돌리게 하라"(마 5:16).

---

5) 이케하라 마모루, 『맞아죽을 각오를 하고 쓴 한국, 한국인 비판』(중앙M&B, 1999), 118-122.

이러한 예수님의 가르침에 따라 살았던 초기 예루살렘 교회는 주변 사람들로부터 칭송을 들음으로써 하나님의 이름을 영화롭게 하였다(행 2:47).

신실한 언어생활

예수께서 거짓 맹세를 금지하셨을 때, 틀림없이 세 번째 계명을 염두에 두셨을 것이다. 이는 하나님의 이름으로 하는 거짓 맹세야말로 하나님의 이름을 욕되게 하고, 그분을 거짓말쟁이로 만드는 짓이기 때문이다.

그런데 예수님께서는 이 계명을 해석하시면서 거짓 맹세를 금지하실 뿐만 아니라 아예 맹세할 필요가 없는 삶을 살라고 요청하신다.

> "또 옛 사람에게 말한바 헛맹세를 하지 말고 네 맹세한 것을 주께 지키라 하였다는 것을 너희가 들었으나 나는 너희에게 이르노니 도무지 맹세하지 말지니 … 오직 너희 말은 옳다 옳다, 아니라 아니라 하라 이에서 지나는 것은 악으로부터 나느니라"(마 5:33-37).

사람들이 맹세를 하는 이유는 그 사람에 대한 신뢰가 없기 때문이다. 말하는 사람의 말을 믿을 수 없다는 것은 곧 그 사람의 인격을 믿을 수 없다는 뜻이다. '당신 인격을 믿을 수 없으니 맹세라도 하라'는 요구 때문에 어쩔 수 없이 말하는 사람은 맹세하게 된다. 그것도 그냥 맹세만으로는 안 되고, 하나님의 이름까지 걸어야 할 정도가 되면, 그 사람에 대한 신뢰와 그 사람의 인격수준이 어느 정도란 건 금방 알 수 있다. 하지만 말하는 사람의 인격을 믿을 수 있다면 굳이 맹세를 요구할 필요가 없다. 말하자면 맹세란 말하는 사람이 자신의 인격적 결핍을 하나님의 이름으로 보충해보려는 얄팍한 수단에 불과하다. 그런 배경에서 볼 때, 맹세하지 말라는 예수님의 말씀은 맹세가 필요 없을 정도로 신뢰받는 인격자가 되라는 뜻으로 해석될 수 있다.

윌리엄 셰익스피어의 희곡 『로미오와 줄리엣』에 보면, 두 연인이 달빛 아래 사랑을 약속하는 장면이 나온다. 로미오가 자신의 사랑을 "저 달을 두고 맹세하겠다"고 하자, 줄리엣이 이렇게 말한다. "매일 변하는 달에게 맹세하지 마세요. 당신의 사랑이 바뀔 것이 아니라면." "그럼 어디에다 맹세하면 좋겠소" 묻는 로미오에게 줄리엣이 답한다. "맹세하지 마세요. 하겠다면 당신 자신에게 맹세 하세요. 그럼 믿을게요." 두 연인 사이의 인격적 신뢰를 엿볼 수 있다.

신자들이 진실한 삶을 살게 되면, 말이 소박하고 단순해도 신뢰할 수 있다. '예' 혹은 '아니오' 이외의 말을 굳이 덧붙이지 않더라도 의사소통이 충분히 이루어진다. 어쩌면 우리 삶에서 말이 많아지고 화려해진다는 것은 그만큼 인격의 신뢰가 약해진다는 것은 아닐까. 그러므로 하나님의 백성으로 불리는 신자들의 언어생활은 소박하고 단순하며, 진실하고 덕스러워야 한다(엡 4:25, 29).

하나님의 이름 찬양

하나님의 이름을 거룩하게 하라는 의미는 그분의 주님 되심을 인정하여 그분께 영광을 돌리는 삶을 살라는 의미로 해석할 수 있다. 우리가 하나님의 이름을 부를 때, 알라딘이 요술 램프를 문지르며 괴력을 지닌 지니를 불러내듯 그렇게 하나님을 불러내서는 안 된다. 하나님은 우리가 부릴 수 있는 하인이나 종이 아니라, 우리가 섬겨야 하는 주인이시기 때문이다. 피조물에게 존재 이유가 있다면 그것은 자신을 지으신 창조주의 거룩하신 이름을 찬양하고, 그 이름에 영광을 돌리는 것이다.

"내 이름으로 불려지는 모든 자 곧 내가 내 영광을 위하여 창조한 자를 오게 하라 그를 내가 지었고 그를 내가 만들었느니라"(사 43:7).

"이 백성은 내가 나를 위하여 지었나니 나를 찬송하게 하려 함이니라"(사 43:21).

시편에는 우리의 창조주 되시며 주님 되시는 하나님의 영광스런 이름을 찬양하는 노래들로 가득하다.

"주여 주께서 지으신 모든 민족이 와서 주의 앞에 경배하며 주의 이름에 영광을 돌리리이다 무릇 주는 위대하사 기이한 일들을 행하시오니 주만이 하나님이시니이다"(시 86:9-10).

"할렐루야, 여호와의 종들아 찬양하라 여호와의 이름을 찬양하라 이제부터 영원까지 여호와의 이름을 찬송할지로다 해 돋는 데에서부터 해 지는 데에까지 여호와의 이름이 찬양을 받으시리로다"(시 113:1-2).

한편, 우리가 하나님의 이름에 영광을 돌린다는 의미는 그 아름다운 이름을 알지 못하는 세상 사람들에게 그 이름을 널리 알리고, 그 이름을 자랑하며 살아가는 삶을 가리킨다.

"너희는 여호와께 감사하며 그의 이름을 불러 아뢰며 그가 행하신 일을 만민 중에 알릴지어다 그에게 노래하며 그를 찬양하고 그의 모든 기사를 전할지어다 그의 성호를 자랑하라"(대상 16:8-10).

"여호와께 감사하고 그의 이름을 불러 아뢰며 그가 하는 일을 만민 중에 알게 할지어다 그에게 노래하며 그를 찬양하며 그의 모든 기이한 일들을 말할지어다 그의 거룩한 이름을 자랑하라"(시 105:1-3).

7장
제4계명 : 안식

"안식일을 기억하여 거룩하게 지키라 엿새 동안은 힘써 네 모든 일을 행할 것이나 일곱째 날은 네 하나님 여호와의 안식일인즉 너나 네 아들이나 네 딸이나 네 남종이나 네 여종이나 네 가축이나 네 문안에 머무는 객이라도 아무 일도 하지 말라 이는 엿새 동안에 나 여호와가 하늘과 땅과 바다와 그 가운데 모든 것을 만들고 일곱째 날에 쉬었음이라 그러므로 나 여호와가 안식일을 복되게 하여 그 날을 거룩하게 하였느니라"(출 20:8-11).

계명의 사회적 · 생태학적 의의

'일주일에 하루를 반드시 쉬어야 한다'는 생각은 고대의 어떤 종교나 어떤 문화권에도 나타나지 않는 독특한 히브리적 사상이요, 문화다. 고대 사회에서 쉼이란 신이나, 신의 대리자인 통치자만 누릴 수 있는 특권이었다. 만일 안식일 계명이 없었다면, 왕족이나 귀족으로 태어나지 않은 보통 사람들은 일 년 내내 하루도 쉬지 못한 채 일터로 나가야 했을 것이다. 하지만 안식일 계명 덕분에 비록 하층 계급에 속한 사람이라 하더라도 일주일에 하루의 쉼을 보장받을 수 있었다.

사회학적 관점에서 볼 때 안식일 제도는 혁명에 가깝다. 자유민과 노예, 남자와 여자, 본토민가 거류민 사이에 신분의 구분과 사회적 차별이 당연시되던 고대 사회에서 안식일 하루만이라도 신분이나 계층과 무관하게 모두가 평등하다는 생각은 혁명적이지 않은가.

"네 남종이나 네 여종에게 너 같이 안식하게 할지니라"(신 5:14).

남 · 여종에게도 주인과 '동등하게' 쉴 수 있게 하라는 명령은 사회적 평등에 대한 종교적 비전이라 할 수 있다. 이 계명을 따라 살게 되면, 평일에는 주인과 노예라는 신분이 있지만, 안식일에는 모든 사람들이 평등해진다. 그래서 게르하르트 로핑크는 이 계명을 가리켜 '노예제 사회의 기초와 모든 계급 사회의 기반을 해체'시키는 계명이라고 표현한다.[1]

안식일이 지닌 이러한 사회적 평등의 비전은 매 칠년마다 맞이하는 면제년(안식년)에도 나타난다(신 15장). 면제년이 되면 이스라엘 백성은 동족에게 꾸어준 빚을 면제해주어야 했다. 면제년이 얼마 남지 않았다고 해서 동족에게 꾸어주지 않으려하는 행위는 엄격히 금지되었다. 뿐만 아니라 주인은 면제년에 자기 집에 있는 남 · 여종을 풀어 주어야 했다. 그들을 종살이에서 자유롭게 해 줄 뿐만 아니라, 그들이 집을 떠날 경우에는 독립적으로 생계를 유지할 수 있을 정도의 가축과 곡식을 손에 들려 보내야 했다. 그렇게 하면 해방된 종이 다시 남의 집 종으로 전락하지 않게 되고, 궁극적으로는 사회에서 가난한 자가 사라지게 될

---

1) 안젤름 그륀, 송안정 역, 『인생을 떠받치는 열 개의 기둥』(21세기북스, 2010) 71.

것이라 믿었다.

"네가 만일 네 하나님 여호와의 말씀만 듣고 내가 오늘날 네게 명하는 그 명령을 다 지켜 행하면 네 하나님 여호와께서 네게 유업으로 주신 땅에서 네가 정녕 복을 받으리니 너희 중에 가난한 자가 없으리라"(신 15:4-5).

일곱 번의 면제년 다음해인 50년째에 맞는 희년(Jublilee)에는 부채 탕감과 노예 해방 그리고 땅의 쉼과 토지 반환 사상이 종합적으로 나타난다(레 25:8-17). 희년이 되면 전국에서 뿔 나팔을 크게 불어 모든 주민에게 자유가 공포되었음을 알렸다. 이 해에 빚 때문에 땅을 팔았던 사람은 자기의 땅을 도로 찾게 되며, 채무 때문에 남의 집 머슴살이 하던 사람은 자유롭게 집으로 돌아올 수 있다. 사람들은 빚 때문에 잃어버렸던 자유를 되찾고, 처음 출발할 당시의 평등하고 자유로운 사회 경제적 관계로 돌아올 수 있었다.

한편, 안식일 제도는 사회적 관점에서만이 아니라 생태학적 관점에서도 그 의의가 매우 크다. 왜냐하면 안식일 계명이 땅과 가축에게도 쉴 권리를 인정하고 있기 때문이다. 면제년과 희년에는 땅도 쉬게 함으로써 하나님의 창조 질서를 회복하도록 돕는다. 면제년과 희년에 농부는 밭에 파종하거나 포도원을 가꾸지 말아야 하며, 농사짓지 않은 포도나무가 맺은 열매도 거두지 말아야 된다. 그렇게 함으로써 땅이 완전히 쉬고 회복될 수 있도록 배려해야 한다.

"너는 육 년 동안 그 밭에 파종하며 육 년 동안 그 포도원을 가꾸어 그

소출을 거둘 것이나 일곱째 해에는 그 땅이 쉬어 안식하게 할지니 여호와께 대한 안식이라 너는 그 밭에 파종하거나 포도원을 가꾸지 말며 네가 거둔 후에 자라난 것을 거두지 말고 가꾸지 아니한 포도나무가 맺은 열매를 거두지 말라 이는 땅의 안식년임이니라"(레 25:3-5).

21세기 자본주의 사회는 '무한 성장'이란 구호 아래 '중단 없는 생산'과 '쉼 없는 전진'을 추구하는 사회여서, 사람은 말할 것도 없고 땅이나 짐승조차 쉴 수 없게 되었다. 양계장에는 밤새 불을 켜놓아 닭들은 밤낮을 가리지 않고 알을 낳아야 하고, 비닐하우스에는 밤새 전등을 켜놓아 야채들은 쉼 없이 성장해야 한다. 땅도 착취를 당해 점점 더 척박한 불모의 땅으로 변해가고 있다. 인간과 사회 공동체만 아니라 자연 환경까지 조직적으로 착취당하는 사회 현실에서 모든 생명체의 쉼을 강조하는 안식일 계명의 생태학적 의미는 아주 크다.

우리는 안식년과 희년 사상이 실제 이스라엘 역사 속에서 어느 정도로 철저하게 지켜졌는지에 대해서는 정확히 알 수 없다. 중요한 것은 그런 혁명적인 평등사상과 진보적인 생태사상이 이미 오래 전에 성서 안에 존재했으며, 그러한 사상의 의미와 가치가 현대 사회에서 새롭게 주목을 받고 있다는 사실이다. 안식일 제도는 사회적 불평등과 지구적 생태 위기가 점점 더 심각해지는 우리시대의 사회 현실을 극복하는 데 중요한 통찰력을 제공해 줄 것이다.

민족적·신앙적 정체성과 안식일

안식일 계명의 의의를 종이나 나그네 그리고 가축에 대한 인도주의적 관심이나 사회적 평등 그리고 생태학적 지혜라는 차원으로만 제한해서는 안 된다. 안식일 계명의 의의는 오히려 신학적인 면에서 더 중요하다. 왜냐하면 이스라엘의 종교사란 곧 '안식일 제도의 발달사'라고 해도될만큼 안식일을 중요하게 생각했기 때문이다.[2]

안식일 제도는 할례 제도와 더불어 이스라엘의 민족적·신앙적 정체성을 형성하는 데 결정적인 역할을 했다. 바벨론의 침공으로 예루살렘 성전은 완전히 파괴되었으며, 많은 지도자들이 포로로 끌려갔다. 이스라엘 백성이 낯선 이방 땅에서 규례대로 제사를 드릴 수 없는 처지에서도 야웨 신앙과 유대인의 민족적 정체성을 유지해 갈 수 있었던 중요한 이유 가운데 하나는 안식일 제도 때문이었다. 안식일은 유대인과 이방인을 구분하는 핵심 표지였다. 예언자 예레미야나 에스겔은 이스라엘백성의 역사와 운명이 안식일의 준수 여부에 달려 있다고까지 말했다.

"너희가 만일 삼가 나를 순종하여 안식일에 짐을 지고 이 성문으로 들어오지 아니하며 안식일을 거룩히 하여 어떤 일이라도 하지 아니하면 다윗의 왕위에 앉아 있는 왕들과 고관들이 병거와 말을 타고 이 성문으로 들어오되 그들과 유다 모든 백성과 예루살렘 주민들이 함께 그리할 것이요 이 성은 영원히 있을 것이며"(렘 17:24-25).

"이스라엘 족속이 광야에서 내게 패역하여 … 나의 안식일을 크게 더럽혔으므로 내가 이르기를 내 분노를 광야에서 그들의 위에 쏟아 멸하리라 하였으나"(겔 20:13).

---

2) 김정준, 『이스라엘의 신앙과 신학』 (성문학사, 1967), 411.

70여 년간의 바벨론 유배 생활을 마치고 귀환한 느헤미야나 에스라 같은 유대 지도자들은 유대 사회의 재건과 야웨 신앙의 회복을 목적으로 안식일 제도를 강조했다. 느헤미야는 유대의 멸망의 원인을 안식일을 제대로 지키지 않았기 때문이라고 말하면서 안식일에 포도주를 만들거나, 곡식과 포도, 무화과를 나귀에 신고 예루살렘 성 안으로 들어와서 판매하는 상인들을 책망하고, 이방인 두로 사람에게서 물고기와 물건들을 구매하는 백성들을 꾸짖었다. 그리고 안식일이 시작되면 아예 성문을 닫아걸어서 물건들이 성문 안으로 들어오지 못하게 했다. 심지어 성전 문밖에서 기회를 엿보고 있던 상인들을 잡아들이겠다고 엄포를 놓기도 했다(느 13:15-22). 그러자 비로소 이스라엘 백성들은 안식일에는 물건이나 곡물을 파는 사람이 있더라도 사지 않고, 안식년을 지켜서 매 칠년 째마다 땅을 쉬게 하고, 빚을 탕감해주겠다고 약속했다(느 10:31).

바벨론에 포로로 끌려갔던 사람들 가운데는 나중 예루살렘으로 돌아오지 않고 아예 그 곳에 정착하거나 다른 나라로 흩어진 디아스포라 유대인들도 적지 않았다. 그들에게도 안식일을 지키는 것은 민족적·신앙적 정체성을 유지하는 데 핵심적인 요소였다. 유대인들이 안식일 제도에 얼마나 철저했던가를 보여주는 잘 알려진 역사적 일화가 있다. 주전 170년경 안티오커스 4세가 예루살렘을 공격할 때 의도적으로 안식일을 택해서 공격했다. 예상대로 유대인들은 안식일에 저항하기 보다는 기꺼이 죽음을 선택했다(외경 마카비서). 유대인에게는 안식일 법을 지키는 일이 목숨을 지키는 일보다 더 중요했기 때문이다. 지금도 정통 유대인들은 안식일 법을 지키는 일에 철저하다. 금요일 해가 떨어지게 되면 상점 문을 닫고, 자동차의 운행을 금지하며, 심지어 호텔 엘리베이터 조차 버튼을 누르지 않아도 되도록 자동 운행 모드로 바꾼다.

유대인들이 이렇게 안식일 계명에 철저했던 이유는 안식일을 하나님과 맺은 '언약의 징표'라고 생각했기 때문이다(출 31:13; 겔 20:12, 20). 이 언약을 지키는 한에서 이스라엘 백성은 하나님의 백성이 될 수 있고, 하나님은 그들의 주님이 될 수 있다. 하나님은 안식일을 가볍게 다루는 사람들을 저주하지만(민 15:32-36), 안식일을 소중히 여기고 철저하게 지키려는 백성들에게는 복을 약속하셨다.

"만일 안식일에 네 발을 금하여 내 성일에 오락을 행하지 아니하고 안식일을 일컬어 즐거운 날이라, 여호와의 성일을 존귀한 날이라 하여 이를 존귀하게 여기고 네 길로 행하지 아니하며 네 오락을 구하지 아니하며 사사로운 말을 하지 아니하면 네가 여호와 안에서 즐거움을 얻을 것이라 내가 너를 땅의 높은 곳에 올리고 네 조상 야곱의 기업으로 기르리라"(사 58:14-14).

다른 계명과의 차이점

안식일 계명은 세 가지 점에서 다른 계명들과 차이를 보이고 있다.
첫째, 이 계명은 부정문 형식이 아니라 긍정문 형식으로 되어 있다. 십계명에서 부모 공경(제5계명)을 제외하고는 다른 모든 계명들이 '하지 말라'는 금지 명령으로 되어 있는 것과 달리 안식일 계명은 긍정 명령으로 되어 있다. '안식일을 기억하여 거룩하게 지키라'.
둘째, 이 계명은 열 가지 계명 중에서 내용이 가장 길다. 성서학자들은 이 계명이 처음에는 간단한 형태였지만 점차 확대되었을 것이라고 추측한다. 최초에는 다른 계명들처럼 '안식일을 지켜라' 정도로 단순한 형태였겠지만, 안식일을 지켜야 하는 이유와 지키는 방법이 첨가되면서 지금과 같은 형태로 길어졌을 것으로 본다. 그것은 이 계명을 지키는 일이 그만큼 중요하고 어려웠음을 반증한다.

셋째, 안식일 계명을 제정한 이유에 대해 출애굽기 본문과 신명기 본문이 서로 다른 신학적 근거를 제시하고 있다. 십계명의 다른 계명들은 두 본문 사이에 내용상의 차이가 별로 없어서 어떤 본문을 선택해도 해석에 크게 영향을 받지 않지만, 안식일 계명은 선택하는 본문에 따라 서로 다른 신학적 · 윤리적 해석을 가능하게 만든다.

먼저, 출애굽기 본문(20:8-11)은 안식일을 지켜야 하는 이유를 창조 신학에서 찾고 있다.

"이는 엿새 동안에 나 여호와가 하늘과 땅과 바다와 그 가운데 모든 것을 만들고 일곱째 날에 쉬었음이라"(출 20:11).

안식일은 하나님의 창조 질서 가운데 하나로서 '창조의 완성이요 왕관이다.'[3] 하나님은 안식일 창조에 이르러 비로소 그의 창조 사역을 마치신다. 창조주 하나님은 '일과 쉼' 혹은 '창조와 안식'이라는 리듬 가운데 계시기 때문에 인간도 동일한 원리를 따라 살도록 힘써야 한다.

한편, 신명기 본문(신 5:12-15)은 안식일을 지켜야 하는 이유를 출애굽 해방이라는 역사적 경험 곧 구속 신학에서 찾는다.

"너는 기억하라 네가 애굽 땅에서 종이 되었더니 네 하나님 여호와가

---

3) 위르겐 몰트만, 김균진 역, 『창조 안에 계시는 하나님』(한국신학연구소, 1987), 19.

강한 손과 편 팔로 거기서 너를 인도하여 내었나니 그러므로 네 하나님 여호와가 네게 명령하여 안식일을 지키라 하느니라"(신 5:15).

신명기 본문에 따르면 안식일이 애굽의 노예 생활로부터의 해방 사건을 기념하기 위해 제정된 것이므로, 안식일에 모든 자유민과 남·여종 그리고 가축과 땅은 노예적 노동으로부터 해방되어야 한다.

위에서 간략히 살펴본 것처럼, 비록 두 본문이 안식일의 신학적 근거를 서로 다르게 제시한다 하더라도 그 근원에는 동일한 하나님이 계시다. 하나님은 출애굽기 본문에서 말하는 '창조주 하나님'이요, 신명기 본문에서 말하는 '구속자(해방자) 하나님'이다. 하나님의 창조 행위와 해방 행위는 둘 다 동일하신 하나님의 사역이다. 따라서 이 계명을 해석할 때에는 안식의 의미를 '창조와 해방'이라는 두 관점에서 종합적으로 볼 필요가 있다.

안식일에서 주일(主日)로

안식일을 문자 그대로 지키려는 유대교나 제칠일안식일예수재림교(안식교)는 기독교가 안식일 대신 주일을 지키는 것을 비성서적이라고 비판한다. 하지만 기독교가 안식일을 주일로 대체한 데는 그만한 역사적·신학적 근거들이 충분하다.

먼저, 역사적으로 살펴보면, 초기 기독교인들은 안식일뿐만 아니라 '안식 후 첫날'인 주일도 병행해서 지켰던 것 같다(눅 24:1; 요 20:1; 행 20:7). 왜냐하면 초기 기독교인들 대부분은 유대인이었기 때문이다. 하지만 세월이 흐르면서 점차 안식 후 첫날을 안식일보다 더 중요하게 생각하게 되었는데 그 이유는 그 날이 예수님의 부활을 기념하는 날이 었기 때문이다. 그래서 이 날을 '주님의 날'(계 1:10)이라고 불렀다. 주님의 날에 그들은 한자리에 모여 예배드리고, 성찬의 빵과 포도주를 나누었다. 사도들로부터 설교를 들었고, 가난한 이웃을 위한 헌금도 했다. 주후 2세기에 이르면 교부 이그나티우스와 순교자 저스틴에 의해서 아예 안식일을 폐지하고 주일만 지키자는 목소리가 커지면서, 점차 주일이 안식일을 대체해 갔다. 321년에 로마의 콘스탄티누스 황제가 주일에 노동이나 상거래 행위를 법률로 금지하면서, 안식일은 주일로 흡수되었다. 여러 차례의 교회 공회의를 거치면서 마침내 6세기경에 지금의 주일 제도가 확정되었다.[4]

한편, 기독교가 안식일을 주일로 대체한 신학적 이유는 안식일의 목적이 예수 그리스도의 부활 사건에서 성취되었다고 보았기 때문이다. 예수님은 자신을 '안식일의 주인'이요(마 12:8), 참된 안식을 가져다주는 자라고 말씀하셨다(마 11:28-30). 바울도 안식일이 예수님을 통해 성취될 장래 일의 '그림자'에 불과하다고 보았다(골 2:16-17). 말하자면 이스라엘 백성이 애굽의 종살이로부터 해방되어 안식을 맛본 것처럼, 예수님의 십자가와 부활 사건을 통해 인간이 죄와 사망 권세로부터 해방되어 영원한 안식을 맛보게 된다는 것이다. 이러한 신학적 근거에서 칼빈은 주일에 누리는 자유와 행복을 장차 하나님의 나라에서 맛보게 될 영원한 안식의 '예표'나 '보증' 혹은 '선취'로 묘사한다.

"그러므로, 여호와께서는 일곱째 날을 통해서, 그 백성들을 위하여 그 마지막 날에 있을 그의 안식의 완성을 대략 그려주신 것이요, 그리하여

---

4) 윌리암 바클레이, 이희숙 역, 『오늘을 위한 십계명』 (컨콜디아사, 1988), 32-36.

그들로 하여금 평생토록 그 안식에 대하여 끊임없이 묵상함으로써 그
안식의 완성을 사모하도록 만드신 것이라 할 것이다."5)

일단 멈추어라

'안식하다'는 히브리어 '사바트'는 두 가지 뜻을 지닌다. 하나는 '그치
다' 혹은 '멈추다'이고, 다른 하나는 '쉬다'이다. 먼저, 안식이란 하던 일
을 그치고, 그 일에서 '손을 떼는' 행동을 말한다. 그래서 안식일에는
아무 일도 하지 말아야 한다(레 23:3). 하나님께서도 엿새 동안의 창조
사역을 마치시고 일곱째 날에 사역에서 손을 놓으셨다.

안식일의 '일단 멈춤' 명령은 심지어 파종이나 추수 시기처럼 바쁠
때에도 지켜야 하는 명령이었다(출 34:21). 우리가 하던 일이 제 아무리
중요하고 급하더라도 안식일에는 그 일에서 손을 뗄 수 있어야 한다.
그러나 사람들은 안식일에도 하던 일을 계속하려고 한다. 일한 만큼
돈을 벌 수 있는 자본주의 사회에서 쉰다는 것은 손해를 보는 일로 여긴
다. 부와 성공에 대한 욕망이 큰 사람일수록 쉼을 모른 채 일중독자나
일벌레처럼 살게 된다.

이 계명의 선포 대상은 남·여종을 거느리고 가축을 소유하고 있어서
안식일에 일하지 않아도 충분히 먹고 살 수 있는 자유민이다. 자유민인
그들이 안식일에도 손에서 일을 놓지 않으려 한 이유는 생존 때문이
아니라 더 많이 거두기 위한 탐욕 때문이었을 것이다. 바로 그런 이유에
서 느헤미야나 아모스는 안식일에도 들에 나가 일해야 했던 가난한 사
람들이 아니라 넉넉한데도 안식일에 장사하는 사회 지도층의 안식일

---

5) 존 칼빈, 원광연 역, 『기독교강요』 (크리스챤 다이제스트, 2003), II.vii.31

규정 위반을 문제 삼았다.

"내가 유다의 모든 귀인들을 꾸짖어 그들에게 이르기를 너희가 어찌 이 악을 행하여 안식일을 범하느냐 너희 조상들이 이같이 행하지 아니하였 느냐 그래서 우리 하나님이 이 모든 재앙을 우리와 이 성읍에 내리신 것이 아니냐. 그럼에도 불구하고 너희가 안식일을 범하여 진노가 이스라 엘에게 더욱 심하게 임하도록 하는 도다"(느 13:17-18).

"가난한 자를 삼키며 땅의 힘없는 자를 망하게 하려는 자들아 이 말을 들으라 너희가 이르기를 월삭이 언제 지나서 우리가 곡식을 팔며 안식일 이 언제 지나서 우리가 밀을 내게 할꼬 하는 도다"(암 8:4-5).

인간은 평생 일하며 살아가는 존재다. 그런데 욕망이 커질수록 해야 할 일의 목록은 점점 많아지기 마련이다. 반드시 끝내야 할 일, 성취하고 픈 일을 생각한다면 어느 누구도 죽을 수 없다. 죽을 시간이 없기 때문이 다. 그런 사람들에게 안식일이 되면 하던 일에서 '손을 떼라'는 명령은 단순히 일 자체를 그치라는 의미를 넘어서 삶에 대한 근원적인 성찰을 요청한다. 말하자면, 삶에는 일보다 더 중요한 무엇이 있으며, 안식일마 다 일단 멈추어 서서 달려온 길을 뒤돌아보고 앞으로 나아갈 방향을 내다보아야 할 필요가 있음을 알려준다.

편히 쉬어라

히브리어 '사바트'의 또 다른 뜻은 '쉬다'이다. 육일 동안의 창조 사역을 마치신 후에 친히 쉬셨던 하나님은 인간에게도 똑같이 육일 간의 노동 후에 쉴 것을 요구하셨다. 하나님께서 창조 사역을 마친 안식일은 창조의 피날레요 클라이맥스다. 하나님은 일하기 위해 존재하시지 않고, 안식에 들기 위해 일하셨음을 친히 보여 주셨다. 마찬가지로 인간이 존재하는 궁극적 이유도 일이 아니라 쉼에 있다. 인간이 노동하는 존재(homo faber)임에 틀림없지만, 인간 삶의 최종적 언어가 노동에 있어서는 안 된다.

우리 사회가 지나칠 정도로 '일 중심적' 사회로 변하면서 안식일조차 일하기 위한 '재충전의 시간' 쯤으로 간주하는 사람들이 많아지고 있다. 그러나 안식일 계명은 그 반대의 진리를 말해준다. 안식일은 일하는 여섯 날을 위해 재충전하는 시간이 아니라, 거꾸로 여섯 날이 안식일 하루를 위해 존재한다. 그런 배경에서 유대인 철학자 아브라함 헤셸은 안식일을 '삶의 막간이 아니라 삶의 절정'이라고 표현한다.6)

그럼에도 불구하고 사람들은 삶의 절정인 안식일조차 제대로 쉬지 못한다. 여가조차 하나의 상품이 되어 버린 자본주의 사회에서 사람들은 비록 육체적이나마 쉬는 시간에도 그 내면은 늘 분주하고 쫓기는 삶을 산다. '더 많이' 갖고, '더 크게' 성공해야겠다는 욕망, '뒤쳐질지 모른다'는 강박관념, 그리고 아무것도 하지 않는 데 대한 두려움 때문에 사람들은 쉴 수가 없다.

참 쉼이란 육체의 문제이며 동시에 내면의 문제요 영혼의 문제다. 하루 종일 소파에 누웠다고 편히 쉴 수 있는 것은 결코 아니다. 과거에 대한 회한, 현실이 주는 중압감, 미래의 불안감 그리고 죄책감 같은 내면적이고 영적인 문제들은 사람의 참 쉼을 방해한다. 일찍이 아우구스티

---

6) 아브라함 헤셸, 오만규 역, 『안식일』 (성광문화사, 1981), 23.

누스가 고백한 대로, 인간이란 자신을 지으신 하나님 안에서 쉼을 발견하기까지는 다른 어디에서도 진정한 쉼을 얻지 못하는 운명이다.

피조물인 인간이 참 쉼에 이르려면 자신을 지으신 창조주 하나님을 신뢰할 수 있어야 한다. 광야에서 경험했던 '만나 이야기'(출 16장)에는 참된 쉼을 얻는 데 있어서 하나님을 신뢰하는 것이 얼마나 중요한지 잘 가르쳐주고 있다. 하나님은 안식일 전날 안식일에 먹을 것까지 넉넉하게 주시겠다고 약속하셨지만, 믿지 않고 들에 나간 사람들은 빈손으로 돌아와야 했다. 하나님을 신뢰하지 않는 사람들은 하나님의 안식을 누릴 수 없다(시 95:11). 여호와를 '목자'로 믿고 따르는 사람들만이 푸른 풀밭에 누울 수 있고, 물가에서 쉴 수 있게 된다(시 23:1-2). 자기 삶의 주인이 하나님이라고 생각하는 사람만 편안한 잠과 쉼을 누릴 수 있다.

"여호와께서 집을 세우지 아니하시면 세우는 자의 수고가 헛되며 여호와
께서 성을 지키지 아니하시면 파수꾼의 깨어 있음이 헛되도다. 너희가
일찍이 일어나고 늦게 누우며 수고의 떡을 먹음이 헛되도다. 그러므로
여호와께서 그의 사랑하시는 자에게는 잠을 주시는 도다"(시 127:1-2).

주일 하루 가게 문을 닫는다고 해서 사업이 금방 어려워지지 않는다. 주일 하루 쉰다고 해서 세상이 금방 잘못되는 것도 아니다. 하나님께 우리의 사업과 학업, 자녀 그리고 인생을 맡기고 주일 하루만이라도 제대로 된 쉼을 누리도록 힘써야 한다. 하나님을 우리 인생의 주인으로 모실 때라야 비로소 그 같은 안식이 가능해진다는 것이 안식일 계명의 교훈이다.

복된 날

사람들은 안식일을 무엇인가를 포기하고, 단념해야 하는 고통스런 '금기의 날'로 생각하기 쉽다. 안식일(사바트)의 기원과 역사적 연관성이 있을 것으로 추정되는 바벨론의 '샤파투'는 타부와 금기, 자기학대의 날이었다.7) 하지만 유대인의 안식일은 기쁜 날이고 복된 날이다. '빨리 지나갔으면' 하는 날(암 8:5)이 아니라, '빨리 왔으면' 하는 날이다. 왜냐하면 하나님께서 복을 주신 날이기 때문이다. 하나님의 피조물 가운데 복을 받은 것은 인간과 안식일뿐이다.

"나 여호와가 안식일을 복되게 하여"(출 20:11; 창 2:3).

하나님께서 안식일을 복되게 하시고, 안식일이 인간에게 복이 되는 이유는 여럿이다.

첫째, 하나님께서 안식일이 오기 전에 인간의 생존과 행복에 필요한 모든 것을 미리 준비해 주셨기 때문이다. 하나님께서는 창조의 육일 동안 인간이 살아가는 데 부족함이 없도록 모든 것을 미리 만들어 놓으셨다. 창조의 마지막 날 출현한 인간은 그것들을 누리고 즐기기만 하면 된다. 이스라엘 백성이 광야 생활을 할 때 하나님께서는 안식일 하루 전에는 평일의 두 배의 만나를 주셔서 안식일에는 거두려 나가지 않고서도 먹고 살 수 있도록 하였다(출 16:4-36). 안식일이 복된 이유는 그것이 노동의 대가나 노동의 결과가 아니기 때문이다. 인간이 노력해서 쟁취하는 대상이 아니라, 거저주시는 하나님의 선물이요 은총이다.

---

7) 에리히 프롬, 이종훈 역, 『너희도 신처럼 되리라』 (한겨레출판, 2013), 220.

둘째, 안식일은 애굽의 강제 노역으로부터 해방된 것을 기념하는 날이기 때문이다. 안식일은 세상 누구도, 세상 어떤 일도 우리를 노예 삼을 수 없는 날이다. 인간은 외부적 요인 때문만 아니라 그 스스로에 의해서도 노예가 될 수 있다. 충분히 먹고 살 수 있음에도 불구하고 더 많이 벌기 위해 안식일에도 일하는 사람들은 탐욕의 노예다. 하지만 생계를 위해 어쩔 수 없이 안식일조차 쉬지 못하고 일터로 나가야 하는 사람들이 있는 사회는 성서가 꿈꾸었던 사회가 아니다. 따라서 교회는 가난한 사람들이 안식일에 일용할 양식에 대한 걱정에서 해방되도록 힘써야 한다. 안식일에는 자유민만 아니라 남·여종과 거류민도 동등하게 해방의 기쁨을 누리는 복된 날이어야 하기 때문이다.

셋째, 안식일은 회복과 치유를 경험하며, 장차 하나님의 나라에서 누리게 될 영원한 안식을 미리 맛보는 날이기 때문이다. 안식일은 장차 이 땅에 도래하게 될 하나님 나라의 징표다. 『하이델베르크 교리문답』에서 가르치듯이, 안식일에 우리는 세상 속에서 육일 동안 저질렀던 악한 일들을 멈추고, 주님이 내 안에서 일하게 함으로써, '이생을 사는 동안에도 영원한 안식을 시작한다.'[8]

이런 여러 가지 이유에서 유대인들은 안식일을 '축제의 날'로 보냈다. 마르바 던은 『안식』이란 책에서, 정통 유대인 가정에서 안식일을 지키는 방식(키디쉬)을 소개하고 있다. 안식일이 시작되면 식구들이 모여서 촛불을 켜고, 찬송을 부르고, 서로를 축복하며, 맛있는 음식을 차려놓고, 웃고 노래하면서, 음식을 먹고 즐긴다.[9] 기독교 신자들도 주일을 기쁨과 행복이 가득한 축제의 날로 보낼 수 있어야 한다. 주일은 하나님

---

8) 『하이델베르크 교리문답』. 이장식 편역, 『기독교신조사 I』 (컨콜디아사 1979), 124.
9) 마르바 던, 전의우 역, 『안식』 (IVP, 2001), 26-29.

께서 복 주신 날이며, 장차 우리가 하나님 나라에서 누릴 영원한 안식을 미리 맛보고 경험하는 복된 날이기 때문이다.

거룩한 날

안식일은 거룩한 날(聖日)이다. 왜냐하면, 하나님께서 특별히 이 날을 다른 날들로부터 구별하셨기 때문이다.

"나 여호와가 그 날을 거룩하게 하였다"(출 20:11).

특정한 공간이나 물건을 성별하는 것은 어느 종교에나 있는 일이다. 하지만 시간을 거룩하게 한다는 생각은 오직 성서에만 나타나는 독특한 히브리적 사상이다. 유대 철학자인 아브라함 헤셸은 『안식일』이란 책에서, 유대교를 가리켜 시간의 성화에 목표를 둔 '시간의 종교'라고 한다. 그래서 안식일을 지키는 사람들에게 하루하루가 성전이 되고, 안식일은 대성전(大聖殿)이 된다. 거룩한 장소(성소)나 거룩한 물건(성물)은 파괴될 수 있어도, 거룩한 시간인 안식일은 결코 파괴할 수 없다.[10] 바로 그런 이유로 유대인들은 비록 예루살렘 성전이 불타 없어지고, 이방나라에서 성전 없이 살아가는 동안에도 '시간의 대성전'인 안식일을 지킴으로써 여전히 야웨 신앙과 민족적 정체성을 유지할 수 있었다.

일반적으로 '거룩하다'는 단어는 '구별하다' 혹은 '분리하다'란 뜻이다. 안식일을 거룩하다고 하는 것은 하나님을 위해 그 날을 '따로 떼어놓는' 날이기 때문이다. 성서는 안식일을 가리켜 '하나님의 날'(출 20:10)이

---

10) 아브라함 헤셸, 『안식일』, 15-17.

라고 말함으로써, 그 날이 하나님에게 속한 날이요, 하나님이 주인이신 날이요, 하나님께 온전히 바쳐야 하는 날로 이해한다.

> "안식일을 기억하여 거룩히 지키라 … 일곱째 날은 네 하나님의 여호와의 안식일인즉"(출 20:8-10).

경건한 유대인들 가운데에는 안식일에는 자신을 위해 어떤 간구도 하지 않았다고 하는데, 이는 자신의 사사로운 일 때문에 거룩하신 하나님의 휴식을 방해해서는 안 된다고 생각했기 때문이다.[11]

안식일을 '기억'한다는 것은 단순한 '회상'이 아니라 예배라는 종교적 의식과 관련되어 있다.[12] 안식일은 목적 없이 일을 내려놓는 날이 아니라, 예배를 통해 하나님과의 관계를 세우기 위해 일을 내려놓는 날이다. 이런 생각은 종교개혁시대에 더욱 강화되었다. 루터의 『소교리문답』에서는 안식일 계명의 강조점이, "하나님을 두려워하며 사랑하여 설교와 하나님의 말씀을 멸시하지 말고 오직 그것을 거룩하게 생각하여 즐거운 마음으로 들으며 배우는" 데 있다고 설명했다.[13] 『하이델베르크 교리문답』 역시 "안식일에 하나님의 교회에 와서 하나님의 말씀을 배우고 성례전에 참여하고 주님을 공중 앞에서 찾아 부르고 그리고 그리스도교적인 자선을 실천해야" 한다고 설명했다.[14]

하지만 유감스럽게도 오늘날 기독교인에게조차 주일은 하나님을 예배하는 '거룩한 날'(holy day)이 아니라, 그냥 쉰다는 의미의 '공휴일'

---

11) 안젤름 그륀, 『인생을 떠받치는 열 개의 기둥』, 72.
12) 스탠리 하우어워스 · 윌리엄 윌리몬, 강봉재 역, 『십계명』 (복있는 사람, 2007), 78.
13) 마틴 루터, 『소교리문답서』, 이장식 편역, 『기독교신조사 I』, 70.
14) 『하이델베르크 교리문답』, 이장식 편역, 『기독교신조사 I』, 124.

(holiday)로 생각되는 경향이 있다. 말하자면 주일조차 '주님을 위한 날'이 아니라 여전히 '인간을 위한 날'로 변해 가고 있다. 사람들은 주일을 평일에 미처 처리하지 못한 일들을 처리하고, 쇼핑하거나, 외식하거나, 거실 소파에 누워 텔레비전을 보며 자기 자신을 위한 날로 보내고 있다.

그런데 안식일에 드려야 하는 예배란 특별한 종교적 의식이라기보다는 하나님과의 관계를 회복하는 일이다. 참된 예배란 우리가 그분의 피조물임을 인정하고, 우리 삶의 초점을 그분에게 두며, 삶의 우선권을 그분에게 맡기고, 그분을 우리 삶의 주인으로 인정하는 일이다. 시간이란 인생이기 때문에 시간의 지배권을 하나님께 드린다는 것은 곧 우리 인생의 지배권을 그분에게 드리는 일이 된다. 그런 관점에서 볼 때 예배란 주일 한 시간의 종교의식으로 축소되지 않고, 삶 전체와 관련된 행위가 된다. 우리가 주일날 하던 생업에서 손을 떼고, 예배드린다고 하는 것은 이 시대의 가치관이나 풍조와는 다른 삶을 살아가는 대안적 삶의 방식이다. 우리 사회를 지배하는 경제주의 관점에서 보면, 예배란 시간과 돈을 낭비하는 것에 불과하다. 하지만 신자들은 마치 낭비처럼 보이는 예배 행위를 통해 세속적 문화와 물질적 가치관에 저항하며, 신자들의 삶에는 경제적 가치보다 훨씬 더 중요한 가치들이 있다는 진리를 몸으로 증언한다.

한편, 안식일은 '거룩한 모임'(聖會)으로 함께 모이는 공동체의 날이기도 하다(레 23:3). 개인주의가 확산되고 인터넷이 보편화되면서 신자들 가운데서도 공동체 예배 대신에 개인 예배를 선호하는 사람들이 있다. 물론 공동체를 떠나 개인적인 기도 생활이나 수도 생활을 통해서도 신앙생활을 할 수 있다. 하지만 참된 신앙생활은 공동체 안에서만 가능하다. 하나님을 아버지로 고백하는 모든 신자들이 신분과 계급, 인종과 성별 차이를 넘어 함께 모이는 신앙공동체 안에서라야 참된 신앙생활도 가능해진다(갈 3:28). 만약 교회가 취미생활을 하는 동호회처럼 마음에 맞는 사람들끼리만 모인다면 그것은 참된 교회일 수 없고, 그런 교회에서 참된 신앙생활도 가능하지 않을 것이다.

예수님의 안식일

다른 유대인들처럼 예수님께서도 안식일을 소중히 여기고, 안식일 규례를 성실히 지키셨다. "안식일에 늘 하시던 대로 회당에 들어가셨다"(눅 4:16)는 짧은 표현에는 안식일을 대하는 예수님의 생각과 태도가 잘 나타나 있다. 하지만 안식일의 본래적 목적과 본질적 의미가 무엇인지를 두고서는 율법학자들과 의견을 달리했다. 인간의 자유와 쉼을 위해 제정된 안식일이 율법주의자들에 의해 '무거운 짐'으로 변질되었기 때문이다. 율법주의자들에 의해 안식일에 해서는 안 되는 금지 목록이 끝없이 늘어났다. 존(J. John)의 표현대로 "안식일에 쉬게 하려는 예방 조치가 오히려 엄청난 중노동이 되어 버렸다!"[15] 그래서 예수께서는 율법 아래 살아가는 백성들을 향해 '수고하고 무거운 짐 진 자'라고 안타까워 하셨다(마 11:28).

예수님은 다른 계명을 해석할 때와 마찬가지로 이 계명을 해석하는 데 있어서도 계명을 문자적으로 지키는 일보다 계명의 본질적 의미를 찾는데 관심을 두었다. 한 번은 배고픈 제자들이 안식일에 밀 이삭을 잘라 먹은 일로 바리새인들과 논쟁하게 되었다. 그 때 예수님은 안식일의 본래 의도가 하나님의 자비하심에 있다는 점을 들어 제자들의 행위

---

15) J. 존, 홍종락 역, 『십계명: 모든 사람을 위한 하나님의 법』(홍성사, 2011), 174.

를 옹호하셨다(마 12:7). 예수님이 보시기에 안식일의 본래적 의도는 모든 사람이 굶주림과 고통에서 해방되는 데 있었다.

"안식일이 사람을 위하여 있는 것이요 사람이 안식일을 위하여 있는 것이 아니다"(막 2:27).

한편, 유대인에게 안식일은 어떤 일도 해서는 안 되는 소극적이고 수동적인 날이었지만, 예수님에게 안식일은 생명을 구원하기 위해 적극적이고 능동적으로 활동해야 하는 날이었다. 예수님은 자신을 비난하는 율법주의자들을 향해 '안식일에 선을 행하는 것과 악을 행하는 것, 생명을 구하는 것과 죽이는 것, 어느 것이 옳으냐?'(막 3:4)고 물으시면서, 생명을 구하기 위해서라면 안식일에도 일해야 할 의무가 있다고 가르치셨다.

예수님은 안식일이 생명을 살리고 구원하는 날이어야 한다는 대 전제에서 수많은 종류의 질병으로 고통당하던 사람들을 치유하셨다(마 12:9-14; 눅 13:10-17; 요 5:1-17). 안식일의 이런 행동들 때문에 유대 종교 지도자들은 예수님과 정면으로 충돌했고, 마침내 그를 잡아 죽이기로 모의했다(막 3:6; 요 5:18).

유대 율법주의자들만 아니라 영국 청교도주의자들도 안식일의 의미를 소극적이고 수동적으로만 해석했다. 청교도들은 주일에 예배드리는 것 이외의 모든 일을 속되다고 보았다. 주일날 오락하는 것은 말할 것도 없고, 심지어 방 청소나 산책하는 것조차 금지했다. 영국 글래스고 시의 지도자 가운데 하나였던 피터 맥켄지의 보고서는 당시에 주일이 청교도들에 의해 어떻게 왜곡되었는지 보여 준다. 1847년 1월 눈이 몹시 내리는 어느 날 밤, 아일랜드의 한 궁핍한 가족이 거리에 내던져졌다. 일곱 자녀 중 하나는 이미 죽어 있었고, 어머니도 폐병으로 죽어가고 있었다. 당시 교회가 주일에 급식소를 여는 행위를 십계명을 위반하는 일이라고 생각하여 급식소 문을 닫았기 때문에 생긴 일이었다.[16]

예수님의 안식일 해석에 따르면, 안식일은 하나님을 예배하는 날일 뿐만 아니라 하나님의 사랑과 자비를 적극적으로 실천하는 날이다. 예수님께서 율법주의자들의 비판에도 불구하고 안식일에 각종 질병으로 고통당하는 사람들을 고쳐주신 것도 그 때문이다. 그래서 청교도 신앙의 배경을 지녔던 『웨스트민스터 소교리문답』에서조차 안식일에 필요불가결한 일(공공의 이익을 위한 일)이나, 가난한 이웃을 위한 자선 사업을 허용하고 있다.[17] 이것을 통해 우리는 안식일이 아무 일도 하지 않는 소극적이고 수동적인 금기의 날이 아니라 인간의 자유와 생명을 위해 적극적이고 능동적으로 행동하는 날임을 확인할 수 있다.

대안적 삶으로서의 안식일

과거 전체주의 국가들 가운데에는 정치적·경제적 목적으로 주일 제도를 폐지하고, 주일에 선거를 실시하거나 노동을 강제하기도 했다. 최근 기독교 국가들인 유럽에서는 오래 동안 법적 의무사항이었던 '주일 영업 금지 제도'가 점차 폐지되는 추세다. 관광 수지와 소비 증진을 통해 경제난을 극복할 수 있다는 명분으로 주일 영업이 빠르게 확산되고 있다.

---

16) 윌리암 바클레이, 『오늘을 위한 십계명』, 41.
17) 한인수 역, 『웨스트민스터 소요리문답』 (도서출판 경건, 2009), 제 60문. 91.

어떤 이유에서건 주일의 의미가 약화되고, 주일의 독특성이 사라지면 다른 여섯 날도 점차 의미를 잃게 된다. 그렇게 되면 개인의 삶만 아니라 사회 관계도 점차 위태롭게 된다. 왜냐하면 주일이 사라지면 '쉼과 노동'이라는 삶의 리듬이 깨지면서, 일주일 내내 노동하거나 아니면 소비하는 단조로운 날들만 반복될 것이기 때문이다. 그리고 일요일 영업이 확대되면 주일에도 일해야 되는 사람들이 점점 많아지게 되고, 그들의 자유가 위협받게 되며, 그들과 관계된 사람들의 사회적 관계망도 위태롭게 될 것이다. 주일의 가치가 약화됨으로 인해 생겨나는 가장 큰 위험은 경제적 가치가 사회적 가치나 종교적 가치들을 압도해버리는 데 있다. 돈벌이가 공동체나 영혼보다 더 중요한 관심사가 될 것이다.

이런 정신적이고 문화적인 위기 상황에서 신자들이 주일을 굳게 지킨다는 것은, 개인적으로는 하나님을 삶의 주인으로 섬긴다는 신앙고백이며, 사회적으로는 경제적 가치가 지배하는 세속 사회에 저항하는 사회행동으로 해석할 수 있다. 하우어워스와 윌리몬의 표현대로, 안식일이 유대인들을 다른 민족으로부터 구분 짓는 표지가 되었던 것처럼, 신자들이 힘써 지키는 주일은 그들을 세상 사람들로부터 구분 짓는 표지가 될 것이다.[18]

주5일제 사회와 안식일

우리사회에 주5일제가 정착되고, 주일에도 공익적 차원에서 어쩔 수 없이 일해야 하는 사람들(경찰관, 소방관, 의사나 간호사 등)이 늘어나면서 꼭 '주일예배만'인가라는 물음이 생겨나고 있다. 기독교인들이 역사의

---

18) 하우어워스-윌리몬,『십계명』, 87.

초기부터 지금까지 줄곧 주님의 부활을 기념하는 주일에 예배드렸다는 전통을 가볍게 생각해서는 안 된다. 그렇다고 해서 변화된 사회 현실을 모른척하는 것도 생각해볼 일이다.

바울은 신자들에게 안식일이나 주일만 아니라 모든 날이 똑같이 중요하다고 가르쳤다(롬 14:5-6). 칼빈도 안식일 계명을 해석하면서, 할 수만 있다면 한 주간 내내 예배의 날로 보내야 하지만, 어느 특정한 날을 택해서 예배하는 날로 정할지는 전적으로 신자의 자유라고 했다. 그래서 교회들이 미신적으로만 생각하지 않는다면 주일만 아니라 다른 날을 지정하여 예배드린다고 하더라도 자신은 굳이 정죄할 마음이 없다고 했다.[19] 말하자면 필요한 경우 주일예배 외에도 다른 날을 택하여 예배를 드리는 것이 얼마든지 허용될 수 있다는 의미다. 그런 배경에서 볼 때 오늘날 교회가 부득이한 사유로 주일예배를 참석하기 어려운 신자들을 위해 주일 외에 다른 날에 예배드릴 수 있도록 배려하는 일은 새로운 목회적 과제에 속한다.

우리는 주일을 지킨다는 의미에서 '주일 성수'란 말을 사용한다. 그러나 깊이 생각해 보면, 우리가 주일을 지키는 것이 아니라, 주일이 우리를 지켜준다. 주일이 되면 하던 일에서 손을 떼고 하나님을 예배하면서 비로소 우리는 우리 자신이 누구인가를 알게 되며, 어떻게 살아야 할 것인가도 깨닫게 된다. 가게 문에 내거는 '오늘은 쉽니다'라는 안내 문구 속에서 우리는 끝없는 소유와 성공에 대한 욕망으로부터 우리 자신을 해방시킨다. 주일에 모든 일을 내려놓음으로써 내 시간과 내 인생의 주인이 그분임을 고백할 때 비로소 우리는 참된 안식을 누릴 수 있게

---

19) 존 칼빈, 『기독교강요』, II.vii.34; 존 칼빈, 김광남 역, 『칼빈의 십계명 강해』 (비전북, 2011), 154.

된다. 에리히 프롬이 표현한 대로, 안식일이란 인간이 '동물적' 생존 방식에서 벗어나 '인간다운' 존재로 거듭나는 시간이다.

> "안식일이 되면 인간은 생존투쟁과 생물학적 생명유지를 주요 활동으로 삼는 동물의 생활방식에서 완전히 벗어난다. 안식일이 되면 인간은 완전한 인간이 된다."[20]

---

20) 에리히 프롬, 『너희도 신처럼 되리라』, 219.

8장
제5계명: 권위

"네 부모를 공경하라 그리하면 네 하나님 여호와가 네게 준 땅에서 네 생명이 길리라"(출 20:12).

계명의 위치

자기를 낳고 길러준 부모에게 효도해야 한다는 생각은 동양과 서양을 막론하고 과거와 현재에 변함없는 인간의 기본적이고 보편적인 도덕 규범이다. 유교 문화에서 부모 공경(孝)은 모든 윤리의 근본이요 출발이었다. 『예기』에서는 효를 천하에서 '가장 큰 윤리'로 보았고, 『효경』에서는 백행(百行)의 '근본'으로 표현했다. 부모 자녀 관계를 모든 인간관계의 근본이라고 생각했기 때문이다. 오륜(五倫)에서 부모와 자녀(父子) 관계는 나머지 인간 관계들, 즉 통치자와 백성(君臣)―남편과 아내(夫婦)―어른과 아이(長幼)―친구(朋友) 관계의 토대가 된다. 부모를 공경할 줄 아는 사람은 사회에서 어른들을 공경하며, 국가에게 충성하는 사람이 될 가능성이 높다. 하지만 자기를 낳아주고 길러준 부모조차 공경하지 못할 때 가정은 위기에 빠지고, 사회와 국가도 존립하기 어렵게 된다.

성서 역시 부모 공경을 신앙생활과 사회생활의 핵심적인 가치로 생각한다. 부모 공경 계명이 내용상 하나님과 관계된 첫 번째 돌판과 인간 사회와 관계 된 두 번째 돌판을 이어주는 역할을 하도록 위치시킨 것도 바로 그 때문이다. 이스라엘 사람들은 육신의 부모를 지상에서 하나님을 대리하는 존재로 간주했다. 그래서 부모 불경 행위를 아주 심각한 신앙적–사회적 죄로 다루었다. 신명기에는 12가지의 '저주받을 죄' 목록이 열거된다. 그 중 첫 번째가 우상숭배의 죄이고, 두 번째가 부모 불경의 죄다(신 27:15-16).

고대 유대 사회에서 부모 불경에 해당되는 죄목들은 부모에 대한 학대나 구타(출 21:15), 저주(출 21:17; 레 20:9; 잠 20:20), 폭행(레 21:15), 멸시와 업신여김(겔 22:7), 조롱(잠 30:17), 착취(잠 28:24) 그리고 악담(레위기 20:9; 21:17) 등 이다.

유대 사회는 부모 불경 죄를 사형으로 엄히 다스렸다. 만약 고집 센 자식이 부모 말을 순종하지 않으면, 그 부모가 성읍의 장로들에게 고발하여, 돌로 쳐 죽이게 했다(신 21:18-21). 노아의 세 아들 가운데 함은 아버지가 포도주에 취해 실수한 허물을 가려주지 않았다는 이유로 저주를 받았다(창 9:20-25). 우리 사회도 부모에 대한 자식의 범행을 '패륜'(悖倫)이라 하여, 다른 범죄보다 훨씬 더 무겁게 다룬다. 존속 살인죄는 다른 살인죄보다 더 무거운 처벌을 받는다.[1]

---

1) 우리나라 경찰청이 2012년 국회의원 강기윤에게 제출한 자료에 따르면, 2008-2012년(5년간) 사이에 발생한 패륜 범죄자가 총 10만 명을 넘어섰으며, 존속 살해 건수도 계속해서 증가하고 있는 것으로 나타났다. "5년간 패륜범죄자 10만 명", 「아시아경제」 2012년 9월

한편, 부모 공경 계명의 중요성은 다른 계명과 달리 성서 전체에서 다른 어떤 계명보다 더 많이 언급되고, 더 자주 반복적으로 나타난다는 사실을 통해서도 확인된다.[2] 구약성서만 보더라도 율법서(출 21:15, 17; 신 27:16; 레 19:3; 20:9)와 성문서(잠언 1:8; 19:26; 20:20; 23:32)는 물론 예언서(겔 22:7; 미 7:6; 말 1:6) 등 여러 곳에서 부모 공경을 강조하고 있다.

약속이 딸린 계명

부모 공경 계명이 다른 계명들과 다른 특이점은 계명을 순종하는 자에게 특별한 복을 약속하신다는 점이다. 열 가지 계명 가운데 약속이 딸린 유일한 계명이 바로 부모 공경 계명이다. 그래서 바울은 부모 공경 계명을 가리켜 '약속이 딸린 첫째 계명'이라고 말한다(엡 6:2).

부모 공경 계명에 딸린 약속의 내용은 공간('네게 준 땅에서')과 시간('생명이 길리라')에 관련된 구체적 축복이다. '네게 준 땅'이란 젖과 꿀이 흐르는 약속의 땅을 가리키는 것으로서 출애굽의 꿈이 실현되는 것이요, 언약의 성취를 의미한다. '생명이 길다'는 것은 오래 사는 장수의 축복이면서 동시에 약속의 땅에서 복을 누리는 행복한 삶을 가리킨다. 같은 계명을 기록하고 있는 신명기 본문(5:16)에서 "네 생명이 길고 복을 누리리라"고 표현한 것을 보아 이 계명에 딸린 약속의 내용이 단지 오래 사는 것만 아니라 복되게 사는 것도 의미한다는 것을 알 수 있다. 말하자면, 부모를 공경하는 사람은 하나님의 약속의 땅에서 언약의 성취를 맛보며, 길이길이 행복한 삶을 살게 된다. 여기서 기억해야 할 사실은

30일.

2) 프랑크 크뤼제만, 김상기 역, 『토라: 구약성서 법전의 신학과 사회사』(한국신학연구소, 1995), 74.

이와 동일한 내용의 축복이 율법(토라)을 지키는 사람에게도 똑같이 주어진다는 점이다. 이를 통해 우리는 성서에서 부모 공경의 의미나 가치가 하나님 공경에 버금간다는 것을 알 수 있다.

> "오늘 내가 네게 명령하는 여호와의 규례와 명령을 지키라 너와 네 후손이 복을 받아 네 하나님 여호와께서 네게 주시는 땅에서 한 없이 오래 살리라"(신 4:40).

아이가 아닌 어른의 계명

이 계명을 듣고 순종해야 하는 대상은 누구일까? 흔히 사람들은 이 계명을 어린이나 청소년 그리고 젊은이들의 교육용으로 활용하고 싶어 한다. 신자들에게 있어서 자녀를 길들이기에 이 계명 보다 더 효과적인 도구가 없어 보인다. '봐라, 이놈아. 여기 성서에 네 부모를 공경하라 하지 않았느냐.'[3] 하지만 부모가 이 계명을 그런 식으로 이용한다면, 이 계명은 부모 자신만 아니라 자녀에게도 부정적인 영향을 미칠 수 있다. 성인들은 노부모에 대한 공경의 의무를 소홀히 하게 될 것이며, 젊은이들은 권위주의적 '잔소리'로 생각해서 반발할 것이다.

본래 이 계명이 염두에 두고 있는 대상은 어린이나 청소년이 아니라 결혼해서 자녀를 두고, 노부모를 모시고 있는 성인이다. 이것은 성서의 다음 구절들에서도 확인할 수 있다. "너를 낳은 아비에게 청종하고 네

---

3) 다 큰 어른이 된 자기 딸이 새어머니에게 보낸 편지를 문제 삼아 한국 성서신학계의 저명한 학자인 고인이 불같이 화를 내며 성서를 펴서 훈계했다고 하는데, 그 때 펼쳐 읽어준 본문이 바로 출애굽기 21장 17절이었다고 한다. "그 아비나 어미를 저주하는 자는 반드시 죽일찌니라." 박혜란, 『목사의 딸』(아가페북스, 2014), 121.

늙은 어미를 경히 여기지 말라"(잠 23:22). 여기서 '늙은 어미'가 '아비'와 쌍을 이룬다고 볼 때, 아비란 늙은 아버지 곧 노인임을 쉽게 짐작할 수 있다. 그렇다면 이 계명은 어린이나 청소년이 성인 세대를 어떻게 공경해야 할지 교훈하는 계명이라기보다는 노인 세대에 대한 성인 세대의 의무를 교훈하는 계명으로 해석되어야 한다. 따라서 이 계명은 '자녀 교육용'이 아니라, 성인 스스로가 '자기 교육용'으로 사용해야 한다. '자식들이 너희를 공경할 수 있도록, 너희도 부모를 공경하라'는 것이 이 계명의 본래적 취지라 하겠다.4)

젊음 지상주의

이처럼 부모 공경 계명이 노인들에게 관심하는 이유는 어느 시대 어느 사회건 노인들이야말로 대표적인 사회적 약자 계층이기 때문이다. 성서는 노인을 과부와 고아 그리고 나그네와 더불어 특별한 돌봄과 배려를 받아야 할 사회적 약자로 분류한다. 노인을 업신여기는 행위는 나그네와 고아, 과부를 학대하는 것과 마찬가지로 악한 일로 간주되었다.

"그들이 네 가운데에서 부모를 업신여겼으며 네 가운데에서 나그네를 학대하였으며 네 가운데에서 고아와 과부를 해 하였도다"(겔 22:7).

이런 배경에서 우리는 부모 공경 계명이 사회적 약자에 속하는 노인들을 보호하려는 목적으로 제정된 것이라고 볼 수 있다. 사회복지 제도

---

4) 노커트 볼프-마티아스 드로빈스키, 윤선아 역, 『그러니, 십계명은 자유의 계명이다』(분도출판사, 2012), 116.

가 어느 정도 시행되고 있는 현대 사회에서조차 노인의 형편과 처지가 딱하다는 사실을 고려한다면, 노후의 책임을 전적으로 자식에게 의존해야 했던 고대 사회에서 가정에서조차 버려진 노인의 삶의 처지가 얼마나 비참했을지 충분히 짐작할 수 있다.

대가족 제도가 더 이상 존재하지 않는 현대 사회에서 노인들은 훨씬 심각한 상황에 놓이게 된다. 노인들은 대부분 경제적 빈곤에다 심리적 외로움, 육체적 질병, 사회 관계의 단절 그리고 미래의 불안으로 고통을 당한다. 노인이란 가난하고 외로우며 아프고, 할 일이나 만날 사람이 없는 존재로 변해가고 있다.

최근 우리 사회에서 자식과 떨어져 사는 독거노인이 급증하면서 질병과 생활고 때문에 자살하는 노인의 수가 빠르게 늘어나고 있다. 부끄럽게도 우리나라 노인 빈곤율과 노인 자살률은 OECD 국가 중 최고로 높은 것으로 알려져 있다. 그만큼 우리나라 노인의 삶이 팍팍하고 고단하다는 의미일 것이다. 이 계명은 이처럼 점점 심각해지는 노인 문제를 인간 존엄성의 문제로 다루기를 요청한다.

현대 사회에서 노인들의 사회적 위상이 추락하고 영향력이 줄어든 데는 젊음의 가치를 절대화하는 사회 분위기도 한 몫을 하고 있다. 과거 농경 사회에서는 노인들의 경험과 지혜가 가정과 사회생활에서만이 아니라 경제 활동에서도 중요한 자원이었다. 농사짓는 지식과 기술이 전적으로 노인의 경험에 기초해 있었기 때문이다. 농경 사회에서는 '젊다는 것'이 미숙함과 모자람을 가리키는 반면에 '나이 들었다'는 것은 경륜과 지혜를 상징했다. 그래서 노인 하나가 죽는 것을 도서관 하나가 불타는 것으로 생각하여 안타까워했다.

하지만 산업 사회를 거쳐 지식 정보 사회에 이르면 과거 대신 미래,

경험적 지식 대신 과학적 예측이 훨씬 더 중요한 가치가 된다. 사회가 급변하고 테크놀로지의 발전 속도가 빨라질수록 노인들의 사회 적응력은 떨어지기 마련이고, 그 결과 노인들은 점차 사회의 중심부로부터 밀려나게 된다. 외모나 건강, 진취성과 같은 젊음과 관련된 가치들이 중요해지면서 나이 들어 보이는 것이 불리한 생존 조건으로 바뀌고 있다. 그래서 사람들은 누구나 실제 나이보다 젊게 보이려고 갖은 노력을 한다. 마이클 호튼은 이런 시대적 특징을 가리켜 '젊음 지상주의' (Youthism)라고 표현한다.[5]

젊음 지상주의 사회에서 노인들에 대한 이미지는 부정적으로 묘사되는 경우가 많다. 텔레비전 드라마를 보더라도 노인들은 고집 세고, 권위적이며, 느리고, 둔하며, 무기력하고, 촌스러우며, 어리석고, 우스꽝스러운 캐릭터들로 묘사되기 일쑤다. 젊은이들 눈에 비치는 노인들이란 버스나 지하철에서 자신들의 자리를 빼앗는 얄미운 존재요, 힘들게 번 돈으로 연금을 대주며 부양해야 하는 짐스런 존재들이다.

가정의 가치

부모 공경 계명의 삶의 자리는 대가족 제도가 보편적이었던 고대 농경 사회다. 하지만 산업화와 도시화의 영향으로 전통적인 대가족 가정이 해체 되고 핵가족화 하면서 부모 공경 계명도 도전을 받고 있다. 핵가족 사회에서 전통적으로 노부모에게 속했던 기능들은 줄거나 사라지고 있다. 노인들의 농사 지식은 쓸모없게 되었고, 어린 아이의 양육과

---

5) 마이클 호튼, 윤석인 역, 『십계명의 렌즈를 통해서 보는 삶의 목적과 의미』 (부흥과개혁사, 2005), 161.

교육 기능은 전문 보육 기관이나 교육 기관으로 옮겨갔다.

비록 사회의 변화에 따라 가족의 형태가 바뀌더라도 가정의 가치가 바뀔 수 있는 것은 아니다. 가정은 교회나 국가에 앞서 하나님께서 제정해 주신 최초의 창조 질서다. 가정은 한 인간의 행복과 불행을 결정짓는 가장 큰 요인이다. 제 아무리 성공한 사람이라 하더라도 가정에서 평화와 안식을 얻지 못하면 결코 행복한 삶을 살 수 없다. 사회적 차원에서도 가정은 사회와 국가 공동체의 존립과 건강에 영향을 미친다. 가정은 밥상머리 교육에서 시작되는 도덕 교육과 사회 교육의 장이며, 국가의 손길이 미치지 못하는 사각지대에서도 사회 안전망을 제공하는 공간이다. 그리고 신앙적인 차원에서도 가정의 역할은 매우 중요하다. 자식들은 부모의 사랑과 희생을 통해서 비로소 하나님이 어떤 분이신지를 경험하게 된다. 신자들에게 가정은 하나님의 나라를 미리 맛보는 복된 공간이다.

그런 가정이 오늘날 이혼의 증가, 가족 간 대화의 단절 그리고 가정폭력 등으로 말미암아 위기에 빠져들고 있다. 집(house)은 점점 좋아지고 편리해지는데, 가정(home)은 점점 나빠지고 불편한 곳으로 변해가고 있다. 가정이 무너져가면서 도덕 교육, 사회 교육 그리고 신앙 교육도 점점 어려움에 빠져들고 있다. 이미 골치 아픈 사회 문제가 되어 버린 학교 폭력이나 청소년 가출이나 비행 문제는 가족 해체의 직접적 결과들로 알려져 있다. 젊은 세대가 교회를 떠나가는 중요한 이유 가운데 하나도 가정에서 이루어져야 할 신앙의 대물림 교육이 실패했기 때문으로 볼 수 있다.

존재의 뿌리

젊은이들 가운데에는 부모 공경 계명을 구시대의 가부장적 권위주의의 산물 정도로 생각하는 사람이 적지 않다. 실제로 우리는 유교 사회의 '효 윤리'가 어떻게 인간을 억압하는 수단으로 오용되었는지 경험했다. 그럼에도 불구하고 부모 공경 계명이 결코 가볍게 다루어지거나 무시되어선 안 된다. 왜냐하면 이 계명이야말로 인간 사회의 근본 되는 윤리 규범이기 때문이다. 부모 공경 계명은 노부모를 모시고 있는 부모 세대만 아니라 젊은 세대를 포함한 모든 세대를 향한 계명이다. 오늘의 노인 문제가 필연적으로 내일은 젊은 세대 자신의 문제가 될 것이기 때문이다.

자식에게 있어 부모란 존재는 의지와 상관없는 운명이요 현실이다. 사람들은 누구도 자기 부모를 선택할 수 없다. 그런데 그 부모가 자신의 인생에 결정적인 영향을 미친다. 좋은 부모 덕분에 행복한 삶을 살아가는 사람이 있는가 하면, 부모로부터 받은 상처 때문에 평생을 고통 가운데 사는 사람들도 있다. 제 아무리 부모가 밉고 싫다고 해서 부모의 존재를 부정할 수는 없는 현실이다. 부모는 인간이라는 나무의 뿌리와 같은 존재다. 유전적으로 부모에 의해 상당 부분 결정될 뿐만 아니라 부모의 사랑과 보호, 교양과 훈계를 통해 인간으로 성장해가기 때문이다.

이처럼 부모와의 관계가 자신의 운명에 영향을 주기 때문에 우리는 자신을 위해서라도 부모의 존재를 인정해야 한다. 부모의 존재를 받아들이지 못하는 사람은 자기의 존재의 뿌리를 부정하는 사람이어서 건강한 자아 정체성을 형성하지 못하게 된다. 물론 부모도 인간이기 때문에 실수하고 잘못을 저지를 수 있다. 어쩌면 부모가 그의 부모로부터 받은 상처를 치유 받지 못해서 자식에게 상처를 대물림하는 것일 수도 있다. 중요한 것은 지금 우리가 부모와 어떤 관계를 맺고 있느냐 하는 데 있다. 부모의 존재를 인정하고, 부모와 화해하며, 부모를 용서할 수 있을 때라야 비로소 우리는 자신을 구속하는 부정적인 에너지로부터 해방될 수 있다.

아버지 하나님

부모 공경 계명은 윤리적 차원에서만이 아니라 신앙적 차원에서도 중요하다. 성서는 부모-자녀 관계라는 유비를 통해 하나님과 인간 사이의 관계를 설명한다. 하나님은 아기를 품에 안아 먹이고 기르는 어머니의 모습이나(신 1:31; 사 9:15; 66:7; 호 11:3 등), 자애로운 아버지의 모습으로(눅 15장 등) 묘사되고 있다. 예수께서 세례를 받으실 때 하늘로부터 너는 내 사랑하는 '아들'이라'(막 1:11)는 음성을 들었고, 기도하시면서 하나님을 '아빠'(마 6:9)라고 부르셨다. 우리 모두는 육신의 부모에게서 태어난 자식이면서 동시에 영적으로 하나님의 자녀다.

창세기의 타락 이야기는 인간이 자신을 낳아 준 부모를 부정하고 거역할 때 어떤 일이 벌어지는 지 보여준다. 아담이 자기를 지으신 아버지를 거부함으로서, 그는 자신의 존재 근거를 스스로 부정했다. 그 결과 그는 죽음을 맞게 되었고, 낙원에서 영원히 추방되었다. 신약성서에 나오는 탕자의 비유(눅 15:11-32) 역시 아버지와 그 집을 떠난 인간이 어떤 비극적 삶으로 전락하는지 보여준다. 자유 대신 구속, 행복 대신 불행이 아버지를 떠난 자식의 필연적 운명이었다.

헨리 나우엔은 그의 책 『상처입은 치유자』에서 우리 세대 젊은이를 가리켜 '아버지 상실 세대'라고 표현했다.[6] 아버지를 거부하고, 일체의 권위나 제도까지 부정하는 이 젊은 세대는 결국 자기 자신의 포로가 되거나 젊은이들 서로의 포로가 되고 말 것이라고 예견한다. 말하자면 아버지 대신에 또래가 자신들의 삶의 기준이 되어 버린다. 그래서 그들은 어른들의 생각이나 평가에는 아랑곳하지 않은 채 자기 또래들이 어떻게 느끼고, 생각하고, 말하는지에 대해서만 민감하게 반응한다. 그들이 심각하게 생각하는 것은 어른들로부터의 비난이 아니라 또래 집단으로부터 왕따를 당하는 일이다. 헨리 나우엔은 아버지란 존재를 인정하지 않으려는 젊은 세대의 영적 미래도 걱정한다. 왜냐하면 그들은 현실에 안주하고 싶어 하는 유혹에 사로잡혀서 하나님 아버지가 계신 집으로의 영적 여행에 대한 소망과 집 떠난 탕자를 기다리고 계시는 아버지를 만날 수 있으리라는 기대감마저 잃게 될 것이기 때문이다.

부모 공경 대상의 확장

신약성서에서 바울은 부모 공경 계명의 대상을 확장시켜 이해한다. 공경의 대상을 가정의 부모에게 제한시키지 않고, 사회의 모든 웃어른과 직장의 상사 그리고 국가의 통치자에게까지 확장시킨다. 그렇게 함으로써 부모 공경 계명을 사회적 권위와 질서에 대한 복종의 토대로 삼는다. 모든 형태의 권위가 사회를 무질서와 혼란으로부터 구하기 위해 하나님께서 정하신 창조 질서라는 신학 사상이 드러난다.

"각 사람은 위에 있는 권세들에게 복종하라 권세는 하나님으로부터 나지

---

6) 헨리 나우엔, 최원준 역, 『상처 입은 치유자』 (두란노, 1999), 45-50.

않음이 없나니 모든 권세는 다 하나님께서 정하신 바라"(롬 13:1).

이런 생각에서 바울은 먼저, 교회와 사회 안의 모든 웃어른에 대해 부모를 대하듯 존중하라고 권면한다. 이른바 경로효친(敬老孝親)의 교훈이다.

"늙은이를 꾸짖지 말고 권하되 아버지에게 하듯 하며 … 늙은 여자에게는 어머니에게 하듯 하며 … 참 과부인 과부를 존대하라"(딤전 5:13).

"잘 다스리는 장로들은 배나 존경할 자로 알되 말씀과 가르침에 수고하는 이들에게는 더욱 그리할 것이니라"(딤전 5:17).

그리고 바울은 부모 공경의 윤리를 일터에서 상급자에 대한 복종의 윤리로 확대 해석한다.

"종들아 두려워하고 떨며 성실한 마음으로 육체의 상전에게 순종하기를 그리스도께 하듯 하라 눈가림만 하여 사람을 기쁘게 하는 자처럼 하지 말고 그리스도의 종들처럼 마음으로 하나님의 뜻을 행하고 기쁜 마음으로 섬기기를 주께 하듯 하고 사람들에게 하듯 하지 말라"(엡 6:5-8).

여기서 그치지 않고 바울은 부모의 권위에 대한 복종의 윤리를 국가의 통치자에 대한 충성의 윤리로까지 확장시킨다. 그런 방식으로 부모 공경의 윤리는 유교 사회의 '군사부일체'(君師父一體)나 '충효'(忠孝) 사상과 유사한 윤리 규범이 된다.

"너는 그들로 하여금 통치자들과 권세 잡은 자들에게 복종하며 순종하며 모든 선한 일 행하기를 준비하게 하며"(딛 3:1).

부모 공경에 대한 바울의 이러한 윤리관은 이후 종교 개혁자들에게도 영향을 미쳤다. 루터는『소교리문답』에서 이 계명을 해석하면서 부모만 아니라 통치자들까지 섬기며 순종해야 한다고 가르쳤다. 칼빈 역시 이 계명이 세상에 존재하는 모든 형태의 권위에 대한 존경과 복종을 가르친다고 말했다. 그는 부모 공경 계명에서 말하고 있는 '부모'를 세상의 모든 권위를 대표하는 하나의 '상징적 존재'로 이해한다.7)

한편, 칼빈은 부모 공경의 의미를 윤리적·사회적 차원에서만이 아니라 영적 차원에서도 중요하게 다루었다. 칼빈에게 있어서 부모 공경 계명은 본성상 교만한 인간에게 겸손을 가르치는 효과적인 영적 교육 수단이다. 말하자면 부모란 인간이 자기 부정을 통해 하나님께 복종하는 법을 배우는 영적 교육의 통로다.8)

우리는 부모에게 순종함으로써 하나님에게 순종하는 방법을 터득하게 된다. 부모의 권위에 복종함으로써 인간 사회의 모든 죄악의 뿌리가 되는 '교만의 죄'로부터 벗어나는 법을 배우게 된다. 기독교 신학에서 교만이야말로 첫째 아담을 원죄에 빠뜨린 근원적 죄악으로 간주된다. 그런데 둘째 아담이신 예수 그리스도께서 십자가에서 죽기까지 하나님께 복종하심으로써 모든 인류를 불순종의 죄에서 구원하셨다. 우리도 가정에서 부모의 권위에 복종하는 법을 배움으로써 영적 교만을 극복하고 구원에 이르게 된다.

---

7) 존 칼빈, 김광남 역,『칼빈의 십계명 강해』(비전북, 2011), 185.
8) 존 칼빈,『칼빈의 십계명 강해』, 187.

하나님을 경외하듯

 '공경하다'는 뜻의 히브리어 단어 '카베드'는 성서에서 '경외하다', '무겁게 여기다', '비중 있게 생각하다' 등의 뜻으로 사용되고 있다. 주목할 점은, 이 단어가 하나님의 영광을 표현하고(출 16:7, 10 등), 하나님을 경외하는 태도를 표현하는 데서도 사용되었다는 사실이다(사 29:13; 24:15; 삼상 2:30; 시 22:24; 잠 3:9; 말 1:8 등). 말하자면, 부모를 공경한다는 의미를 하나님을 경외하듯 부모를 대한다는 뜻으로 풀이 할 수 있다.

 성서가 부모의 지위와 신분을 중요하게 생각하고 하나님을 대하듯 공경할 것을 명령한 이유는 부모를 하나님의 대리자로 간주했기 때문이다. 부모는 하나님과 마찬가지로 생명을 만들고, 수여하는 존재다. 정확히 말하자면, 부모는 생명의 창조자이신 하나님께서 주시는 생명을 자식에게 '전달하는' 존재다.

 모든 자녀는 부모의 사랑의 행위를 통해 만들어지며, 어머니가 자신의 생명의 위협을 무릅쓰고 낳음으로 비로소 존재할 수 있게 된다. 갓난아기가 자립하기까지는 동물보다 훨씬 더 긴 기간 동안 부모의 헌신적 돌봄과 양육에 의존해야 한다. 저절로 성장하는 아이는 없으며, 생명의 은인인 부모를 통해서만 비로소 한 인간으로 자라게 된다. 이처럼 모든 인간이 부모의 헌신과 희생 덕에 생존할 수 있었기 때문에 부모란 존재는 하나님처럼 존엄하고 거룩하게 생각되었다.

 한편, 유대 사회에서 부모는 종교 교사나 제사장 같은 존재로 여겨졌다. 부모는 어렸을 때부터 자식에게 하나님이 어떤 분이신지 알려주는 최초의 종교 교사라 할 수 있다. 어린아이는 주일학교에서 하나님을 배우기 훨씬 전부터 부모를 통해 하나님의 사랑과 공의를 배우게 된다.

그리고 부모는 제사장처럼 자식을 위해 기도하며 축복하고, 자식에게 하나님의 사랑과 용서가 어떤 것인지 자신들의 사랑과 용서의 행위를 통해 보여준다.

하우어워스와 윌리몬은 부모란 존재의 의미를 '배꼽'이란 상징을 통해 설명한다.9) 우리가 배꼽을 볼 때마다, 인간이란 '만들어지는 것'이 아니라 '태어나는 것'이며, 생명이란 '쟁취나 소유'가 아니라 '선물'임을 깨닫게 된다. 말하자면 배꼽이란 우리의 생명과 존재가 전적으로 부모의 은혜임을 알려주는 표식이기 때문에, 배꼽을 가진 사람이라면 누구나 부모에게 감사하는 태도를 가져야 한다는 것이다. 그래서 칼빈은 부모의 권위에 반항하고 불효하는 자들을 가리켜 '괴물이지 사람이 아니다'고까지 말한다.10)

신경숙의 소설 『엄마를 부탁해』의 첫 문장은 이렇게 시작된다. "엄마를 잃어버린 지 일주일째다." 소설은 엄마를 '잃어버린 것'과 '잊어버린 것'을 거의 같은 의미로 사용한다. 엄마의 존재, 엄마에 대한 고마움을 잊어버리며 사는 동안 자식들은 엄마 없는 자식 같은 삶을 살게 된다. 유감스럽게도 젊음 중심의 사회에서 사람들은 부모나 부모 세대의 은혜를 쉽게 잊어버리게 된다. 부모 세대의 은혜를 잊어버릴 뿐만 아니라 때로는 그들을 무시하고 가볍게 여기기까지 한다. 특히, 우리 사회가 물질주의적이고 업적 중심의 경제주의 사회로 변하면서 경제력이 없고, 노동력과 생산력마저 떨어지는 노인 세대의 가치는 크게 떨어지고 있다. 하지만 경제적으로 무능력한 노인이라 하더라도 하나님의 형상으로 지어진 존엄한 존재임을 잊어서는 안 된다. 아서 밀러의 『세일즈맨

---

9) 스탠리 하우어워스-윌리엄 윌리몬, 강봉재 역, 『십계명』 (복있는 사람, 2007), 105.
10) 존 칼빈, 원광연 역, 『기독교강요』 (크리스챤 다이제스트, 2003), II. viii. 36.

의 죽음』에는 60세가 넘은 윌리 로우맨이 주인공으로 등장한다. 세일즈맨인 그는 열심히 일하지만 성과가 줄면서 회사에서 퇴출당하고 만다. 설상가상으로 아들들은 경제적으로 무능한 아버지를 무시하기까지 한다. 한결같이 그의 곁을 지켰던 아내 린다는 자식들에게 이렇게 말한다.

"아버지가 위대한 분이라는 건 아니다. 훌륭하게 잘나지도 못했고 그리고 신문에 이름이 난 적도 없어. 훌륭하게 잘나지도 못했고 정말 좋은 분도 아니지만 네 아버지 역시 인간이야 … 그래 네 아버지가 늙은 개처럼 땅속에 묻혀야 옳단 말이냐? 그건 안 돼."11)

몇 해 전 일본 NHK 방송에서 초고령 사회가 된 일본에서 혼자 살다 혼자 죽는 '무연(無緣) 사회'를 특집으로 다루었다. 현재 일본에는 가족이나 친척과 연락을 끊고 사는 노인들 가운데 죽은 뒤 한참 후에야 발견되는 '무연사' 혹은 '고독사' 수가 매해 3만 명에 달한다고 한다. 이런 사회 분위기에서 유족을 대신해서 고인의 유품을 처리해주는 유품 정리 회사까지 등장했다고 한다.12)

그런데 무연사 문제는 더 이상 일본 사회만의 문제가 아니라 벌써 우리 사회의 문제가 되고 있다. 우리나라에서도 무연고 사망자 수가 2014년에 1천 명을 넘어섰다. 현재 140만 명 정도로 알려진 독거노인 수가 빠르게 증가하고 있어 무연고 사망자 수도 지속적으로 증가할 것으로 예상된다. 이런 사회 환경 속에서 부모 공경 계명은 고령화 사회 속의 독거노인들에게 특별한 관심을 기울일 것을 촉구한다.

---

11) 아더 밀러, 유회명 역, 『세일즈맨의 죽음』 (청목, 1995), 49.
12) NHK 무연사회 프로젝트팀, 김범수 역, 『무연사회: 혼자 살다 혼자 죽는 사회』 (용오름, 2012).

봉양과 고르반

생산성이나 효율성 같은 가치만 강조되는 경제주의 사회에서 사람들은 점점 더 이른 나이에 일터에서 퇴직을 강요당한다. 일자리를 잃어버리게 된 노인들에게 정신적 외로움이나 육체적 질병만큼 고통스러운 것이 있다면 물질적 가난이다. 우리나라에서 노인 자살률이 높은 이유는 노인 빈곤율과 상관성이 높다. 사회보장 제도가 제대로 갖추어져 있지 않은 사회에서 자녀들의 물질적 봉양마저 없을 때 노인들의 생존은 직접적으로 위협을 당한다. 그래서 부모 공경 계명의 우선적 의무는 물질적 봉양에 있다고 볼 수 있다.

그런데 예수님 당시에도 부모에 대한 물질적 봉양 의무는 잘 지켜지지 않았던 것 같다. 게다가 그러한 행위가 '고르반'이라는 종교적 풍습으로 정당화되기도 했다(마 15:4-6). '고르반'이란 하나님께 바쳐진 제물로서 제사 때 구별해서 바치는 곡식이나 짐승을 가리킨다. 언제까지라고 시기를 못 박지 않은 채 '이것은 하나님께 바친 것입니다'라고 말하면 아무도 그 제물에 손을 대지 못하게 된다. 그렇게 함으로써 자식들은 자신의 재산을 계속해서 지킬 수 있었다.

예수님께서는 고르반 풍습이 두 가지 계명을 위반한다고 비판하셨다. 하나는, 신앙을 구실삼아 부모에게 자식의 도리를 다하지 않는다는 점에서 '하나님 이름을 함부로 사용치 말라'는 제3계명을 범한다. 다른 하나는, 자식으로서 부모를 '물질적으로' 봉양해야 할 의무를 다하지 않는다는 점에서 제5계명을 어긴다.

바울도 디모데에게 보내는 편지에서 노인들과 나이 많은 과부들을 언급하면서, 그들에게 실천할 효도의 핵심 내용을 물질적 봉양으로 해석하고 있다. 바울은 자기 부모조차 봉양하지 않는 자식을 불신자보다 더 악한 사람이라고 비판한다.

> "만일 어떤 과부에게 자녀나 손자들이 있거든 그들로 먼저 자기 집에서 효를 행하여 부모에게 보답하기를 배우게 하라. … 누구든지 자기 친족 특히 자기 가족을 돌보지 아니하면 믿음을 배반한 자요 불신자보다 더 악한 자니라"(딤전 5:4, 8).

혈연 공동체 대신 제자 공동체

부모 공경은 인간 사회의 근본 되는 윤리 규범이지만 그것을 자식에게 일방적이고 권위주의적인 방식으로 강요할 때, 계명의 본래적 의미가 왜곡될 수 있다. 유교 윤리가 지배했던 조선 시대에 효의 윤리는 가부장적 질서와 권위주의 사회를 정당화하는 이데올로기가 되었다. 효의 윤리는 통치자에 대한 충성의 의무와 결합되면서 국가의 통치 이데올로기로 변질되었다. 말하자면 부모 공경의 윤리는 젊은 세대를 길들이고, 여성들을 차별하며, 백성들에 대한 억압을 정당화하는 수단으로 전락했다. 그래서 어떤 여성이 '나는 제사가 싫다'[13]고 외쳤고, 어떤 지식인은 '효도가 사람 잡는다'[14]고 탄식했다.

예수께서는 자신을 낳아주고 길러준 육신의 부모인 요셉과 마리아에 대해 자식으로서의 의무를 다하셨다. "예수께서 나사렛에 이르러 순종하여 받드시더라"(눅 2:51)는 짧은 구절에서 우리는 예수님의 부모

---

13) 이하천, 『나는 제사가 싫다』 (이프, 2000).
14) 김경일, 『공자가 죽어야 나라가 산다』 (바다출판사, 1999), 150-157.

를 대하는 공경의 태도를 읽어낼 수 있다. 성인이 되신 예수님은 포도주가 떨어진 갈릴리 가나의 혼인집에서 모친의 부탁에 자기 때가 아직 이르지 않았음에도 불구하고 무조건 순종하셨다(요 2:1-12). 뿐만 아니라 십자가에서 돌아가시는 마지막 순간에서조차 모친의 노후를 제자들에게 부탁하셨다(요 19:27).

그럼에도 불구하고 예수께서는 자신이 육신의 부모인 요셉과 마리아의 자식이기에 앞서 영적 부모인 하나님의 자녀라는 사실을 잊지 않으셨다. 유월절 축제 때 예루살렘에 홀로 남은 자신을 찾아 먼 길을 뒤돌아 온 부모에게 어린 예수는 이렇게 대답하셨다.

"어찌하여 나를 찾으셨나이까 내가 내 아버지 집에 있어야 될 줄을 알지 못하셨나이까"(눅 2: 49).

하나님의 자식이라는 영적 정체성이 분명하신 예수께서는 피를 나눈 혈연 공동체보다도 하나님의 뜻을 중심으로 형성된 제자 공동체를 더 중시하셨다. 생물학적 가족 대신 영적 가족에 더 큰 가치와 의미를 두셨다. 자신의 모친과 동생들이 찾아와서 만나고자 했을 때에도 예수께서는 "누구든지 하늘에 계신 내 아버지의 뜻대로 하는 자가 내 형제요 자매요 어머니"(마 12:28-50)라고 말씀하셨다. 바울도 루포의 어머니를 자기 어머니라고 불렀다(롬 16:13). 이런 영향으로 초대교회 신자들은 혈연에 매이지 않았다. 그들은 교회의 영적 지도자들을 가리켜 '아버지'(교부, Fathers)라고 부르기를 주저하지 않았다.

영적 가족을 중시하시는 예수님의 제자가 되려는 사람은 개인적인 결단을 해야만 한다. 제자의 삶이란, 영적 가족으로의 부르심을 실천하기 위해 때로는 가족 식구들과의 갈등이나 이별까지 감내해야 하는 결단의 삶이다.

"내가 온 것은 사람이 그 아버지와, 딸이 어머니와, 며느리가 시어머니와 불화하게 하려 함이니 사람의 원수가 자기 집안 식구리라 아버지나 어머니를 나보다 더 사랑하는 자는 내게 합당하지 아니하고 아들이나 딸을 나보다 더 사랑하는 자도 내게 합당하지 아니하며"(마 10:35-37).

"무릇 내게 오는 자가 자기 부모와 처자와 형제와 자매와 더욱이 자기 목숨까지 미워하지 아니하면 능히 내 제자가 되지 못하고"(눅 14:26).

모든 사회에서 돌아가신 부모를 지극한 정성으로 장사지내는 일은 부모의 살아생전 효도만큼이나 중요한 자식의 도리였다. 하지만 예수께서는 임박한 종말의 시대에 그의 제자가 되려는 사람은 부르심이 있을 때 무조건 따라 나서야 한다고 말씀하셨다.

"제자 중에 또 한 사람이 이르되 주여 내가 먼저 가서 내 아버지를 장사하게 허락 하옵소서 예수께서 이르시되 죽은 자들이 그들의 죽은 자들을 장사하게 하고 너는 나를 따르라 하시니라"(눅 8:21-22).

예수께서는 부모 공경 계명이 하나의 이데올로기로 변질된 권위주의 사회에 대해서도 비판하셨다. 왜냐하면, 하나님 한 분 외에는 누구도 절대적 공경의 대상이 될 수 없으며, 인간 사회 구성원 모두는 한 분 아버지 안에서 형제와 자매이기 때문이다.

"너희는 랍비라 칭함을 받지 말라 너희 선생은 하나요 너희는 다 형제니라 땅에 있는 자를 아버지라 하지 말라 너희의 아버지는 한 분이시니 곧 하늘에 계신 이시니라 또한 지도자라 칭함을 받지 말라 너희의 지도자는 한 분이시니 곧 그리스도시니라"(마 23:8-10).

부모 공경의 한계

예수님과 마찬가지로 바울 역시 부모와 사회의 어른 그리고 국가 통치자들의 권위를 인정하고, 그들을 공경할 것을 강조했다. 하지만 그들의 권위를 절대화하거나 그들에 대한 공경을 한 편만의 일방적 의무로 생각하지는 않았다. 바울은 우리가 부모에게 복종해야 하지만 어디까지나 '주 안에서' 복종해야 한다고 말함으로써 부모가 갖는 권위의 한계를 분명히 말했다.

"자녀들아 주 안에서 너희 부모에게 순종하라 이것이 옳으니라"(엡 6:1).

부모에게 순종하는 일은 부모가 자식에게 절대적이고 무조건적으로 요구할 수 있는 의무가 아니다. 왜냐하면 부모가 비록 자식을 낳고 양육했지만, 하나님처럼 절대적 복종을 요구할 권리를 가진 것은 아니기 때문이다. 하나님의 권위는 부모의 권위보다 훨씬 더 근본적이며 더 크다. 자녀들이 부모에게 순종하는 것이 마땅하지만, 그것은 어디까지나 더 큰 하나님의 권위를 침해하지 않고 하나님의 권위에 모순되지 않는 범위 안에서다.

부모의 권위가 제한적이라는 원리는 비단 부모에게만 해당되는 것이 아니라 사회 어른들과 국가 통치자에게까지 해당한다. 왜냐하면 하나님은 가정과 사회 그리고 국가에게 권위를 부여하신 존재요, 그 모든 권위들보다 더 크고 더 근본적인 권위이시기 때문이다. 그래서 사도들은 유대의 종교 지도자들이나 로마의 통치자의 권위에 절대 복종을 요청 받았을 때에 이렇게 대답했다. "사람보다 하나님께 순종하는 것이 마땅하니라"(행 5:29).

상호 복종의 윤리

바울에게 있어서 부모 공경 계명은 자식의 일방적 의무가 아닌 부모와 자식의 상호 복종의 의무를 말하는 윤리다. 부모에 대한 자식의 의무만 아니라 자식에 대한 부모의 의무도 포함한다. 자식이 부모를 공경하고 복종해야 하듯이, 부모는 자녀를 주님의 교훈과 훈계로 양육할 책무가 있다. 그래서 바울은 부모에 대한 공경의 의무를 말하는 자리에서 자녀에 대한 부모의 의무를 말한다.

"자녀들아 주 안에서 너희 부모에게 순종하라 이것이 옳으니라. 네 아버지와 어머니를 공경하라 이것은 약속이 있는 첫 계명이니 이로써 네가 잘되고 땅에서 장수하리라 또 아비들아 너희 자녀를 노엽게 하지 말고 오직 주의 교훈과 훈계로 양육하라"(엡 6:1-4).

그리스도인에게 있어서 부모가 된다는 것은 영광스럽고 숭고한 '소명'이다. 부모의 소명이란 자녀를 단순히 먹고 입히는 '사육'하는 일에서 그 의무가 끝나지 않는다. 부모는 하나님께서 자신에게 맡겨 준 자식을 주님의 교훈과 훈계로 '양육'하고 '교육'해야 할 책임이 있다. 자녀가 그리스도의 온전한 형상으로 자라가도록 영적 모범을 보여주어야 할 의무가 있다. 구약성서는 제사장 엘리가 두 아들 홉니와 비느하스를 제대로 교육하지 않아서 개인적으로나 가정적으로만 아니라 국가적으로도 비극적 결과를 가져왔다고 기록한다(삼상 4:11).

자녀 교육의 올바른 방법과 관련해서 바울은 '주님의 교훈과 훈계'로 양육하라고 권면한다(엡 6:4). 주님께서 친히 그의 제자들에게 사랑과 희생 그리고 인격적 삶을 통해 모범을 보이셨듯이, 부모도 그런 인격적 모범을 통해 자녀를 신앙적–윤리적으로 교육해야 한다. 자식의 마음에 상처를 주거나 분노심을 불러일으키는 일방적이고 권위주의적인 교육 방식은 주님의 교육법에서 멀다.

전통적으로 유대 사회는 부모의 교육적 의무 안에 직업 교육과 도덕 교육 그리고 신앙 교육을 포함시켰다. 그 가운데서도 신앙 교육은 모든 교육에 우선되고 강조되는 부모의 의무였다. 모든 이스라엘 백성이 각 가정에서 실시해야 했던 쉐마 교육(신 6:4-9)은 십계명의 첫째 계명, 곧 마음과 뜻과 힘을 다해 하나님을 사랑하라는 내용으로서 모든 가정교육의 정신적 토대였다. 한편, 각종 종교적 절기(무교절, 칠칠절, 초막절)의 의미를 가르쳐주고, 거기에 참여시키며, 할례를 행하는 것도 부모가 책임져야 할 중요한 신앙 교육이었다(출 12:26-27; 신 6:20-24). 말하자면 신앙의 대물림은 모든 부모가 힘써 수행해야 할 신성한 의무였다.

"내가 입을 열어 비유로 말하며 예로부터 감추어졌던 것을 드러내려 하니 이는 우리가 들어서 아는 바요 우리의 조상들이 우리에게 전한 바라 우리가 이를 그들의 자손에게 숨기지 아니하고 여호와의 영예와 그의 능력과 그가 행하신 기이한 사적을 후대에 전하리로다. 여호와께서 증거를 야곱에게 세우시며 법도를 이스라엘에게 정하시고 우리 조상들에게 명령하사 그들의 자손에게 알리라 하셨으니 이는 그들로 후대 곧 태어날 자손에게 이를 알게 하고 그들은 일어나 그들의 자손에게 일러서"(시 78:2-6).

신약 시대에 에베소에서 목회하던 디모데는 바로 이런 신앙의 대물림을 통해서 길러진 '믿음의 자손'이었다. 성서는 디모데의 신앙이 그의 외할머니 로이스와 어머니 유니게를 통한 신앙 대물림의 덕분이라고 말한다(딤후 1:3-5).

위에서 살핀 것처럼, 성서는 부모에 대한 자식의 공경과 봉양의 의무를 말하면서 동시에 자녀에 대한 부모의 책무를 말함으로써 부모 공경 계명이 하나의 권위주의적 윤리로 변질되는 것을 막는다. 부모 공경 계명에 담긴 부모 자녀 사이의 상호적인 윤리는 가정의 가치를 보호하고 발전시킴으로써 개인의 행복만 아니라 사회의 건강과 신앙적 성숙에도 기여한다.

9장
제6계명: 생명

"살인하지 말라"(출 20:13).

생명 존엄성의 사상적 토대

살인을 금지하는 여섯 번째 계명은 아주 간결하고 명확한 형식으로
되어 있다. 굳이 긴 설명을 할 필요가 없는 인간 사회의 기본적인 윤리
규범이라고 생각했기 때문일 것이다. 타인의 생명을 보호하고 해치지
않는 일은 자기 목숨을 부지하는 길일뿐만 아니라 공동체가 존립할 수
있는 조건이기도 하다. 이 계명의 의도는 공동체 구성원의 불법적 살해
나 피의 보복을 금지함으로써 개인의 자유와 더불어 공동체의 결속력을
강화하려는 데 있다. 성서가 '살인 금지'와 더불어 '간음 금지'와 '도둑질
금지' 계명을 한 묶음으로 표현(렘 7:9; 호 4:2)한 이유는 이 세 가지 가치가
개인의 자유와 공동체의 유지에 꼭 필요한 조건들이기 때문이다.

인간 사회에 생명만큼 귀중하고 소중한 가치는 없다. 모든 생명은

유용(有用)과 무용(無用)의 가치판단 아래 있지 않고, 그것을 넘어서 있으면서 다른 모든 것을 판단하는 기준이다. 예수께서도 "사람이 만일 온 천하를 얻고도 제 목숨을 잃으면 무엇이 유익하리요 사람이 무엇을 주고 제 목숨을 바꾸겠느냐"(마 16:26)고 생명의 절대적 가치를 강조하셨다. 유대 전승에 '한 사람의 목숨은 전 세계의 무게와 같다'는 경구가 있을 정도로 생명의 가치는 절대적이다.

> "만약 어떤 사람이 한 생명을 구하면, 그것은 전 세계를 구한 것과 마찬가지이다. 그리고 만약 어떤 사람이 한 생명을 파괴하면, 그것은 전 세계를 파괴한 것과 같다."[1]

이러한 인간의 생명 존엄성에 대한 생각은 저절로 생겨난 것이 아니다. 성서는 생명 가치의 절대성이 하나님 신앙에 그 정신적 토대를 두고 있다고 가르친다.

첫째, 인간은 하나님의 형상으로 창조되었기에 존엄하다(창 1:27). 인간은 지위고하나 남녀노소와 상관없이 평등하게 존엄성을 지닌다. 왜냐하면 인간은 하나님의 신성과 존엄성을 반영하는 특별한 존재이기 때문이다. 다른 사람을 해치고 목숨을 빼앗는 행위는 인간성에 반하는 범죄이기도 하지만 하나님을 모독하는 일, 곧 그 사람 안에 있는 하나님의 형상을 지워버리고, 그를 지으신 하나님을 공격하는 사악한 행위가 된다.[2] 그래서 성서는 남의 목숨을 빼앗은 사람의 목숨도 빼앗으라고 명령한다.

---

1) 로라 슐레징어·스튜어트 보젤, 홍윤주 역, 『십계명에서 배우는 인생』(황금가지, 2000), 202 재인용.
2) 존 칼빈, 김광남 역, 『칼빈의 십계명 강해』(비전북, 2011), 213, 216.

"다른 사람의 피를 흘리면 그 사람의 피도 흘릴 것이니 이는 하나님이
자기 형상대로 사람을 지으셨음이라"(창 9:6).

둘째, 생명의 주인은 인간 자신이 아니라 창조주 하나님이시다. 생명
은 하나님께로부터 선물로 '받은 것'이지, 인간이 스스로 '쟁취한 것'이
아니다. "여호와 하나님이 땅의 흙으로 사람을 지으시고 생기를 그 코에
불어넣으시니 사람이 생령이 된지라"(창 2:7). 따라서 남의 생명을 빼앗
거나 해하려는 행위는 생명의 주인이신 하나님을 부정하고, 스스로 하
나님이 되려는 신성모독적인 행위다.

셋째, 이웃의 피를 흘리면 그 피가 땅을 더럽히고 마침내 하나님까지
더럽힌다고 생각했는데, 이는 땅이 하나님의 거하는 처소이기 때문이다.

"너희는 거하는 땅을 더럽히지 말라 피는 땅을 더럽히나니 피 흘림을
받은 땅은 이를 피 흘리게 한 자의 피가 아니면 속할 수 없느니라 너희는
너희 거하는 땅 곧 나의 거하는 땅을 더럽히지 말라"(민 35:33-34).

생명 존중의 제도와 규정들

성서는 생명의 존엄성과 절대적 가치를 보호하기 위해 다른 사람을
살해한 사람을 반드시 죽이라고 명령했다. 동물의 생명을 빼앗았을 경
우에는 속전(배상)으로 문제를 해결할 수 있지만, 사람의 경우에는 속전
(배상)으로 해결하는 것을 허락하지 않았다.

유대 사회는 우발적으로 살인죄를 저지른 사람을 위해 도피성 제도
를 두었지만 의도적으로 남을 살해한 자는 비록 그가 도피성이나 성소

로 피했더라도 반드시 끌어내서 죽이라고 명령한 이유는 생명 가치의
절대성 때문이었다.

"사람을 쳐 죽인 자는 반드시 죽일 것이나 만일 사람이 고의적으로 한
것이 아니라 나 하나님이 사람을 그의 손에 넘긴 것이면 내가 그를 위하
여 한 곳을 정하리니 그 사람이 그리로 도망할 것이며 사람이 그의 이웃
을 고의로 죽였으면 너는 그를 내 제단에서라도 잡아내려 죽일지니라"
(출 21:12-14).

한편, 성서는 인간의 생명만 아니라 모든 생명을 똑같이 소중하게
생각했기 때문에 동물을 잡을 때에 피와 함께 먹지 못하게 했다. 비록
인간이 생존을 위해 어쩔 수 없이 동물을 죽여야 하는 경우라 하더라도
엄격한 도살 제한 규정을 두어서 생명의 신성함을 깨닫게 하셨다. 구약
성서에서 피는 생명과 동일시되었으며, 생명이 있는 자리라고 생각되
었기 때문이다(레 17:14). 이런 이유로 유대인은 짐승을 잡을 때에 피를
땅에 쏟아 버렸다. 하나님께 번제를 드릴 때에도 마찬가지였다(신
12:24). 동물의 피를 땅에 쏟음으로써 생명의 주인 되신 하나님께 생명
을 되돌린다고 생각했던 것이다.

"모든 산 동물은 너희의 먹을 것이 될지라. 채소 같이 내가 이것을 다
너희에게 주노라 그러나 고기를 그 생명 되는 피 째 먹지 말 것이니라"(창
9:3-4).

그리고 생명이 존엄하다는 사상 때문에 재판에서 살인죄를 다룰 때

반드시 복수의 증인 제도를 두었다. 한 사람의 증언만으로는 오판의 가능성이 있다고 생각해서 다수의 증인을 세우도록 했다(민 35:30). 우발적으로 살인죄를 저지른 사람을 위한 '도피성 제도'를 두게 된 것도 같은 이유였다(민 35:9-28; 신 19:1-13; 수 20:1-9). 고의로 살인한 경우가 아니라면 비록 살인자의 생명이라도 보호해 주어야 할 가치가 있다고 생각했기 때문이다.

살인죄를 저지른 사람의 생명에 대해서까지 존엄성을 인정한 이러한 생명 존중의 태도는 동생을 죽인 가인에 대한 하나님의 처벌 이야기에도 나타나 있다. 동생을 죽인 죄 때문에 복수당할 것이라고 두려움을 호소하자 하나님께서는 가인에게 '너를 죽이는 자는 일곱 배로 벌을 받게 될 것'(창 4:15)이라고 약속하셨다. 아무리 사악한 범죄자라 하더라도 사사로이 처벌받아선 안 된다는 생명 존중의 생각이 드러나 있다.

생명 가치의 위협 요소들

성서가 이렇게나 중요하게 생각했던 생명의 존엄성과 생명 가치의 절대성이 오늘날 여러 가지 요인들로 말미암아 위협을 받고 있다. 세계를 다 합한 것보다 더 무거워야 할 생명의 무게가 점점 가벼워지고 있다. 생명 가치의 중요성이 약화되고 무게가 가볍게 되면서 개인의 자유가 제한되는 것은 물론 공동체의 존립까지도 위태로워지고 있다. 오늘날 생명 가치의 절대성을 위협하고, 살인을 정당화하는 이유들은 끝없이 늘어나고 있다.

첫째, 국가주의 이데올로기는 인간 생명의 존엄성을 조직적으로 파괴하는 전쟁과 테러의 정신적 배경이다. 일본 군국주의의 자살특공대인 가미가제, 나치의 홀로코스트, 보스니아의 인종 청소, 아프리카의 부족 전쟁 등 수많은 형태의 폭력 행위들 배후에는 인간 생명의 존엄성을 무시하고 파괴하는 국가주의 이데올로기가 작동하고 있다.

둘째, 권위주의적 종교 역시 인간 생명의 존엄성을 위협한다.[3] 종교란 모름지기 생명을 보전하고 생명의 가치를 높이는데 그 존재 의의가 있다. 하지만 종교들이 그 반대의 역할을 하는 경우가 적지 않다. 고대 종교의 인신 공양부터 시작하여 유대교의 율법주의, 중세의 마녀사냥과 십자군운동 그리고 최근 전 세계를 공포에 몰아넣고 있는 수니파 무장단체 이슬람 국가(IS)의 공통점은 신앙과 종교의 이름으로 인간성을 무시하고, 인간 존엄성을 파괴한다는 점이다.

셋째, 모든 것을 경제성−생산성−효율성의 관점에서만 바라보는 경제주의 가치관도 인간 생명의 절대 가치를 위협한다. 시장경제는 생명에 대해서조차 가격을 매기며, 인간마저도 유용성과 효용성의 가치판단 아래 둔다. 자본주의 사회에서 인간은 자원이나 노동력으로 생각되고, 부속품이나 소모품처럼 다루어진다. 경쟁 원리에 기초한 시장경제에서 경쟁력이 약한 개인이나 계층은 주변부로 내몰리고, 생존까지 위협 당하게 된다. 오늘날 신자유주의 시장경제 체제 아래 전 세계적으로 급속히 확산되고 있는 절대 빈곤은 인간 생명의 절대적 가치와 존엄성을 위협하고 있다.

간접적 살해

살인 금지 계명에서 사용된 히브리어 단어 '라짜흐'는 의도적이고,

---

3) 에리히 프롬, 박근원 역, 『정신분석과 종교』 (전망사, 1979).

계획적으로 남의 생명을 빼앗는 행위를 가리킨다. 프랑크 크뤼제만의 주장에 따르면, 이 단어는 '폭력을 사용하여 죽이는 것'으로서, 노예나 이방인, 짐승의 살해에 대해서는 사용되지 않는다. 그리고 전쟁에서의 살상이나 법에 따른 사형에도 사용되지 않는 단어다. 말하자면, '라짜흐'는 개인 관계에서 승인받지 못한 즉흥적 살인이나 무죄한 자를 불법적으로 죽이는 행위를 가리킨다.4) 이 계명의 의도는 개인의 사사로운 감정으로 피의 복수를 한다든가 악의적으로 살인을 하는 행위를 금지함으로써 생명의 안전과 공동체의 안정을 도모하는 데 있었다(민 35:16-21).

그런데 사회가 점점 복잡해지면서 살인 행위에서 직접적 행위와 간접적 행위, 의도적 행위와 비의도적 행위를 구분하기가 점차 어려워지고 있다. 직접적이고 고의적인 살해 행위에 대해서는 죄를 묻기가 비교적 쉽다. 그러나 세상에는 자기 손에 직접 피를 묻히지 않고서도 남의 생명을 빼앗는 행위들이 적지 않다. 그래서 성서는 권력자들이 법을 이용하여 교묘하게 사회적 약자의 생명을 해치는 행위에 대해서도 '라짜흐'란 단어를 사용하고 있다.5) 비록 살해 행위가 간접적인 방식으로 이루어졌다 하더라도 여전히 고의적이기 때문이다.

성서에는 부자나 권력자들이 자신의 탐욕을 채우기 위해 힘없고 가난한 사람을 죽음으로 내몰았던 이야기가 많이 나온다. 한 예로, 이스라엘의 아합 왕은 궁궐 가까이에 있던 나봇의 포도원을 탐내 그를 죽이고 포도원을 빼앗았다. 물론 아합 왕이 자기 손으로 직접 나봇을 살해한 것은 아니어서 실정법의 심판은 벗어났지만 하나님의 심판을 벗어날 수는 없었다. 하나님은 예언자 엘리야를 통해 그가 살인죄 계명만 아니라 도둑

---

4) 프랑크 크뤼제만, 이지영 역, 『자유의 보존』 (크리스천 헤럴드, 1999), 80-81. 83.
5) 프랑크 크뤼제만, 『자유의 보존』, 84.

질 계명까지 범했다고 비판하셨다. "여호와의 말씀이 네가 죽이고 또 빼앗았느냐 하셨다"(왕상 21:19). 그리고 다윗이 밧세바를 취하기 위해 그녀의 남편인 장군 우리아를 죽게 내버려 둔 일에 대해서도 동일하게 심판하셨다. "어찌하여 네가 여호와의 말씀을 업신여기고 나 보기에 악을 행하였느뇨 네가 칼로 헷 사람 우리아를 죽이되 암몬 자손의 칼로 죽이고 그 처를 빼앗아 네 처를 삼았도다"(삼하 12:9).

부자나 권력자들이 일반 강도나 흉악범처럼 직접적으로 살인죄를 저지르는 경우는 거의 없다. 하지만 구조적 억압과 착취를 통해 사회적 취약 계층을 교묘하게 죽음의 벼랑으로 내모는 간접적인 살인 행위는 얼마든지 있다. 그래서 성서는 부자와 권력자들이 사회적 취약 계층, 즉 고아와 과부, 나그네를 압제하는 행위에 대해서도 '라짜흐'로 표현했다.

"그들이 과부와 나그네를 죽이며 고아들을 살해하며 말하기를 여호와가 보지 못하며 야곱의 하나님이 알아차리지 못하리라 하나이다"(시 94:6-7).

"사람을 죽이는 자는 밝을 때에 일어나서 학대 받는 자나 가난한 자를 죽이고 밤에는 도둑같이 되며"(욥 24:14).

성서는 자기를 보호할 힘이 없는 처녀를 물리적인 힘으로 강간한 행위에 대해서도 '라짜흐'로 표현했다. 왜냐하면 강간당한 처녀는 단순히 성적 순결을 잃은 것만 아니라 미래에 맛볼 행복한 삶의 가능성을 송두리째 빼앗기고 만 것이기 때문이다. 그래서 성서는 처녀를 강간한 범죄자를 살인자와 동일한 형벌로 처벌하라고 명령했다.

"만일 남자가 어떤 약혼한 처녀를 들에서 만나서 강간하였으면 그 강간한 남자만 죽일 것이요 처녀에게는 아무것도 행하지 말 것은 처녀에게는 죽일 죄가 없음이라 이 일은 사람이 일어나 그 이웃을 쳐 죽인 것과 같은 것이라"(신 22:25-26).

'조직화된 살인'으로서 전쟁

인류의 역사 속에서 전쟁이 없었던 시대는 없었다. 평화 시대보다 전쟁 시대가 훨씬 더 길었다. 성서 시대에도 수많은 전쟁이 있었으며, 심지어 전쟁을 '거룩한 것'(holy war)으로 생각하기까지 했다. 지금도 세계 곳곳에서 크고 작은 전쟁이 끊임없이 진행되고 있다. 국가가 전쟁을 제아무리 정당화하고 미화하려 하더라도, 전쟁이 조직적으로 인간을 살상하는 비도덕적이고 반인륜적인 행위라는 사실은 결코 부정할 수 없다. 전쟁에서는 흔히 살인과 강간, 약탈과 고문 등 온갖 형태의 비도덕적이고 반인륜적인 행위가 아무런 양심의 거리낌도 없이 나타나기 마련이다.

초기 기독교는 산상수훈에 나타난 예수님의 가르침에 따라 비폭력 평화의 삶을 추구했다. '칼을 가지는 자는 다 칼로 망한다'(마 26:52)는 예수님의 가르침에 따라서 전쟁은 물론 일체의 폭력 행위를 포기했다. 하지만 기독교가 로마의 국교가 되면서 전쟁에 대한 생각도 바뀌게 되었다. 기독교 국가가 된 로마제국이 이방인과 이교도에 맞서 치르는 전쟁을 윤리적으로만 아니라 신학적으로도 정당화할 필요가 생겼다. 이른바 '정당전쟁론'(just war)이 생겨난 배경이다.

전쟁의 불가피성 혹은 전쟁의 정당성을 주장했던 아우구스티누스나

아퀴나스는 여러 가지 윤리적 조건과 원칙들을 내세웠다. 전쟁이 최후의 수단일 것, 정당한 의도와 이유를 가질 것, 합법적 권위를 지닌 정부에 의해 공적으로 선포 될 것, 성공의 가능성을 지닐 것, 비전투 민간인을 보호할 것 등이다. 하지만 막상 전쟁이 발발하면 이런 윤리적 조건과 원칙들은 무용지물이 되고 만다. 전쟁에 윤리가 있다면 그것은 오직하나, 승리하는 것뿐이다. 수단과 방법을 가리지 않고 전쟁에서 승리하는 것이 유일한 전쟁의 목표요 윤리다. 게다가 과거와는 달리 핵전쟁에서는 이러한 윤리적 조건들조차 아무 의미가 없게 된다.

핵전쟁은 적의 목숨만 아니라 아군의 목숨도 위태롭게 하며, 전투요원만 아니라 민간인의 목숨을 빼앗으며, 인류의 목숨만 아니라 자연생태계를 포함한 지구적 파멸을 가져오는 대재앙이 될 수 있다. 핵전쟁은 현재의 인류만 아니라 미래 세대에 대해서도 끔찍한 고통을 남긴다. 핵전쟁에서는 승자 없이 모두가 패배자가 된다. 따라서 핵무기로 무장한 시대에 평화란 선택의 대상이 될 수 없다. 평화 외에 인류가 생존할수 있는 길이 없기 때문이다. 일찍이 예언자 이사야가 꿈꾸었던 평화의 비전이 지금 우리 시대, 우리 사회보다 더 절실한 때는 없었다.

"그가 열방 사이에 판단하시며 많은 백성을 판결하시리니 무리가 그들의 칼을 쳐서 보습을 만들고 그들의 창을 쳐서 낫을 만들 것이며 이 나라와 저 나라가 다시는 칼을 들고 서로 치지 아니하며 다시는 전쟁을 연습하지 아니하리라"(사 2:4).

'제도화된 살인'으로서 사형

하나의 공동체가 존립하려면 법을 어기고 악을 행하는 사람에 대한 법적 제제가 필수적이다. 사형 제도는 그러한 법적 제제 가운데서도 가장 강력한 형태다. 종교 사회인 유대 사회는 살인자만 아니라 우상숭배자나 안식일을 범한 자 등 종교적 죄에 대해서도 사형 죄를 적용했다. 하지만 인권 의식이 발전하면서 점차 사형에 해당하는 죄 목록의 숫자가 줄고, 법 적용도 엄격하게 바뀌었다.

사형 제도를 유지하자고 주장하는 사람들은 그 근거로 공동체의 존립과 피해자 가족의 고통 그리고 범죄에 대한 억제 효과 등을 내세운다. 사형 제도의 폐지를 주장하는 사람들도 다양한 근거들을 제시한다. 날로 흉악해지는 살인 행위들은 사형 제도의 범죄 억제 효과를 의심스럽게 만든다. 해를 끼친 사람에게 똑같은 방식으로 보복한다고 해서 피해자의 상처가 제대로 치유되는 것도 아니다. 그리고 역사 속에는 수많은 사형 판결의 오판과 정치적 악용이 있었다. 유신정권 당시 우리도 경험했듯이, 사형 제도는 정치적 이념을 달리하는 정치적 맞수나 체제 비판적인 사람들을 합법적으로 제거하는 수단으로 이용되곤 했다. 게다가 사형은 한 번 집행 된 후에는 더 이상 번복이 불가능하며, 사후 회복이나 보상이 무의미하다는 점에서 반인륜적이다. 그리고 사형수나 그 가족이 사형 집행을 기다리는 동안 겪어야 하는 고통 역시 끔찍하다.

이런 문제점들 때문에 현재 세계적으로 사형제를 폐지하는 나라들이 점차 늘고 있다. 사형제를 폐지한 나라 숫자가 사형제를 유지하고 있는 나라 숫자보다 더 많아졌다. 유럽연합은 아예 가입 조건으로 사형제 폐지를 내걸고 있을 정도다.

'내향화된 살인'으로서 자살

모든 생명은 본능적으로 살려고 하는 의지를 가지고 있다. 하지만 자살은 그런 본능에 반하여 스스로 생명의 끈을 놓거나 파괴하는 행위다. 성서에는 수많은 유형의 자살 행위들(아히도벨: 삼하 17:23; 시므리 왕: 왕상 16:18; 아히멜렉: 삿 9:54; 삼손: 삿 16:23; 사울 왕: 삼상 31:4-5; 가룟유다: 마 27:23)을 기록하고 있지만, 그에 대한 일관된 도덕적 평가를 내리고 있지는 않다. 그렇다고 성서가 자살을 정당화하는 것은 결코 아니다.

기독교는 전통적으로 자살에 대해 부정적인 입장을 지니고 있다. 토마스 아퀴나스의 주장에 따르면, 자살은 세 가지 법을 어기는 행위다. 살려는 의지에 반하는 행위로서 '자연법'에 위배되며, 자신을 사랑해야 할 의무를 범하는 행위로서 '도덕법'을 거스르며, 생명의 주인이신 하나님을 부정하는 행위로서 '신법'에 위배된다. 그런 이유에서 중세 교회는 자살자를 위한 교인들의 애곡을 금지하고, 교회에서의 장례식을 거부했으며, 심지어 교회 묘지에 매장하는 것까지도 허락하지 않았다.

유감스럽게도 최근 한국 사회는 '자살 공화국'이라 불릴 만큼 자살자가 많아지고 있다. 1997년 외환위기 때 갑작스럽게 늘기 시작하여 하루 평균 30여명이던 자살자 수가 그 후로도 지속적으로 늘어 지금은 하루 평균 40여명을 넘어서고 있다. 특히 주목할 사실은, 자살 사건이 특정 나이나 계층을 구분하지 않고 발생하고 있다는 점이다. 생명력이 가장 왕성해야 할 청년은 물론 청소년들도 자살의 대열에 합류하고 있다. 정부가 나서서 각종 대책을 내놓고 있지만 상황이 호전되지 않고 있다.

자살의 주요 원인으로 우울증, 대인 관계 스트레스, 심리적 질환, 외상 후 스트레스 장애와 같은 개인적인 요소를 들 수 있다. 자살의 또 다른 원인으로는 경제적 어려움과 생활고와 같은 사회적 원인도 간과할 수 없다. 자살에 미치는 요인들 가운데 개인적 요소와 사회적 요소 중 어떤 것이 더 결정적인가 하는데 대한 일치된 답은 없다. 하지만 개인적 요소에 사회 환경적 요소, 특히 경제적 요소가 영향을 미친다는 데 대해서는 견해가 일치하고 있다.

이런 배경에서 자살자들을 향해 살려는 의지가 부족하다거나, 심성이 허약하다거나, 생명을 경시한다고 비난하면서 교회에서조차 외면해서는 안 된다. 그것은 모든 책임을 자살자에게 돌리려는 무책임하고 비윤리적인 태도다. 물론, 모든 자살을 '사회적 타살'로 보면서 사회에 책임을 돌릴 수는 없겠지만, 자살자에 대해 사회가 공동의 책임의식을 가져야한다는 주장은 틀리지 않다.

무릇 종교의 중요한 사회적 기능은 개인에게는 삶의 의미를 제공하고, 공동체를 결속시키며, 사회구성원에게 행동의 규범을 제시하는 데 있다. 그런데 종교가 제 역할을 하지 못하게 될 때, 사회 구성원들은 삶의 의미를 상실하고 바른 생명 윤리 규범을 잊게 되어 생명을 경시하고 자살의 유혹에 쉽게 넘어가게 된다. 그런 이유에서 한국교회는 늘어나는 자살 사건을 대하면서 자살자를 비난하기에 앞서 겸허한 자기반성이 필요하다. 삶의 벼랑 끝에서 어쩔 수 없이 죽음을 선택한 사람들을 정죄하는 대신에 '오죽하면 살려는 의지마저 포기했을까'라는 이해와 동정심을 가져야 한다. 더 나아가 자살을 예방하는 데 필요한 각종 심리적·사회적 도움 방안을 만들고 사회단체나 국가와 협력하는 일에 적극 나서야 한다.

'일상화된 살인'으로서 폭력 문화

살인 금지 계명은 이웃의 목숨을 빼앗는 극악한 형태의 행위만 아니라 모든 유형의 신체 침해와 인격 침해를 금지하는 명령으로 해석될 수 있다. 칼빈도 이 계명을 해석하면서 '이웃의 몸을 해치는 모든 폭력과 상해 그리고 해로운 일들을 금지하는 데' 본래적 의미가 있다고 했다.6) 신체적 폭력은 비록 살인까지는 이르지 않더라도 피해자에게 깊은 상처와 고통을 남긴다. 폭력의 희생자들은 그 상처 때문에 평생을 고통과 두려움 가운데 지내거나 심지어 자살에 이르기도 한다.

지금 우리 사회의 문제는, 폭력이 특정 집단이나 특정 상황에 제한되지 않고, 보편화 되며 일상화 되고 있다는 점이다. 가정, 학교, 군대, 사회, 심지어 교회 안에서도 폭력 행위가 발생하고 있다. 상황이 이렇다 보니 정부가 나서서 반드시 '척결해야 할 4대악'을 국정과제로 제시했는데, 그 가운데 무려 세 가지(성 폭력, 가정 폭력, 학교 폭력)가 폭력 문제다.

우리가 일상화된 폭력 행위들을 심각하게 다루어야 할 이유는, 모든 형태의 폭력이 쉽게 살인 행위로 이어질 수 있기 때문이다. 우리 사회는 다른 나라에 비해 경쟁이 심하고 비교 의식도 강해서 스트레스 강도가 높은 편이다. 게다가 사회적 불평등이 커지고 있어 상대적 박탈감과 불만도 쌓여가고 있다. 이런 사회에서 사람들의 분노 조절 능력이 약해질 때 욱하는 행동들이 쉽게 폭력적 공격 행동으로 나타나게 된다. 아파트 층간 소음 문제를 둘러싼 갈등이나 집 앞 주차 시비가 종종 끔찍한 살인 행위로 비화되는 건 그 때문이다. 흡사 전쟁터를 방불케 하는 도로 위 자동차 문화(끼어들기와 보복 운전)도 매일 경험하는 폭력의 현장이다.

---

6) 존 칼빈, 원광연 역, 『기독교강요』 (크리스챤 다이제스트, 2003), II. viii. 39.

대상도 이유도 분명하지 않은 '묻지마 폭력'은 훨씬 더 심각한 사회적 위협 요소다. 이렇게 폭력이 일상화하고 과격화되는 사회에서 인간 생명의 안전은 늘 위협당하고, 생명의 존엄성은 침해되기 일쑤다.

언어 살인

예수께서는 십계명의 다른 계명들을 해석하실 때와 마찬가지로 살인금지 계명을 해석할 때에도 자구적 해석보다 본질적 의미에 더 관심하셨다. 그래서 겉으로 드러난 살인 행위만 아니라, 이웃에 대해 분노하는 내면의 상태까지 살인죄에 해당한다고 말씀하셨다.

> "옛 사람에게 말한바 살인하지 말라 누구든지 살인하면 심판을 받게 되리라 하였다는 것을 너희가 들었으나 나는 너희에게 이르노니 형제에게 노하는 자마다 심판을 받게 되고 형제를 대하여 라가라 하는 자는 공회에 잡혀가게 되고 미련한 놈이라 하는 자는 지옥 불에 들어가게 되리라"(마 5:21-22).

성서 본문에 나오는 '라가'는 아람어로 '미련한 놈' '얼간이' '바보' '멍청이'라는 뜻을 지닌 저질 욕설이다. 홧김에 내뱉는 욕설은 언어폭력의 한 형태로서 상대방의 인격을 훼손하고 해친다.

폭언이나 욕설만 아니라 상대방을 멸시하고, 무시하고, 모욕하고, 조롱하는 막말이나 독설과 저주는 상대의 인격을 파괴한다는 점에서 폭력적이다. 인터넷 악플에 시달리다 자살하는 연예인이나 사이버 협박을 못 이겨 자살하는 중고생을 보면 언어 폭력이 얼마나 위협적인 인격 살인이 될 수 있는지 알 수 있다.

인간이 내뱉는 말은 사람을 살리기도 하고 죽이기도 하는 엄청난 힘을 갖고 있다. '죽고 사는 것이 혀의 힘에 달렸다'(잠 18:21)는 표현을 과장이라고 볼 수 없다. 그래서 성서는 말의 힘을 모든 것을 태워 없애버리는 '불'의 힘에 비유한다(약 3:5). 작은 불이 큰 숲을 태우듯, 작은 지체인 혀가 온 몸과 온 인격을 불태워 없앨 수 있다. 한편, 다른 것과 달리 말이란 한 번 뱉고 나면 다시 거두어들일 수 없다는 점에서 흔히 '쏜 화살'로 비유되기도 한다. 이와 같은 문제 인식에서 성서는 '입에 재갈을 물리고, 혀를 길들이는 것'을 신자들이 힘써야 할 중요한 영성 훈련의 과제 가운데 하나로 본다(약 3:3, 8).

분노심과 살인

예수께서는 겉으로 드러난 살인 행위만 아니라 이웃을 향한 마음의 분노도 살인죄에 해당한다고 보셨다. 살인을 인간의 내면에 숨겨진 분노나 미움이 겉으로 드러난 행위로 보셨기 때문이다. 분노와 미움이 사람의 마음에 한 번 자리 잡으면 그 사람의 손을 움직여 언젠가 살인에 이르게 만든다. 그래서 사도 요한도 '형제를 미워하는 자마다 살인하는 자'(요일 3:15)라고 했다.

일반적으로, 분노의 감정은 무시당하거나 모욕당했다고 느낄 때, 기대가 좌절되거나 박탈감을 느낄 때 생긴다. 분노심이란 인간에게 자연스러운 정서적 · 심리적 반응으로 모든 분노를 다 죄라 할 수는 없다. 정당한 이유를 가진 분노나 건강하게 표출된 분노, 즉 의분(義憤)은 오히려 미덕에 속한다. 왜냐하면 불의에 대한 분노는 정의를 구현하고, 변화를 위한 창조적 에너지로 작용하기 때문이다. 아브라함 헤셸은 그런 의분을 가리켜 악을 참지 못하고, 죄악을 억제하기 위하여 스스로 일어나는 '혼의 움직임'이라 했다.[7] 1948년 유엔 세계 인권선언문 초안 작성에 참여하고, 유엔 주재 프랑스 대사를 지냈던 스테판 에셀은 분노할 일에 분노하기를 단념하지 않는 사람이라야 자신의 존엄성과 자신의 행복을 지킬 수 있다고 말하면서 불의에 대해 분노하고 저항하라고 외쳤다. 그 때의 분노란 감정이 아니라 참여의 의지에서 출발한다고 보았다.[8]

성서는 하나님을 불의와 위선 그리고 거짓에 대해 '분노하시는 신'이라고까지 표현한다(시 7:11; 시78:49; 렘 5:29 등). 예수께서도 위선적인 종교 지도자들을 가리켜 '독사의 자식들'이라고 분노하셨고, 강도의 소굴이 되어버린 예루살렘 성전을 보며 분개하셨다(마 21:12-17).

그런데 예수께서 살인 금지 계명과 관련해서 문제 삼은 분노란, 의분이 아니라 감정에 못 이겨 격분하는 태도를 가리킨다. 분노심을 조절하지 못해 생기는 욱하는 행동이다. 가인이 아벨을 살해한 이유는 통제되지 않은 분노심 때문이다. 격분한 가인의 얼굴색이 변했으며, 화를 참지 못해서 결국 살인을 저질렀다(창 4:5-6). 우리나라에서도 폭력범 열 명 가운데 네 명 정도가 홧김에 우발적으로 범죄를 저지른다는 통계가 있다.[9]

바울은 우리에게 무슨 일에도 화를 내지 말라거나, 모든 종류의 성내는 것을 다 악이라고 말하지는 않았다. 인간이기에 화나는 감정은 자연

---

7) 아브라함 헤셸, 이현주 역, 『예언자들』(삼인, 2004), 431.
8) 스테판 에셀, 임희근 역, 『분노하라』(돌베개, 2011), 18; 55.
9) 경찰청이 2014년 전국에서 검거한 폭력범 36만 6527명 중에서 15만 2249명이 화를 참지 못해 우발적으로 범죄를 저질렀다고 한다. 참고: "한순간 분노 못참아… 욱하는 '충동범죄' 작년 15만명", 「중앙일보」 2015년 2월 3일.

스러운 현상이지만, 그 분노의 감정에 휘둘리지 않도록 힘써야 한다. 시도 때도 없이 우리 안에 생겨나는 분노심을 통제하고 훈련하는 것은 신자들의 정신건강과 신앙생활에 중요하다.

첫째, 분노를 통제하려면 성내기를 더디 하며 오래 참아야 한다. 아리스토텔레스가 말했듯이 "화는 누구나 낼 수 있다. 그건 어렵지 않다. 그러나 적절한 때, 적절한 상대에게, 적절한 목표와 방식으로 적절히 화를 내기란 쉽지 않다."[10] 우리가 한 번 분노의 감정에 사로잡히게 되면 뚜껑이 열려 이성을 잃은 사람처럼 행동하게 된다. 분노심에 사로잡히면 합리적 판단력이나 자제력을 상실하고 만다. 한 순간의 분노를 통제하지 못해 범죄를 저지른 사람들 가운데에는 '내가 왜 그랬는지 모르겠다'고 뒤늦게 후회하는 사람들이 많다. 잠언의 지혜자는 이런 상태에 빠지지 않도록 욱하는 감정 때문에 즉각적으로 반응하지 말라고 권면한다.

"미련한 자는 당장 분노를 나타내거니와 슬기로운 자는 수욕을 참느니라"(잠 12:16).

"성내기를 더디 하라 사람이 성내는 것이 하나님의 의를 이루지 못함이라"(약 1:19-20).

둘째, 분노를 해결하는 가장 확실한 방법은 화해다. 우리가 상대방으로부터 상처를 받으면, 분노심이 생겨나고, 복수를 다짐하게 된다. 상대로부터 받은 상처의 고통만큼 똑같이 되돌려 주겠다는 앙갚음의 의지가

---

10) J. 존, 홍종락 역, 『십계명: 모든 사람을 위한 하나님의 법』 (홍성사, 2011), 125 재인용.

곧 복수심이다. 하지만 복수심에서 나오는 폭력적 행위들은 또 다른 폭력 행위를 불러오게 된다. 그래서 바울은 우리가 분노심을 표출했더라도 마귀가 틈을 타지 못하게 해야 한다고 말했다. 즉 분노심이 죄가 되지 않도록 하기 위해 해가 지도록 분을 품고 있지 말고 화해할 것을 권면했다(엡 4:26-27). 분노심을 해결하는 확실한 방법으로 예수께서도 화해를 명령하신다.

> "그러므로 예물을 제단에 드리려다가 거기서 네 형제에게 원망들을 만한 일이 있는 것이 생각나거든 예물을 제단 앞에 두고 먼저 가서 형제와 화목하고 그 후에 와서 예물을 드리라"(마 5:23-24).

화해에 대한 예수님의 가르침에서 기억해야 할 세 가지 요소가 있다.[11] 1) 화해 행위는 예물을 드리는 종교적 행위보다 더 중요한 일이다. 화해는 예물을 두고 멀리 집에 갔다 뒤돌아 오는 불편함을 감수하고서라도 시도해야 할 만큼 중요하다. 2) 둘 중에 누가 더 많은 책임이 있는지 잘못을 따지기 전에 먼저 화해부터 시도해야 한다. 3) 결과에 상관하지 말고 화해를 모색해야 한다. 비록 상대가 화해의 제안을 거부하는 경우라 하더라도 화해를 시도한 사람의 내면은 분노심에서 해방될 수 있기 때문이다.

셋째, 분노심과 복수심을 해결하는 궁극적인 해결책은 원수 사랑이다. 고대 사회는 물론 예수님 당시 까지만 해도 복수 행위는 법적으로는 물론 도덕적으로도 정당한 일로 간주되었다. 사실 '눈에는 눈, 이에는 이'로 갚으라는 동태복수법은 그나마 발전한 윤리관이었다. 그도 그럴

---

11) 게르하르트 로핑크, 정한교 역, 『산상설교는 누구에게』 (분도출판사, 1990), 187-188.

것이 인간 세계에서 복수란 흔히 확대 재생산 되는 경우가 자연스럽기 때문이다. 상대에게 눈을 얻어맞은 사람이 상대의 눈만 상하게 하면 그나마 다행이다. 보통의 경우 복수심에 사로잡히게 되면 상대의 눈만 아니라 목숨까지 빼앗게 된다.

일반적으로 복수 행위는 개인 관계에서보다 집단 관계에서 훨씬 더 잔인한 형태로 나타나게 된다. 한 예로, 야곱의 아들들이 세겜 사람들에게 행한 복수를 들 수 있다(창 34장). 야곱이 세겜 지방을 지날 때에 그 성의 통치자인 하몰의 아들이 야곱의 딸 디나를 겁탈하는 사건이 발생했다. 하몰의 아들이 어떠한 대가도 다 치르겠다고 약속했지만, 야곱의 아들들은 하몰과 그의 아들을 살해했을 뿐만 아니라, 세겜 지방의 아낙네와 어린 아이까지 포로로 삼고, 성읍마저 약탈했다. 복수심 때문에 개인사가 가정사로 확대되고, 가정사가 마침내 부족 간 약탈전으로 비화되었다. 이런 배경에서 볼 때, '생명을 빼앗은 자는 그의 생명도 빼앗아라'(출 21:14)는 명령은 쓸데없이 '복수심을 확대시키지 말라'는 사회적 지혜로도 해석될 수 있다.

그런데 예수님은 이 같은 사회적 지혜에서 한 단계 더 앞서 가셨다. 내게 상처 준 사람에 대한 복수를 포기하는 데서 나아가서 그 사람을 사랑하기까지 하라고 요청하신 것이다. 예수님은 폭력의 악순환을 원천적으로 해결하는 길을 원수 사랑에서 찾으셨다.

"또 눈은 눈으로, 이는 이로 갚으라 하였다는 것을 너희가 들었으나 나는 너희에게 이르노니 악한 자를 대적하지 말라 누구든지 네 오른편 뺨을 치거든 왼편도 돌려 대며 또 너를 고발하여 속옷을 가지고자 하는 자에게 겉옷까지도 가지게 하며 또 누구든지 너로 억지로 오 리를 가게 하거든 그 사람과 십 리를 동행하고 네게 구하는 자에게 주며 네게 꾸고자 하는 자에게 거절하지 말라 또 네 이웃을 사랑하고 네 원수를 미워하라 하였다는 것을 너희가 들었으나 나는 너희에게 이르노니 너희 원수를 사랑하며 너희를 박해하는 자를 위하여 기도하라"(마 5:38-41).

예수님은 원수 사랑을 입으로 가르치셨을 뿐만 아니라 자신의 가르침대로 십자가 위에서 자신을 박해하는 원수들을 위하여 기도하심으로 원수 사랑을 몸소 실천하셨다(눅 23:34).

바울 역시 복수심을 해결하는 궁극적 방법으로 예수께서 제안하신 원수 사랑을 강조했다. 그는 원수 갚는 것을 하나님께 맡기고, 원수를 먹이고 마시게 함으로써 분노심을 해소할 수 있고, 원수를 이길 수 있다고 생각했다.

"아무에게도 악을 악으로 갚지 말고 모든 사람 앞에서 선한 일을 도모하라 할 수 있거든 너희로서는 모든 사람과 더불어 화목 하라 내 사랑하는 자들아 너희가 친히 원수를 갚지 말고 하나님의 진노하심에 맡기라 기록되었으되 원수 갚는 것이 내게 있으니 내가 갚으리라고 주께서 말씀하시니라 네 원수가 주리거든 먹이고 목마르거든 마시게 하라 그리함으로 네가 숯불을 그 머리에 쌓아 놓으리라 악에게 지지 말고 선으로 악을 이기라"(롬 12:17-21).

소극적 금지에서 적극적 행동으로

살인 금지 계명의 의미를 단지 끔찍한 살인죄를 저지르지 않거나 분노심에 사로잡혀 폭력을 행사하지 않는 소극적 윤리 상태로 해석해서는 안 된다. 오히려 생명을 보전하고 생명의 가치를 고양하는 일이라면 적극적으로 행동할 것을 요구하는 계명으로 해석하는 것이 옳다. 그런 생각은 비록 원수의 소유라 하더라도 곤경에 처한 가축을 발견하면 못 본 척 하지 말고 반드시 구해줄 것을 명령하는 구약성서에서도 확인된다.

> "네가 만일 네 원수의 길 잃은 소나 나귀를 보거든 반드시 그 사람에게로 돌릴지며 네가 만일 너를 미워하는 자의 나귀가 짐을 싣고 엎드러짐을 보거든 그것을 버려두지 말고 그것을 도와 그 짐을 부릴지니라"(출 23:4-5).

예수께서는 '선한 사마리아인'의 비유(눅 10:25-37)에서 당시 유대인이 가지고 있던 동포로 한정된 이웃의 범위를 이방인까지 포함하는 이웃 개념으로 확대하셨다. 말하자면, 생명이 위태롭고 곤란한 지경에 놓인 사람이라면 누구든지 돌봄과 관심을 받아야 할 동포요 이웃으로 대하라는 가르침이었다.

이런 가르침의 전통에 따라 칼빈도 『기독교강요』에서 이 계명을 해석하면서, 우리가 이웃의 생명을 귀히 여기고, 이웃의 생명을 보존하고 돌보는 일이라면 무엇이든 최선을 다해야 한다는 적극적 명령으로 해석했다.

> "우리 이웃의 생명을 구하는 데 소용이 되는 것이 발견되면 그것을 신실하게 사용하며, 이웃의 평화를 위하여 도움이 되는 것이 있으면 그것을 행하며, 해로운 것이 있으면 그것을 제거하며, 이웃이 위험에 처하여 있

을 때에는 기꺼이 도움의 손길을 펼치라는 명령이 포함되어 있는 것이
다."12)

이런 적극적 해석의 전통에 비추어 볼 때, 비록 우리가 가인처럼 끔찍
한 살인죄를 저지르지 않더라도 생명이 위태로운 이웃에 무관심 한 태
도도 이 계명에 저촉된다. 실제로 성서는 생명의 안전 문제를 소홀히
해서 생겨나는 부주의한 과실치사조차 적극적으로 나서서 방지해야 할
책임이 있다고 말한다.

"네가 새 집을 건축할 때에 지붕에 난간을 만들어 사람으로 떨어지지
않게 하라 그 피 흐른 죄가 네 집에 돌아갈까 하노라"(신 22:8).

이 같은 생명 존중의 관점에서 볼 때, 최근 우리 사회에서 일어나는
'세월호 사고'와 같은 대형 안전사고나 끊임없이 반복되는 산업재해 문
제에 대해 해당된 관계 당국이나 직업인 그리고 기업인에게 보다 더
엄중한 책임감이 요청된다.

알버트 슈바이처의 '생명 외경의 철학'은 모든 생명체의 생명 의지에
대해서 우리 자신의 생명 의지를 대할 때와 동일한 외경심을 가지라고
요청한다. 슈바이처에게 있어서 도덕이란 생명을 가진 모든 존재에 대
한 무한 책임감을 의미하는데, 곧 모든 종류의 생명을 보호하고 촉진하
여 풍성한 생명을 누리도록 하는 것이다.

"선(善)이란 생명을 유지하는 것, 생명을 촉진하는 것 그리고 발전 가능

---

12) 존 칼빈, 『기독교강요』, II, viii. 39.

한 생명을 그 최고의 가치에까지 끌어올리는 것이다. 이에 반하여 악(惡)은 생명을 파괴하는 것, 생명을 저해하는 것 그리고 발전 가능한 생명을 억누르는 것이다. 이것이야말로 도덕의 사고필연적인 절대원리다."[13]

생명의 파수꾼으로서 교회

지금 우리 사회를 지배하는 것은 죽음의 문화와 죽임의 문화다. 반(反)생명적 문화 속에서 인간 생명의 절대적 가치는 끝없이 추락하고, 생명의 존엄성은 심각하게 위협당하고 있다. 자살자 수가 계속해서 늘고, 가정과 학교, 군대 안에서 폭력 사건이 연이어 발생하고 있다. 치열한 경쟁 사회에서 낙오된 사람들은 죽음의 벼랑으로 내몰리고 있다. 거의 매일 일어나는 안전사고나 일상의 폭력 행위들로 말미암아 사람들의 안전이 위협을 받고 있다. 인간의 탐욕적 경제 활동으로 인해 자연 생태계의 생명들조차도 생존의 위협을 받고 있다.

하나님께서 가인에게 '네 아우 아벨이 어디 있느냐?'고 물으셨을 때, 가인은 '내가 알지 못하나이다. 내가 아우를 지키는 자입니까?'(창 4:9)라고 말하면서 책임을 회피했다. 그러나 하나님은 십계명의 살인 금지 계명을 통해 우리에게 동일한 물음을 던지신다. '네 아우가 어디 있느냐?' 이 물음 속에는 우리들이 마땅히 이웃과 자연 생태계의 생명을 돌보고 지켜야 한다는 윤리적 책임이 담겨 있다. 생명을 지키고 돌보는 파수꾼으로서 인간의 바람직한 모습은 이미 에덴동산을 가꾸고 돌보는 '농부 아담'의 모습이나 대홍수의 재앙 앞에서 방주를 만든 '선장 노아'의 모습 속에 상징적으로 나타나 있다.

---

13) 알버트 슈바이처, 지경자 역, 『나의 생애와 사상』(홍신문화사, 1993), 144.

하나님은 오늘도 그리스도인과 교회를 생명의 파수꾼으로 부르고 계신다. 생명의 파수꾼인 그리스도인과 교회가 죽음의 문화와 죽임의 문화를 극복하고 생명의 문화를 창조하려면 어떻게 해야 할까? 우리는 솔로몬의 재판 이야기에서 이 물음에 대한 한 가지 답을 찾을 수 있다. 이야기 속에서 아기의 가짜 엄마는 아기의 목숨을 죽여서라도 아기를 소유하겠다고 억지를 부린다. 하지만 아기의 진짜 엄마는 아기의 생명을 살리기 위해서라면 기꺼이 어머니로서의 권리를 포기하겠다고 말한다.

> "그 산 아들의 어머니 되는 여자가 그 아들을 위하여 마음이 불붙는 것
> 같아서 왕께 아뢰어 청하건대 내 주여 산 아이를 그에게 주시고 아무쪼록
> 죽이지 마옵소서"(왕상 3:26).

지혜자인 솔로몬은 생명을 살리기 위해서라면 어떤 손해나 어떤 희생도 치를 각오를 하는 여인이야말로 아기의 진짜 엄마라고 판결한다.

예수님은 자신이 온 것이 생명을 얻고 풍성한 생명을 누리게 하기 위함이라고 하셨다. "도적이 오는 것은 도적질하고 죽이고 멸망시키려는 것뿐이요 내가 온 것은 양으로 생명을 얻게 하고 더 풍성히 얻게 하려는 것이라"(요 10:10). 그러면서 주님은 이리가 올 때 양을 버리고 도망가는 사람은 삯군이지만, 양을 위해 목숨을 버리는 사람은 선한목자라고 하셨다(요 10:11). 선한 목자이신 주님으로부터 생명의 파수꾼과 생명 문화의 창조자로 부름 받은 그리스도인과 교회는 위기 속에 있는 생명들을 살리고 생명 가치를 고양하는데 도움이 되는 일이라면 기꺼이 자신을 희생하고 헌신할 각오를 다짐해야 한다.

10장

제7계명 : 관계

"간음하지 말라"(출 20:14).

낯선 계명

간음을 금지하는 일곱 번째 계명은 예나 지금이나 별로 인기가 없다. 그도 그럴 것이 성적 욕망을 통제하고 절제하는 일은 인간의 본성에 어긋나는 일이기 때문이다. 1970년대 중반 피임약의 등장으로 인해 시작된 성 혁명과 더불어 성은 종교와 도덕의 고삐로부터 완전히 벗어나게 되었다. 그 전까지 사람들은 혼전 혹은 혼외 성관계 때에 가져야 했던 공포들, 즉 임신과 전염 그리고 발각의 공포로부터 마침내 해방될 수 있었기 때문이다.[1]

성 해방 이후 시대인 현대 사회에서 성적 순결이란 덕목은 시대에 뒤처진 케케묵은 도덕규범이나 억압적인 이데올로기로 간주되고 있다.

---

1) 윌리엄 바클레이, 이희숙 역, 『오늘을 위한 십계명』(컨콜디아사, 1988), 174.

우리나라에서도 그동안 성 윤리와 가정을 보호하는 법적 장치였던 간통 죄가 2015년 2월에 폐지되었다. 간통죄가 현대인의 변화된 성 관념이나 현실에 더 이상 부합하지 않는다고 판단했기 때문이다. 실제 간통죄로 처벌받는 사람도 거의 없어 유명무실한 법으로 알려져 있다.

자본주의가 발전함에 따라 성도 상품화되면서, 성적 욕망을 부추기고 성적 호기심을 유발하는 상품들이 넘쳐나고 있다. 인터넷, 영화, 텔레비전, 잡지 같은 매체를 통해 성 담론이 폭발적으로 증가하고 있다. 인터넷에서 변함없이 인기 있는 검색어는 '성'(sex)이다.[2] 사회적으로도 성적 매력이 중요한 관심사가 되면서 사람들은 성형, 다이어트 그리고 몸만들기에 열중하고 있다. 중세 사회가 성을 억압했던 것과 반대로 현대 사회는 성을 우상화하고 있다.

이런 현대인에게 간음 금지 계명이 '진부한' 도덕률로 보인다면, 고대 근동지방 사람들에게는 대단히 '낯선' 도덕률이었다. 다산과 풍요를 중시하는 고대사회에서 종교의 핵심 기능은 다산과 풍요를 기원하고 보장하는데 있었다. 그러다보니 고대 종교 특히 가나안 종교들은 다산과 풍요를 기원하는 성전 매춘행위를 공공연히 장려했다. 이런 종교와 문화 환경 속에서 성적 순결을 강조하는 일곱 번째 계명은 틀림없이 사람들에게 낯설고 불편했을 것이다.

사회악으로서 간음죄

고대 근동의 성 관념과 달리 유대 사회는 간음죄를 매우 심각한 사회

---

2) 2004년부터 현재까지 우리나라 사람들이 검색엔진 구글을 이용해서 네 번째로 많이 검색 했던 단어가 해외에 서버를 두고 포르노를 제공하는 사이트였다고 한다. "한국 구글, 검색 어 순위 4위 '야동 사이트'", 「아시아경제」 (2015년 3월 26일).

악으로 엄격히 다루었다. 간음죄를 살인죄에 버금가는 심각한 사회악으로 간주하여 사형으로 처벌했다. 신명기 27장에는 저주받아 마땅한 12가지 악의 목록이 열거되는데, 그 중에서 성적 부도덕과 관련된 것이 무려 네 가지나 되었다. 곧 아버지의 아내와 동침하고, 짐승과 교합하며, 아버지의 딸이나 어머니의 딸과 동침하고, 장모와 동침하는 일을 정죄했다. 유대 사회가 간음죄를 범한 사람을 처형하는 방법도 잔인하기 이를 데 없었다. 죄인을 성문 밖 처형장으로 끌고 가 돌을 던져 죽이거나(신 22:21, 24), 불에 태워 죽였다(창 38:24; 레 20:14).

유대 사회가 간음죄를 그렇게 엄격하게 다루었지만 역사 속에서 간음죄가 줄어들거나 사라지지 않았던 것 같다. 간음 행위는 율법 시대나 예언자 시대는 물론 나중 예수님 시대에도 여전히 심각한 도덕적 이슈요, 사회적 문제였다. 그래서 윌리엄 바클레이는 성서가 간음죄를 그 어떤 죄보다 심각하게 다루었음에도 불구하고 여전히 간음죄보다 더 흔한 죄가 없었다는 점에서 '인간 본성의 역설'이라고 표현했다.3)

가부장적 사회에서 간음죄

간음 행위를 가리키는 데 사용된 히브리어 '나아프'란 결혼한 사람이 배우자 이외의 이성과 성관계를 갖는 행위를 가리킨다. 결혼한 남성이 유부녀와 성관계를 갖는 경우나(신 22:22), 다른 남성의 약혼녀와 성관계를 가지는 경우에는 남성과 여성 모두를 간음죄로 처형했다(신 22:23-27). 만약 간음 행위가 성읍 안에서 일어났다면 두 사람 다 처형했는데, 이는 성읍 안에서는 여자가 소리만 지르면 언제든 남의 도움을

---

3) 윌리엄 바클레이. 『오늘을 위한 십계명』, 107.

받을 수 있어 강요된 상황이 아니라고 볼 수 있기 때문이다. 반대로 성읍 밖에서 일어난 행위였다면 여성이 도움을 청할 수 없는 불가피한 상황이라고 판단했기 때문에 남자만 처형했다. 하지만 결혼한 남성이 결혼하지 않은 처녀나 과부, 하녀와 가지는 성관계에 대해서는 간음죄를 적용하지 않았다.

한편, 결혼한 여성의 경우에는 상대 남성의 결혼 유무와 상관없이 간음죄로 처벌했다. 간음죄를 여성에게 일방적으로 불리하게 적용했다는 사실은 아내의 처녀성 입증이나 간음죄의 확증 과정에 대한 사법적 절차에도 나타난다. 결혼한 아내의 처녀성이 의심될 때, 남편은 언제든지 문제를 제기할 수 있고, 아내의 아버지는 성읍 장로들의 모임에서 딸의 처녀성을 증명할 의무가 있었다(신 22:13-21). 아내가 간음죄로 의심될 때, 남편은 자기 아내를 끌고 제사장 앞으로 가서 소제를 드리며, 순결하다는 맹세를 아내에게 요구했다. 제사장은 저주의 말이 적힌 두루마리를 쓴 물에 빤 후에, 그 쓴 물을 여자에게 마시도록 했다. 이 때 만일 그 물을 마시고 배가 붓고, 넓적다리가 마르면 간음죄가 확실하다고 판단하여 처형했다(민 5:11-31). 과학적 근거가 없는 방식이어서 일방적으로 여성에게 불리하게 적용될 위험이 있었다.

이처럼 가부장적 유대 사회에서 간음죄는 남녀 모두에게 동등하게 책임을 묻는 윤리 규범이 아니라 여성에게만 차별적으로 적용되는 윤리 규범이었다. 당시 사회에서 성적 순결이란 오로지 여성에게만 요구되는 이데올로기였다. 이런 성차별적인 문화 속에서 사람들은 간음 금지 계명의 대상이 여성이라고 착각할 수 있다. 하지만 이 계명도 십계명의 다른 계명들과 마찬가지로 결혼한 중년 자유민 남성을 대상으로 선포되고 있다. 그럼에도 불구하고 가부장적인 사회 문화 속에서 이 사실은 종종 간과되거나 무시되었다.

유대 사회만 아니라 대부분의 사회에서 성 규범이 남성에게는 비교적 관대한 반면 여성에게는 대단히 엄격하게 적용되는 경향이 있다. 심지어 아프리카의 일부 국가에서는 아직도 여성에게 할례를 강제하고 있다. 이슬람 국가에서는 여성을 성적 유혹자로 간주해서 남성을 보호한다는 명목으로 여성의 얼굴과 몸을 가리도록 강제하고 있다. 우리나라도 과거 유신정권 때 미풍양속이란 이름으로 여성의 미니스커트를 단속한 적이 있고, 지금도 여성의 옷차림을 성 범죄의 주요 원인이 되는 것처럼 문제 삼기도 한다.

가족 공동체의 보호

유대 사회가 간음죄를 엄하게 처벌한 목적은 결혼 제도를 보호함으로써 가족 공동체의 안정을 도모하려는데 있었다. 독일어 단어 간음(Ehe-brechen, 결혼 파괴)에서 볼 수 있듯이, 간음이란 결혼 관계를 파괴하는 행위다. 당시 사회에서 결혼한 여성은 남편의 소유로 생각되었기 때문에 유부녀와 간음하는 남자는 다른 남성의 재산권을 침해할 뿐만 아니라 결혼 관계도 깨뜨리는 사람이었다. 그리고 결혼한 여성이 다른 남성과 관계 맺는 행위는 자신과 상대의 가정을 깨뜨리는 일로 간주되었다.

현대인들은 결혼을 필수가 아니라 선택으로 생각하고 있고, 결혼식조차 사회적 의미보다는 개인적 의미를 더 중요하게 생각한다. 하지만 고대 사회에서는 결혼과 가족 제도는 개인적으로만 아니라 사회적으로 중요했다. 가정에서 생산과 분배, 소비의 경제활동이 이루어져서 가정을 떠나서는 생존 자체가 어려웠기 때문이다. 뿐만 아니라 육아와 교육, 노후 복지도 대부분 가정 안에서 이루어졌다. 따라서 합법적으로 낳은 자식에게 재산을 상속하고, 그 자식을 통해 노후를 보장받는 일은 가정적으로만 아니라 사회적으로도 중요한 일이었다. 그런 사회에서 가정을 파괴하는 간음 행위는 이웃의 사회 경제적 삶의 토대를 근본적으로 위협하는 일로서 이웃의 생명을 빼앗고, 재산을 강탈하는 것만큼 심각한 사회적 범죄로 간주되었다.[4] 말하자면, 간음 금지 계명은 단지 성도덕 유지라는 윤리적 목적만 아니라 가문의 보존을 통한 공동체의 안정이라는 사회적 목적도 지니고 있었다.

음욕

예수께서는 이 계명을 해석하시면서 십계명의 다른 계명을 해석하실 때와 마찬가지로 겉으로 드러난 행위만 아니라 내면의 상태를 윤리적 판단 근거로 삼으셨다.

"또 간음하지 말라 하였다는 것을 너희가 들었으나 나는 너희에게 이르노니 음욕을 품고 여자를 보는 자마다 마음에 이미 간음하였느니라"(마 5:27-28).

간통이나 불륜 행위를 저지른 사람들 가운데에는 상대방의 '유혹에 넘어갔다'고 변명하는 경우가 낳다. 마치 성적 유혹이 자기 밖에서 오기나 하는 것처럼 생각하기 때문이다. 그런데 예수께서는 성적 유혹이

---

4) 프랑크 크뤼제만, 이지영 역, 『자유의 보존』(크리스천 헤럴드, 1999), 87.

인간 밖에서 오는 것이 아니라 인간 내면에서 생기는 것이라고 보셨다.

> "속에서 곧 사람의 마음에서 나오는 것은 악한 생각 곧 음란과 도둑질과
> 살인과 간음과 탐욕과 악독과 속임과 음탕과 질투와 비방과 교만과 우매
> 함이니 이 모든 악한 것이 다 속에서 나와서 사람을 더럽게 하느니라"(막
> 7:21-23).

인간 내면에 있는 성욕 자체를 죄라 할 수는 없다. 인간을 가리켜
'성적 존재'라고 하는 말뜻은 인간에게 성적 욕구가 자연스럽다는 뜻이
다. 하지만 성욕이 왜곡되거나 통제되지 않을 때 문제가 될 수 있다.
아름다운 여성, 멋진 남성을 볼 때 눈이 돌아가는 것은 자연스러운 일이
지만, 돌아 간 눈을 제자리로 되돌리지 못하거나 흑심을 품고 따라 가는
것은 문제다. 마틴 루터의 말대로, 사람의 머리 위로 지나가는 새를 막을
수는 없지만, 그 새가 자기 머리 위에 둥지를 틀지 못하게 할 책임은
있다.

예수께서 언급하신 음욕이란 인간 내면에서 부단히 끓어오르는 성
적 초조감으로서, 통제하지 못하는 성적 충동을 가리킨다.[5] 예언자 예
레미야는 음욕을 '들 암나귀의 헐떡거림'이나 '발정기의 수말'들에게서
볼 수 있는 행태라고 묘사했다.

> "너는 광야에 익숙한 들 암나귀들이 그들의 성욕이 일어나므로 헐떡거림
> 같았도다. 그 발정기에 누가 그것을 막으리요"(렘 2:24).

---

5) 리차드 포스터, 김영호 역, 『돈 섹스 권력』(두란노, 1997), 118.

"내가 그들을 배불리 먹인즉 그들이 간음하며 창기의 집에 허다히 모이며 그들은 두루 다니는 살진 수말 같이 각기 이웃의 아내를 따르며 소리 지르는도다"(렘 5:7-8).

사람이 음욕에 사로잡히게 되면 그 욕망을 충족시키기 위해 상대방을 음란한 시선으로 바라보게 된다. 상대방을 인격적 대상이 아닌 성적 욕구를 충족시킬 수단 곧 사물로 만들어 버린다. 이처럼 상대를 사물화하고 비인격화시키면서 온갖 형태의 비도덕적인 성 행위들이 생겨나게 된다.

음욕이 문제가 되는 이유는 건강한 관계를 형성할 에너지를 제공하지는 못하기 때문이다. 다윗 왕의 아들 '암논 이야기'는 음욕이 어떻게 인간관계를 파괴하는가를 잘 보여준다. 이복 누이동생 다말을 연모한 암논은 그녀와 강제로 관계를 맺고, 욕망을 채우고 난 후, 그녀를 집에서 내 쫓아버렸다(삼하 13장). 음욕에 사로잡힌 사람이 저지르게 되는 이기적이고 무책임한 행동의 전형적인 모습이다.

그런데도 사람들이 음욕을 분별하지 못하는 이유는, 그것이 흔히 '사랑'이란 이름으로 위장되기 때문이다. 사람들은 성적 욕망에서 '끌리는 것'을 '사랑하는 것'과 쉽게 혼동한다. 암논에게서 볼 수 있듯이, 사랑과 달리 음욕은 상대를 원하지만 궁극적 관심은 오로지 자신의 성적 욕망을 충족시키는 데에만 둔다. 사랑이 상대에게 자신을 헌신하는 일이라면, 음욕은 상대에게 일방적 희생과 헌신을 요구한다. 사랑은 관계를 형성하고 발전시키지만, 음욕은 관계를 단절시키고 파괴해버린다.

여성의 죄?

간음죄가 '여성의 죄'로만 인식된 이유는, 유대 사회가 가부장적인 여성 차별 사회였기 때문이다. 같은 간음죄라도 결혼한 남성에게는 유부녀나 약혼녀와 성관계의 경우에만 적용한 반면 결혼한 여성에게는 남편 이외의 모든 남성과의 성관계에 적용하였다. 그런데 예수께서는 간음 금지 계명을 여성만 아니라 남성에게도 평등하게 적용해야 할 명령으로 다루셨다. 간음 현장에서 붙들려온 여성의 처벌을 둘러싸고 예수님과 유대 종교지도자들 간에 생긴 논쟁에는 그러한 예수님의 생각이 나타나 있다(요 8:1-11). 간음이란 여성과 남성이 함께 관련되어 있는 행위였음에도 불구하고, 대부분의 남성들은 이런 사건이 생기면 흥분하면서 돌을 들어 여성을 비난하고 심판할 생각부터 한다. 그러한 태도는 율법적으로 보더라도 잘못된 행동이었다. 율법에 따르면, 이 여인을 간음죄로 처벌하려면 상대 남성에 대한 조사와 증언이 선행되어야 했다. 만약, 상대 남성이 유부남이면 그 남성 역시 여인과 함께 처형장에 세워야 했다(신 22:22). 그런데 이 이야기 속에는 그런 과정과 절차가 남성 중심으로 진행되었다.

남성과 여성은 동등한 인격체다. 하나의 인격체로서 여성은 성적 욕망에 사로잡힌 남성의 음란한 시선의 대상으로 전락해선 안 된다. 여성 자신도 남성과 마찬가지로 성적 결정권을 가진 동등한 존재로 인정되어야 한다. 이런 관점에서 보면 부부 간이라 하더라도 강간죄가 성립될 수 있다. 구약 시대 결혼한 남성에게 일 년 동안 병역을 면제한 이유는 아내의 성적 권리를 위해서였다(신 24:5). 바울도 결혼 생활에서 부부는 각자의 성적 '권리'만 아니라 서로에 대한 성적 '의무'도 있음을 강조했다.

"남편은 그 아내에 대한 의무를 다하고 아내도 그 남편에게 그렇게 할지라 아내는 자기 몸을 주장하지 못하고 오직 그 남편이 하며 남편도 그와 같이 자기 몸을 주장하지 못하고 오직 그 아내가 하나니"(고전 7:3-4).

바울은 성숙한 그리스도인의 부부 관계에 대해 설명하면서 남편은 아내를 음란하게 대하지 말아야 한다고 강조했다. 그리스도인 부부에게 성관계란 자신의 성적 욕망만 채우는 수단이거나 음란한 행위가 아니라 서로를 존중하는 가운데 서로를 깊이 알아가면서 인격적 관계를 맺는 성스러운 행위다.

"하나님의 뜻은 이것이니 너희의 거룩함이라 곧 음란을 버리고 각각 거룩함과 존귀함으로 자기의 아내 대할 줄을 알고 하나님을 모르는 이방인과 같이 색욕을 따르지 말고"(살전 4:3-5).

부당한 이혼과 간음죄

예수께서는 이혼을 원칙적으로 허락하지 않으셨다. 결혼이란 하나님께서 짝 지어 주신 것으로 사람이 나눌 권한이 없다고 생각했기 때문이다(마 19:6). 그럼에도 불구하고 유대 사회에서 이혼은 공공연한 현실이었다. 이혼사유에 대해 법을 까다롭게 적용했던 샤마이파 바리새인들은 아내가 간음한 경우에만 이혼을 허락한 반면에 힐렐파 바리새인들은 이혼 사유를 보다 광범위하게 확대 해석했다. 힐렐파 바리새인의 해석에 따르면, 심지어 아내가 밥을 태우는 경우도 이혼 사유가 될 수 있다고 보았다. 그런 사회 분위기다 보니 음란한 남성들은 아내의 간음 증거가 없음에도 불구하고 각종 구실을 붙여 아내를 내쫓았다. 그들이 온갖 이혼 구실을 붙였지만 진짜 이유는 다른 여성에 대한 음욕 때문이었다. 그러므로 예수께서는 이런 음란한 남성들에 의한 이혼 자체가 간음죄에 해당된다고 본 것이다. 말하자면, 예수님의 관심사는 이혼 문제 자체가 아니라 이혼을 통해 저질러지는 남성의 간음 행위였다.

"예수께서 이르시되 모세가 너희 마음의 완악함 때문에 아내 버림을 허락하였거니와 본래는 그렇지 아니 하니라 내가 너희에게 말하노니 누구든지 음행한 이유 외에 아내를 버리고 다른 데 장가드는 자는 간음 함이니라"(마 19:8-9).

이혼과 관련하여 예수께서 지적하신 또 다른 문제는 아내에게 이혼장을 써주지 않고 내쫓는 '부당한' 이혼이었다. 당시 사회에서 여성들은 법정에서 충분히 소명 할 기회를 갖지 못한 채 남편과 남편 쪽의 증인만으로도 내버림을 당하는 경우가 허다했다. 이렇게 이혼장 없이 내쫓긴 여성은 살아갈 방도가 없어 어쩔 수 없이 매춘 행위로 내몰렸다. 당시 집에서 내쫓긴 여성이 생계를 유지할 수 있는 길이 있다면 자기 몸을 파는 것뿐이었기 때문이다. 게다가 이혼장 없이 이혼 당한 여인은 법적으로는 아직도 결혼이 유지되는 상태였기에 다른 남성과 재혼을 꿈 꿀수도 없었다. 그럴 경우 그 여성은 간음죄로 고발되기 때문이다.

한편, 예수께서 이혼장이 없는 여인과 결혼하는 남성도 간음죄에 해당된다고 보신 이유는 이혼장 없는 여성은 법적으로 아직도 다른 남성의 아내이기 때문이다. 다른 여성에 대한 음욕 때문에 이혼장도 써주지 않고 아내를 내버리는 남성은 아주 교묘한 방식으로 간음죄의 책임을 아내에게 뒤집어씌운다. 그리고 그 사실을 알지 못한 채 결혼하려고 하는 다른 남성에게도 동일한 죄를 짓게 만든다. 예수께서 하신 다음의 말씀은 그런 상황을 염두에 둔 것이었다.

> "나는 너희에게 이르노니 누구든지 음행한 이유 없이 아내를 버리면 이는 그로 간음하게 함이요 또 누구든지 버림받은 여자에게 장가드는 자도 간음함이니라"(마 5:32).

이처럼 예수께서 이혼을 엄격히 금지시킨 의도는 당시 사회에 넘쳐 나는 간음죄를 줄이고, 힘없는 여성의 사회적·경제적 권익을 보호하는 데 있었다.

성 도덕

고대 유대 사회에서 결혼한 여성은 남편의 재산이었으므로, 간음은 남의 재산권을 침해하는 행위로 간주되었다. 그런데 이웃의 재산권을 침해하지 말라는 내용은 십계명의 여덟 째 계명('도둑질 하지 말라')과 열 번째 계명('네 이웃의 아내를 탐하지 말라')에도 등장하고 있다. 그렇다면 간음 금지 계명의 목적은 재산권의 보호가 아닌 다른 목적, 곧 성 도덕에 있었을 것이다.

신약성서에서 바울이 간음만 아니라 온갖 형태의 음란한 행위들까지 심각한 죄로 비판하고 경계한 이유도 바로 성적 순결을 위해서다. 바울은 고린도 교회에서 발생한 근친상간(고전 5:1), 색을 탐하는 것(고전 6:9), 창녀에게 드나드는 것(고전 6:16)을 비판했다. 갈라디아 교인들에게는 음행과 더러운 것과 호색이 성령을 거스르는 '육체의 일'에 속한다고 말했다(갈 5:19). 에베소 교인에게는 음행하는 자가 우상숭배자와 마찬가지로 하나님의 나라를 기업으로 받지 못할 것이라고 경고했다.

> "음행과 온갖 더러운 것과 탐욕은 너희 중에서 그 이름조차도 부르지 말라 이는 성도에게 마땅한 바니라. … 너희도 정녕 이것을 알거니와 음행하는 자나 더러운 자나 탐하는 자 곧 우상숭배자는 다 그리스도와 하나님의 나라에서 기업을 얻지 못하리니"(엡 5:3-5).

이런 가르침의 전통을 이어받은 종교 개혁자들은 간음 금지 계명을 배우자의 간통 행위만 아니라 다른 여러 가지 형태의 음란 행위를 포괄적으로 금지하는 계명으로 해석했다. 예를 들어 칼빈은 신자들의 천박한 옷차림이나 음란한 말, 음흉한 눈빛, 춤 그리고 외설적 행동들까지 간음 금지 계명에 위배된다고 가르쳤다.6)

관계로서의 성

성에 대한 기독교적 이해의 핵심은 인격적 관계성이다. 태초에 하나님께서 인간을 '남자와 여자로 만드셨다'는 의미를 남성과 여성의 생물학적 차이가 아니라 관계적 존재로서의 인간의 본질로 해석한 사람은 신학자 칼 바르트다. 인간은 삼위일체의 관계로서 존재하시는 하나님의 존재 방식대로 살도록 창조되었다. 인간은 관계를 떠나 생존할 수 없으며, 관계 안에서 그리고 관계를 통해서 비로소 인간으로 되어간다.

---

6) 존 칼빈, 김광남 역, 『칼빈의 십계명 강해』 (비전북, 2011), 247-249.

그래서 하나님은 홀로 있는 아담을 위해 짝을 만들어 주셨다(창 2:18).

그런데 인간이 살면서 맺는 관계 가운데 가장 친밀하고 신비로우며 심오한 관계가 바로 성관계다. 성관계에서 두 사람은 서로에 대한 신뢰와 헌신을 통해 둘 사이를 참되고 의미 있는 관계로 만든다. "아담과 그 아내 두 사람이 벌거벗었으나 부끄러워 아니하니라"(창 2:25)는 표현은 서로에게 아무 것도 숨기거나 감출 필요가 없는 솔직함과 전적인 신뢰 관계를 말해준다. 헨리 나우엔은 성 행위를 '종교적 행위'라고까지 표현하는데, 이는 성 행위와 종교 행위 둘 다 '온전한 사랑'과 '자기 헌신'을 특징으로 한다는 점에서 공통점을 지니고 있기 때문이다.[7]

성 행위에서 인간과 동물이 다른 점은 전인격적 특성에 있다. 인간의 성행위가 동물의 짝짓기와 다른 점은 '생식' 대신에 '관계'를 중시한다는 점이다. 존(J. John)은 고등 동물 중에서 인간만이 유일하게 얼굴을 맞대고 성관계를 갖는다는 사실을 이런 전인격적 특성의 증거라고 본다.[8] 따라서 성 행위가 인격적이지 못할 때 둘 사이의 관계는 파괴되고 서로에게 깊은 상처만 주게 된다.

칼 바르트는 부부 사이라 하더라도 전인격적 공존(Koexistenz)이 없는 성관계를 '악마적'이라고 말했다.[9] 왜냐하면 온전한 성관계란 육체의 사귐일 뿐만 아니라 인간 삶의 모든 것을 함께 공유하는 전인격적 행위이기 때문이다. 성관계가 서로에 대한 헌신이나 나눔에 대한 의지 없이 오로지 각자의 육체적 욕망만 채우려고 할 때 파괴적으로 변한다. 우리가 다른 어떤 관계에서보다 성적 관계에서 더 크고 깊게 상처받는

---

7) 헨리 나우엔, 윤종석 역, 『친밀함』(두란노, 2001), 42.
8) J. 존, 홍종락 역, 『십계명』(홍성사, 2011), 87.
9) 리하르트 그루노브 편, 이신건 외 역, 『칼 바르트의 신학묵상』(대한기독교서회, 2009), 592.

이유도 그 때문이다.

이처럼 성이 온전한 사랑과 전적인 헌신에 기초한 전인격적 관계라는 점에서 구약성서 예언자들은 인간과 하나님 관계를 부부 관계라는 은유를 통해 설명했다(사 62:4-5; 렘 3:1; 31:32). 예언자 호세아는 자신의 결혼 생활을 통해서 하나님과 이스라엘 백성 사이의 언약 관계를 몸으로 보여주기까지 했다. 아가서에서 하나님을 명시적으로 언급하지 않았음에도 불구하고 경전으로 채택된 이유도 바로 아가서가 하나님과 언약 백성 사이의 관계를 연인 관계로 비유하고 있기 때문이었다. 신약성서에서 바울은 결혼이라는 유비를 통해 그리스도와 교회 그리고 하나님과 인간 사이에 이루어지는 신비로운 연합을 표현했다(엡 5:22-33). 사도 요한 역시 종말의 때에 그리스도와 교회 사이에 성취 될 관계를 '혼인잔치'로 표현했다(계 19:7-8).

결혼과 성

바울 당시 고린도교회에는 심각한 성 윤리 문제들이 생겨났다. 영지주의 영향을 받은 신자들 가운데 영적 자유를 구실삼아 성적으로 방종하고 타락한 사람들이 생겨났다. 심지어 자기 부친의 아내 곧 계모와 함께 동거하는 사람도 있었지만 교회는 치리하지 않았다(고전 5:1-2). 게다가 고린도 언덕에 세워진 아프로디테 신전에 있는 창녀들과 관계하는 신자들도 생겨났다(고전 6:16). 이런 부도덕한 성 생활에 대한 반발로 교회 안에는 성관계는 물론 결혼 자체까지도 죄악으로 생각하는 금욕주의자들이 생겨나기도 했다. 바울은 이런 문제들에 대한 해결책으로 결혼 제도의 중요성을 강조했다. 바울에게 있어 결혼 제도는 하나님의 창조 질서 가운데 가장 근본적인 제도로서 인간의 성적 욕망을 통제하고, 성적 부도덕을 예방할 수 있는 효과적인 해결책이었다.

"음행을 피하기 위하여 남자마다 자기 아내를 두고 여자마다 자기 남편을 두라"(고전 7:2).

"만일 절제할 수 없거든 결혼하라 정욕이 불같이 타는 것보다 결혼하는 것이 나으니라 결혼한 자들에게 내가 명하노니 (명하는 자는 내가 아니요 주시라) 여자는 남편에게서 갈라서지 말고 (만일 갈라섰으면 그대로 지내든지 다시 그 남편과 화합하든지 하라) 남편도 아내를 버리지 말라"(고전 7:9-11).

물론 결혼의 가치와 의미를 성적 차원으로만 축소시켜서는 안 되겠지만, 결혼이 인간의 성적 욕망을 해소하며, 성관계를 보호하는 울타리라는 사실은 틀림이 없다. 남녀는 결혼이라는 안전한 울타리 안에서 이루어지는 성관계를 통해서 욕망을 해소할 뿐만 아니라 두려움이나 부끄러움 없이 자신을 상대에게 내어줄 수 있고, 서로에게 속해 있음을 확인할 수 있다.

기독교 관점에서 볼 때, 결혼은 사회적으로만 아니라 신학적으로도 중요한 주제다. 결혼은 한 남자와 한 여자가 '한 몸' 즉, 육체적으로만 아니라 인격적·정서적으로 하나 되는 일이다. 결혼은 사랑의 두 측면인 아가페와 에로스를 결합시킨다.10) 종교개혁자들이 결혼을 '소명'으로까지 생각한 이유는 결혼의 최종 목표가 각자의 자기 성취나 쾌락 추구

---

10) 스탠리 그렌즈, 남정우 역, 『성윤리학』(살림, 2003), 155.

너머에 있는 것이라고 보았기 때문이다. 신자들은 결혼을 통해서 각자 혹은 서로 간에 누릴 수 있는 기쁨 이상의 것, 곧 하나님의 영광을 추구한다. 그리고 부부는 두 사람 사이의 사랑의 열매인 출산을 통해서 '생육하고 번성하라'는 하나님의 문화 명령을 수행한다(창 1:28).

결혼은 당사자 두 사람이나 가족만 아니라 하나님을 증인으로 삼아 체결된 언약이다. 결혼이라는 언약 관계에서 두 사람은 이 땅에서 죽음이 서로를 갈라 놓을 때까지 서로 복종하고 신뢰해야 할 의무가 있다. 예수께서 이혼을 엄격히 금지하신 이유도 결혼이 두 사람만의 일이 아니라 하나님께서 증인으로 개입된 일이라고 생각했기 때문이다.

스탠리 그렌즈는 언약 관계로서 결혼 안에서 이루어지는 부부의 성 관계의 신학적 의미를 세 가지로 설명한다.[11] 첫째, 부부의 성관계는 결혼식에서 하나님과 여러 증인 앞에서 약속한대로 상대방에게 충실하겠다는 공적 선서이며 결혼서약을 재확인하는 행위다. 둘째, 부부는 서로를 성적으로 즐겁게 해주려는 노력을 통해 상호 복종의 의무를 실천한다. 셋째, 부부의 성은 개방성과 생산성을 지니는 행위다. 사랑은 항상 생산적이며, 부부는 그렇게 해서 생겨나는 새로운 생명을 기꺼이 받아들일 자세를 가져야 한다.

그렇다고 해서 기독교가 성의 가치나 결혼제도를 절대화한다고 생각해선 안 된다. 예수님은 물론 바울도 종말론적 관점에서 성과 결혼의 가치를 상대화했다. 세상의 모든 제도들처럼 결혼이라는 사회 제도 역시 임시적이며 마침내 종말의 때에 사라지는 것으로 보았다. 예수께서는 '천국을 위하여 스스로 된 고자'가 있을 수 있다고 하셨다(마 19:12). 바울 역시 결혼하는 것을 잘 하는 일이라고 하면서도 독신이 '더 나은

---

11) 스탠리 그렌즈, 『성윤리학』, 350-352.

선택'일 수 있다고 말했다(고전 7:38). 바울이 결혼보다 독신을 더 나은 선택이라고 말한 이유는, 결혼한 사람과 달리 독신자는 주님의 일만을 염려하여, 그 마음이 나뉘지 않는다고 보았기 때문이다. 따라서 신자들에게 결혼만 아니라 독신도 소명일 수 있다. 그렇다고 해서 중세 가톨릭 교회처럼 독신을 결혼보다 '더 나은' 소명이나 '더 고상한' 영성 생활이라고 볼 필요는 없다. 결혼이든 독신이든 둘 다 은사에 따라 달리 주시는 하나님의 은혜라는 점에서 아무런 차이가 없기 때문이다.

> "나는 모든 사람이 나와 같기를 원하노라 그러나 각각 하나님께 받은 자기의 은사가 있으니 이 사람은 이러하고 저 사람은 저러하니라"(고전 7:7).

성(性)과 성(聖)

리차드 포스터는 기독교 영성의 역사에서 '성'과 '영성'이 나뉜 것을 비극적인 일 가운데 하나라고 안타까워했다.[12] 본래 기독교에서 성(sex)과 영성(holiness)은 서로 밀접하게 관계 되어 있다. 인간의 성은 하나님께서 주신 선물로서 기쁨과 행복의 원천이며 동시에 하나님을 더 깊이 알 수 있는 신비이기도 하다. 그런데 성과 영성이 나뉨으로써, 성은 영성과 무관한 세속적인 관심사가 되고, 인격과 상관없는 테크닉의 문제로 전락하고 말았다. 성이 세속화되고 사물화 되면서 결국 신자들이 성을 통해 하나님의 신비를 알 수 있는 길도 막혀버리고 말았다.

성과 영성이 분리된 책임은 세속주의 가치관과 교회의 잘못된 성

---

12) 리차드 포스터, 『돈 섹스 권력』, 105.

이해 모두에서 찾아야 한다. 먼저, 세속주의 가치관은 성을 육체적 쾌락과 테크닉의 문제로 보며, 그렇게 함으로써 인간을 생물학적 차원으로 전락시킨다. 그 결과 인간은 성의 홍수 시대에 살면서도 점점 고갈되는 사랑 때문에 고통당한다. 다음, 한국교회는 물질-영혼 이원론에다 유교적 성 윤리관의 영향을 받아 성에 대한 논의조차 금기시함으로써 성에 대한 바른 신학적 이해를 불가능하게 만들었다. 그 결과 신자들은 건전한 성 윤리는 물론 성이 지니고 있는 영적 의미도 알 수 없게 되었다.

영성적 관점에서 볼 때, 성은 몸의 문제라는 바로 그 이유 때문에 영적인 관심사가 된다. 왜냐하면 기독교는 인간의 영과 육을 대립적으로 보지 않기 때문이다. 선한 영과 악한 육이라는 이원론은 기독교적 사상과 거리가 먼 이교 사상이다. 바울은 우리의 몸이 곧 성령의 전이며, 하나님의 성령이 우리의 몸 안에 계시다고 한다. 하나님의 성전이 거룩한 곳이라면, 우리는 우리 몸을 거룩하게 생각하고 함부로 다루어서는 안 된다(고전 3:16-17). 그런 배경에서 바울은 몸에 짓는 음행을 비도덕적일 뿐 아니라 비신앙적 행위라고 비판했다.

"음행을 피하라 사람이 범하는 죄마다 몸 밖에 있거니와 음행하는 자는 자기 몸에 죄를 범하느니라. 너희 몸은 너희가 하나님께로부터 받은바 너희 가운데 계신 성령의 전인 줄을 알지 못하느냐"(고전 6:18-19).

인간의 몸은 성령이 거하시는 거룩한 성전일 뿐만 아니라 그리스도의 지체다. 만약, 우리가 창녀와 관계하게 되면 창녀와 한 몸이 되며, 결국 그리스도의 지체를 창녀의 지체로 만들게 되는 셈이다(고전 6:15). 이런 가르침에 기초해서 칼빈은 인간의 음행 죄를 가리켜 '그리스도의

몸에 대한 강간'이라고 표현하기까지 했다.[13]

한편, 우리가 몸의 성스러움을 인정하게 되면, '육체적 순결'과 '정신적 순결'을 분리시키는 잘못도 피할 수 있다. 외도하는 사람들 가운데에는 마음을 주지 않는 육체적 사랑이 가능하다고 주장하면서 자신의 부도덕한 행위를 정당화하려는 사람들이 있다. 마음을 주지 않는다면 외도조차 죄가 되지 않을 수 있다고 생각한다. 고대 영지주의 영향을 받았던 고린도교회 교인들이 그러했고, 오늘날에도 그런 논리로 자신의 불륜을 합리화하는 사람들이 많다.

그러나 바울은 성관계를 두 사람 사이의 육체적 결합만 아니라 정서적-정신적-영적 결합이라고 보았다. 대상이 누구든지 그 대상과 한 몸이 되는 일이라고 했다(고전 6:16). 육체적 순결과 정신적 순결을 분리할 수 없으며 그래서도 안 된다는 점을 C. S. 루이스는 비유적으로 설명했다.[14] 즉 사람이 음식을 먹을 때, 미각적 쾌락만을 위해 음식을 씹다가 내뱉지 않듯이, 성적 쾌락 역시 육체적 쾌락만 따로 떼어 즐기려 해서는 안 된다는 것이다. 음식에서 미각과 영양분이 분리될 수 없듯이, 성 행위에서도 육체와 영혼은 분리되지 않기 때문이다.

몸의 영성 훈련

몸의 영성 즉 몸의 거룩함을 추구하며 살아가는 신자들은 모든 종류의 음란한 성관계를 피해야 할 뿐만 아니라 자기 몸을 통해 적극적으로 하나님께 영광을 돌리기 위해 힘써야 한다. 왜냐하면 몸이란 음란을 위

---

13) 존 칼빈, 『칼빈의 십계명 강해』, 243.
14) C. S. 루이스, 장경철-이종태 역, 『순전한 기독교』 (홍성사, 2003), 168.

해 존재하는 것이 아니라 하나님의 영광을 위해 존재하는 것이기 때문이다(고전 6:13). 그래서 바울은 우리 몸을 거룩하게 할 뿐만 아니라 하나님의 영광을 돌리는 방편으로 삼으라고 교훈한다.

"너희 몸은 너희가 하나님께로부터 받은바 너희 가운데 계신 성령의 전인 줄을 알지 못하느냐 너희는 너희 자신의 것이 아니라 값으로 산 것이 되었으니 그런즉 너희 몸으로 하나님께 영광을 돌리라"(고전 6:19-20).

이런 관점에서 바울은 부부가 원칙적으로 분방하지 말아야 하지만 기도할 틈을 얻기 위하여 일정 기간 동안 분방을 허락했다(고전 7:5).

상업주의가 성을 상품화하면서 성적 욕망을 부추기는데다 성 윤리와 성적 가치관마저 흔들리는 시대에 신자들이 성적으로 거룩하고 순결한 삶을 살아가기 위해서는 자기 내면에서 부단히 끓어오르는 음란한 생각과 성적 욕망을 제어하고 다스릴 줄 알아야 한다.

먼저, 성적 유혹에 단호한 태도를 지녀야 한다. 예수님께서는 간음죄를 말씀하시면서 '오른 눈이 죄를 짓게 하면 빼서 내버리라'고 권면하셨다. 신체의 한 부분을 잃는 것이 온 몸을 지옥에 내던지는 것보다 더 낫기 때문이다(마 5:29-30). 참 무섭고 섬뜩한 요구다. 그만큼 단호한 의지가 아니면 타오르는 음욕을 다스릴 수 없고, 무섭게 달려드는 성적 욕구를 이길 수 없다고 보셨기 때문에 내린 처방일 것이다. 예수님은 이 말씀을 통해 우리가 정말로 영생에 최고의 가치를 두며 사는지, 영혼을 구원하기 위해서라면 무엇이든 희생할 각오가 되어있는지를 물으신다.

둘째, 성적 유혹을 초기 단계부터 피하고 멀리해야 한다. 바울은 신자들이 음행에 관해서는 '그 이름조차도 부르지 말라'고 권면했다(엡

5:3). 구약성서 요셉의 이야기는 성적 유혹을 만날 때 우리가 어떻게 처신해야 하는지 잘 보여준다. 요셉은 보디발 장군의 아내가 유혹했을 때 겉옷까지 내버리고 도망쳤다(창 39장). 인간은 자신이 생각하는 것보다 약한 존재인 반면에 성적 유혹은 너무나 강렬하고 달콤하다. 그래서 다윗 같은 훌륭한 믿음의 사람조차 그 유혹에 넘어졌다. 오늘날도 존경받는 수많은 영적 지도자들이 성적 유혹에 맥없이 쓰러져가고 있다. 자신의 목회 사역은 물론 상대방과 가족 그리고 교회에 말할 수 없는 고통을 가져다준다. 성적 유혹은 인간의 힘과 의지만으로는 쉽게 이기기 힘든 것이기에, 신자들은 하나님께서 우리의 마음을 다스리고 지켜주시기를 기도해야 한다. 예수께서 가르쳐 주신대로 우리가 시험에 들지 않고, 악에 빠지지 않기를 늘 기도해야 한다.

마지막으로, 결혼한 부부의 경우 성적 유혹을 이길 수 있는 해결책을 행복한 결혼 생활에서 찾아야 한다. 부부가 서로 '한 몸'이 되면 다른 어떤 존재도 그 사이에 끼어들 수 없게 된다. 잠언의 지혜자는 배우자에게 충실하는 것이야말로 행복에 이르는 가장 좋은 길임을 가르쳐준다.

"네가 젊어서 취한 아내를 즐거워하라 그는 사랑스러운 암사슴 같고 아름다운 암노루 같으니 너는 그의 품을 항상 족하게 여기며 그의 사랑을 항상 연모하라 내 아들아 어찌하여 음녀를 연모하겠으며 어찌하여 이방 계집의 가슴을 안겠느냐"(잠 5:18-20).

11장

제8계명: 정의

"도둑질하지 말라"(출 20:15).

가볍게 다루어지는 죄

인간이 생계를 유지하고 인격을 지키는 데 있어서 자기 목숨과 가정만큼이나 중요한 것이 재산이다. 십계명에서 도둑질 금지 계명이 살인 금지 계명과 간음 금지 계명에 이어서 등장하는 것을 보면, 유대 사회가 도둑질을 얼마나 심각한 사회악으로 간주했는가를 알 수 있다. 하지만 현대인들은 고대의 유대 사회와 달리 도둑질을 살인이나 간음만큼 심각한 죄로 생각하지는 않는 것 같다. 아마도 도둑질이 일상생활에서 흔히 일어나는 일인데다 사회 구조를 통해 교묘하게 은폐되어 있기 때문일 것이다.

가난한 사람들은 자신들의 좀도둑질을 부자들의 큰 도둑질에 비하면 아주 작고 사소한 것이라고 정당화한다. 부자들은 불의한 사회 구조나 제도를 통해 얻는 거대한 이득을 관행이라 여기며 도둑질이라고 생각조차 않는다. 루터는 인간 사회의 도덕 상황이 이러하기 때문에 만일 우리가 이 계명대로 도둑질하는 사람들을 잡아다 모조리 교수형에 처한다면, '이 세상은 순식간에 텅 비고, 사형 집행인은 물론 사형대까지 태부족할 것'이라고 한탄했다.[1)]

비록 사람들이 자신의 절도 행위를 사소한 일이나 관행이라고 정당화하면서 비난을 피할 수 있을지 몰라도 하나님의 심판을 피할 수는 없다. 바울은 도둑질하거나 남을 속여서 재물을 빼앗는 사람을 우상숭배자와 마찬가지의 '불의한 자'로 하나님 나라에 들어갈 수 없다고 경고했다.

"도적이나 탐욕을 부리는 자나 술 취하는 자나 모욕하는 자나 속여 빼앗는 자들은 하나님의 나라를 유업으로 받지 못하리라"(고전 6:10).

사람 도둑질

도둑질 금지 계명은 살인 금지 계명이나 간음 금지 계명과 마찬가지로 목적어가 없는 단순 문장으로 되어 있다. 그러다보니 도둑질 금지의 직접적 대상이 무엇인지를 둘러싸고 성서 학자들 사이에 다양한 견해가 존재한다. 이 문제에 대한 전통적인 해석은 타인의 소유물이나 재산을 훔치지 말라는 것이다. 대부분의 설교나 윤리 교과서에서 이 계명은 사유재산을 보장하는 근거로 해석된다. 그런데 이 계명이 금지하는 대상을 '물건 훔치기'로 보는 데에는 문제가 있다. 왜냐하면, 남의 물건을

---

1) 스탠리 하우어워스 · 윌리엄 윌리몬, 강봉재 역, 『십계명』(복있는 사람, 2007), 159.

탐내지 말라는 명령은 십계명의 마지막 계명에 다시 등장하고 있기 때문이다. 당시 사회에서 사적 소유권 이슈가 굳이 두 개의 계명을 통해 반복적으로 강조해야 할 만큼 중요했다고 보기는 어렵다.

알브레히트 알트를 비롯한 상당수 구약학자들은 본래 이 계명이 금지했던 대상은 '물건'이 아니라 '사람'이었을 것이라고 추측한다.2) 그러한 주장에는 몇 가지 그럴만한 근거들이 있다. 첫째, 십계명의 큰 틀에서 볼 때 살인 금지, 간음 금지 그리고 도둑질 금지 계명이 한 묶음으로 되어 있다. 그리고 이 세 가지 계명들은 공통적으로 인간 생명과 관련되어 있다. 인간의 생명과 자유를 보호하기 위해 살인죄와 간음죄를 사형으로 다스렸듯이, 사람을 유괴하여 노예로 삼거나 팔아먹는 자도 똑같이 사형으로 처벌했다(출 21:16; 신 24:7). 둘째, 마지막 계명에서 탐내지 말아야 할 대상으로 아내, 남종, 여종, 소, 나귀를 열거하면서 남성을 빠뜨리고 있다. 그 이유는 도둑질 금지 계명에서 이미 남성을 언급하고 있다는 전제 아래 불필요한 중복을 피하려는 의도로 볼 수 있다. 셋째, 고대 사회에서 성인 남성은 유괴하여 종으로 부리기에 좋고, 매매하는 데 있어서도 가장 값비싼 물건이었다. 부족 간에도 약탈 전쟁이 만연해서 사람을 빼앗고 훔치는 일이 다반사로 일어났기 때문에 사람을 훔치지 못하게 할 사회적 필요가 있었을 것이다.

여덟 번째 계명에서 금지하는 행위가 사람의 유괴나 인신매매였을 것이라는 가정은 신약성서를 통해서도 확증된다. 바울은 십계명을 언급하는 자리에서 부모 공경(제5계명), 살인 금지(제6계명), 음행 금지(제7계명)에 이어서 인신매매 금지(제8계명)를 말하고 있다. 초대교회가 이 계명을 물건 도둑질이 아니라 사람 도둑질을 금지하는 내용으로 이해하

---

2) 로버트 뉴즈, 성찬성 역, 『너희는 도둑질하지 못한다』(가톨릭출판사, 1995), 22.

고 있었음을 추정하게 하는 중요한 단서다.

> "알 것은 이것이니 율법은 옳은 사람을 위하여 세운 것이 아니요 오직
> 불법한 자와 복종하지 아니하는 자와 경건하지 아니한 자와 죄인과 거룩
> 하지 아니한 자와 망령된 자와 아버지를 죽이는 자와 어머니를 죽이는
> 자와 살인하는 자며 음행하는 자와 남색 하는 자와 인신매매를 하는 자와
> 거짓말하는 자와 거짓맹세 하는 자와"(딤전 1:9-10).

성서에는 인신매매로 인해 자유를 잃어버리고 고통을 당하는 사람
들 이야기가 여럿 등장한다. 형들의 미움 때문에 미디안 상인들에 의해
애굽으로 팔려간 요셉 이야기(창 37:28)나 사사 시대에 전쟁 때문에 결혼
적령기의 여성들을 찾을 수 없게 된 베냐민 지파 남성들이 실로 지방
처녀를 유괴한 이야기는 잘 알려져 있다(삿 21:21). 네덜란드 신학자 후
치우스는 역사 속에 존재했던 네 종류의 사람 도둑질 사례를 알려준다.
부모의 동의 없이 아이를 빼앗아 수도원에 들여보냈던 가톨릭교회, 동
인도회사를 설립하여 노예 무역을 한 노예 상인들, 앵벌이를 강요한
사람들 그리고 처녀 도둑질이다.[3]
비록 노예 제도가 사라진지 오래되었지만 지금도 여러 가지 형태의
인신매매가 존재하고 있는 것이 사실이다. 네팔에는 빌린 돈을 갚지
못하면 갚을 때까지 대를 이어서 채권자의 토지에서 노동해야 하는 '할
리야 제도'가 있다. 그 외에도 아동의 유괴 및 강제 노동, 성매매 포주들,
불법 납치한 장애인의 염전 노예, 불법 이주 노동자의 약점을 이용한
강제 노동 등 수많은 형태의 '현대판' 노예 제도가 사라지지 않고 있다.

---

3) 강영안, 『강영안 교수의 십계명 강의』(IVP, 2009), 274-275.

국제 인권단체인 워크 프리(Walk Free)재단이 얼마 전 발표한 보고서를 보면, 인도를 비롯한 167개국에서 비록 노예는 아니지만 노예와 다름 없는 삶을 살아가는 사람이 3천 580만 명으로, 이는 전 세계 인구의 0.5%에 해당하는 수치라고 한다.[4] 성서는 그 형태와 상관없이 사람을 도둑질하고 그의 자유를 빼앗는 행위를 준엄하게 심판했다. 왜냐하면 그 같은 행위는 사람을 해치고 목숨을 빼앗는 행위와 마찬가지의 악한 일이었기 때문이다.

> "사람이 자기 형제 곧 이스라엘 자손 중 한 사람을 유인하여 종으로 삼거나 판 것이 발견되면 그 유인한 자를 죽일지니 이같이 하여 너희 중에서 악을 제할지니라"(신 24:7).

타인의 재산에 손해를 끼치는 행위들

이 계명이 목적어를 규정하고 있지 않기 때문에 금지 행위로 사람의 유괴나 인신매매만 아니라 이웃의 짐승이나 물건을 훔치는 데에도 광범 위하게 적용할 수 있다. 실제로 구약성서에서 '훔치다'는 히브리어 '가나브'는 사람(출 21:16; 신 24:7 등)에게는 물론 짐승이나(출 22:1, 7), 물건(수 7:11) 등에도 광범위하게 사용되고 있다. 말하자면, 이 계명은 이웃의 생명과 더불어 그의 생존에 필수적인 재산을 보호하려는 의도를 가지고 있었다.

구약성서 가운데 출애굽기 22장은 절도죄에 해당하는 다양한 사례를 보고하고 있다. 물웅덩이를 덮지 않아서 이웃의 가축에게 해를 입혔

---

4) "현대판 노예 3580만 명", 「국민일보」 2014년 11월 19일.

을 때, 풀어놓은 가축이 이웃의 밭을 망가뜨렸을 때, 자기 밭에 놓은 불이 번져서 이웃의 밭을 태웠을 때, 이웃이 자기에게 맡겨둔 물건이나 짐승을 가로챘을 때 등이다.『하이델베르크 교리문답』은 절도 행위를 금지하는 이 계명의 적용 범위를 훨씬 더 광범위하게 확대하여 적용하고 있다. 도둑질이나 강도짓만 아니라 부정한 저울, 부정한 물품, 부정한 화폐, 부당한 이자 등 불의한 방법으로 이웃의 재산을 자기 것으로 만들려는 모든 행위와 계획까지도 절도 행위의 범주에 넣었다. 심지어 내면의 탐욕이나 하나님이 주신 선물을 남용하는 일까지도 이 계명에 저촉된다고 해석했다.[5]

성서는 직접적인 도둑질만 아니라 간접적인 도둑질, 예를 들면 부정직한 상거래를 통해 '부당한 이득'을 취하는 행위도 비난했다. 물건을 사고팔면서 부당하게 이익을 취하는 일을 간접적인 방식의 절도죄라고 보았다(레 25:14). 성서는 '공정하지 않은 도량형'이란 표현을 통해 모든 형태의 부정직한 상거래 행위들을 정죄한다.

"너는 네 주머니에 두 종류의 저울추 곧 큰 것과 작은 것을 넣지 말 것이며 네 집에 두 종류의 되 곧 큰 것과 작은 것을 두지 말 것이요 오직 온전하고 공정한 저울추를 두며 온전하고 공정한 되를 둘 것이라 그리하면 네 하나님 여호와께서 네게 주시는 땅에서 네 날이 길리라 이런 일들을 행하는 모든 자, 악을 행하는 모든 자는 네 하나님 여호와께 가증하니라"(신 25:13-16).

한편, 성서는 이웃에게 빌려준 돈이나 곡물에 대해 이자를 받는 것도

---

5)「하이델베르크교리문답」, 이장식 편역,『기독교 신조사 I』(컨콜디아사, 1979), 125.

도둑질에 해당한다고 생각해서 금지했다. 고대 바벨론의 함무라비 법전이나 에쉬눈나 법전에서는 빌려준 돈에 대해 20-50% 정도의 이자를 당연하게 생각했지만,[6] 유대 사회는 이자 자체를 허락하지 않았다. 이는 모든 형태의 이자가 채무자의 자유를 빼앗고 마침내 목숨까지 해칠 수 있다고 생각했기 때문이다.

> "네가 형제에게 꾸어주거든 이자를 받지 말지니 곧 돈의 이자, 식물의 이자, 이자를 낼만한 모든 것의 이자를 받지 말 것이라 타국인에게 네가 꾸어주면 이자를 받아도 되거니와 네 형제에게 꾸어주거든 이자를 받지 말라"(신 23:19-20).

성서는 돈이나 곡물을 빌려주고 이자를 받는 행위만 아니라, 물건을 담보로 잡는 행위조차 금지했다. 특히 겉옷을 담보로 잡았다면 해가 지기 전에 반드시 담보물인 겉옷을 채무자에게 돌려보내라고 명령했다. 왜냐하면, 겉옷은 가난한 채무자가 밤에 덮고 잘 이불로도 사용되었기 때문이다. 그의 살과 같은 겉옷을 담보로 내준 채 알몸으로 추운 밤을 보내게 된 가난한 사람이 하나님께 호소하면 하나님께서 그 부르짖음을 반드시 들으시겠다고 했다(출 22:26-27).

절도죄 처벌 규정

성서는 사람을 훔치거나 유괴하여 팔면 반드시 죽이라고 했는데 이는 이웃의 생명을 해친 행위와 같기 때문이다(출 21:16). 이웃의 동물이

---

6) 로버트 뉴즈, 『너희는 도둑질하지 못한다』, 42-43.

나 물건에 대해서는 배상 규정을 두었다(출 22장). 훔친 짐승을 팔아버렸거나 죽었을 때 소의 경우에는 다섯 배, 양의 경우에는 네 배를 배상해야 했다. 소의 배상을 더 무겁게 한 이유는 소가 양보다 농사에 더 유익한 가축이었기 때문이다. 그리고 이웃의 훔친 짐승을 숨기고 있다가 발각되면 두 배로 배상해야 했다. 절도죄를 범한 사람이 배상할 힘이 없을 경우에는 자기 몸을 팔아서라도 배상해야 했다. 물론 시대가 변하면서 배상의 내용이 약간씩 바뀌기는 했다. 빼앗은 물건에 5분의 1을 더하여 갚으라는 규정이 있는가 하면(민 5:7), 일곱 배로 갚을 것을 요구하는 규정도 있다(잠 6:30-31).

이슬람 사회는 유대 사회보다 절도죄를 훨씬 더 심각하고 무거운 죄로 다룬다. 이슬람 사회에서는 절도죄를 저지른 초범의 경우 오른팔목을 절단하고, 재범의 경우 왼쪽 발목을, 3범의 경우 왼쪽 팔목을 그리고 4범 이상의 경우에는 태형에 처하거나 투옥시킨다. 그렇다면 유대 사회는 왜 절도죄를 처벌하는 데 있어 이슬람 사회에 비해 관대하게 처분 했을까? 첫째, 이웃의 물건을 훔치는 사람들 대부분이 경제적으로 궁핍한 처지에 있다는 사실을 고려했기 때문으로 짐작할 수 있다.[7] 배고파 빵을 훔친 장발장 같은 가난한 사람들의 생계형 좀도둑에 대해서는 정상을 참작했던 것이다. 둘째, 비록 도둑이라 하더라도 목숨이 재물보다는 훨씬 더 소중한 가치라고 생각했기 때문이다. 절도죄와 관련한 규정 가운데 밤중에 도둑을 막다 죽이면 정당방위로 인정하였지만, 대낮에 그런 일이 생기면 살인죄로 처벌한 이유가 바로 그 때문이다(출 22:2-3). 밤에는 불가항력이지만 대낮에는 얼마든지 도둑의 목숨을 빼앗지 않고서도 자기 재산을 지킬 수 있다고 보았기 때문이다. 자기

---

7) 박준서, 『십계명 새로보기』 (한들출판사, 2001), 140-141.

재산을 지키겠다고 남의 목숨까지 빼앗는 행위를 허용하지 않았는데 이는 사람의 생명은 비록 도둑의 목숨이라도 물건과는 비교할 수 없는 절대적 가치를 가지고 있다고 생각했기 때문이다.

공동체적 소유 관념

자본주의 사회에서 도둑질 금지 계명은 사적 소유권을 정당화하고, 사유재산의 신성불가침성을 옹호하는 신학적 토대로 이해되고 있다. 그런데 고대 유대 사회에 사적 소유권 개념은 아예 존재하지도 않았고, 사유재산이 신성불가침의 절대 권리라고도 생각되지 않았다. 오히려 유목 사회였던 고대 유대 사회에서 우물이나 목초지, 가축 같은 주요 재화는 개인의 재산이 아닌 공동체의 재산으로 간주되었다. 이스라엘 백성이 광야생활을 끝내고 가나안 땅에 정착한 후에도 토지는 씨족이나 부족이 공동으로 소유하는 재산이었지 결코 개인의 소유물이 아니었다 (민 27:1-11; 신 19:14 등).

사적 소유를 인정하지 않는 공동체적 사회에서 이 계명의 근본 목적은 공동체로부터 개인의 재산을 보호하는 데 있었다기보다는 공동체의 재산을 사유화 하려는 부도덕한 행위를 막으려는데 있었다고 보아야 한다.[8] 공동체의 재산을 사유화하려는 사람들 때문에 공동체 구성원의 삶의 질이 떨어지고, 공동체가 위기에 빠질 수 있었기 때문이다. 여호수 아서의 '아간 이야기'는 바로 그러한 가정을 뒷받침해 준다(수 7:1-26). 당시 이스라엘 사람들은 전리품을 공동체의 재산으로 간주했다. 그런 데 사욕에 사로잡힌 아간이 전리품 가운데 일부 인 외투와 금덩이를

---

8) 로버트 뉴즈, 『너희는 도둑질하지 못한다』, 18-19.

사유화했다. 그 일로 말미암아 이스라엘은 쉽게 이길 수 있을 것으로 예상했던 전투에서 크게 패하고 말았다. 공동체의 재산을 도둑질한 개인으로 말미암아 공동체 전체가 위기에 빠지고 말았다.

유대 사회가 소유권을 공동체적 관점에서 보았다는 사실은 배고파 굶주린 사람에게 이웃의 과수원이나 밀밭에 들어가 급한 허기를 채울 수 있도록 허락한 데에서도 확인할 수 있다. 허기진 사람은 판매할 목적이 아니라면 주인의 허락 없이도 남의 밭이나 과수원에 들어가 굶주린 배를 채울 권리를 보장받았다. 다만 낫을 대고 바구니에 담는 것은 허락하지 않았는데 그 같은 행위는 절도죄에 해당했다.

"네 이웃의 포도원에 들어갈 때에는 마음대로 그 포도를 배불리 먹어도 되느니라 그러나 그릇에 담지는 말 것이요 네 이웃의 곡식밭에 들어갈 때에는 네가 손으로 그 이삭을 따도 되느니라. 그러나 네 이웃의 곡식밭에 낫을 대지는 말지니라"(신 23:24-25).

소유에 대한 유대 사회의 공동체적 관념은 추수 때 이삭을 일부 남기도록 한 규정에도 나타난다. 성서는 추수할 때 곡식과 포도 열매의 일부는 반드시 고아나 과부, 거류민들을 위한 몫으로 따로 떼어 놓으라고 명령했다.

"너희가 너희의 땅에서 곡식을 거둘 때에 너는 밭모퉁이까지 다 거두지 말고 네 떨어진 이삭도 줍지 말며 네 포도원의 열매를 다 따지 말며 네 포도원에 떨어진 열매도 줍지 말고 가난한 사람과 거류민을 위하여 버려두라"(레 19:9-10).

룻기를 보면, 보아스가 모압 여인 룻에게 자기 밭에서 이삭을 줍도록 허락할 뿐만 아니라, 일꾼들에게 일러 일부러 곡식 단에서 이삭을 떨어뜨리라고 명령하고 있다(룻 2장). 이런 너그러운 행위들 덕분에 유대 사회에서 고아와 과부 그리고 거류민 같은 가난한 사람들이 구걸하지 않고서도 생계를 유지해 갈 수 있었던 것 같다.

소유에 관한 공동체적 관점이 가장 잘 나타난 것은 면제년(안식년)과 희년 제도다(레 25장). 희년이 되면 채무자의 모든 빚은 무조건 탕감되고, 종살이 하던 노예는 해방되며, 어쩔 수 없이 팔았던 땅도 원래의 소유자에게 조건 없이 되돌려졌다. 그렇게 함으로써 백성들 사이에 소유 관계가 다시 평등해질 수 있었다. 말하자면, 안식년과 희년 제도는 경제적 불평등에서 생겨나는 온갖 유형의 사회적 불평등 문제를 해소하려는 유대 사회의 노력이었다. 그렇게 함으로써 하나님께서 언약 백성에게 약속하신 '너희 중에 가난한 자가 없으리라'(신 15:4)는 공동체의 꿈이 실현될 수 있다고 믿었다.

소유에 대한 공동체적 생각은 신약 시대 초기 기독교 예루살렘 공동체에 다시 등장했음을 사도행전에서 읽을 수 있다. 사도행전은 예루살렘 공동체에서 물건을 서로 통용하고 제 소유를 제 것이라 주장하지 않음으로써 '핍절한 사람이 없는'(신 15:4) 언약 공동체의 꿈이 실현되었다고 증언하고 있다.

"믿는 무리가 한마음과 한뜻이 되어 모든 물건을 서로 통용하고 제 재물을 조금이라도 제 것이라 하는 이가 하나도 없더라 사도들이 큰 권능으로 주 예수의 부활을 증거하니 무리가 큰 은혜를 얻어 그 중에 핍절한 사람이 없으니 이는 밭과 집 있는 자는 팔아 그 판 것의 값을 가져다가 사도들

의 발 앞에 두매 저희가 각 사람의 필요를 따라 나눠줌이더라"(행
4:32-35).

청지기 윤리

유대 사회에서 공동체적 소유 관념이 형성될 수 있었던 데에는 유목
사회라는 환경적 조건만 아니라 신학적 이유도 작용했다. 말하자면 인
간이 가진 모든 소유는 본래 하나님의 것이라고 생각했기 때문이다.

"땅과 거기 충만한 것과 세계와 그 가운데에 사는 자들은 다 여호와의
것이니라"(시 24:1).

"이는 삼림의 짐승들과 뭇 산의 가축이 다 내 것이며 산의 모든 새들도
내가 아는 것이며 들의 짐승도 내 것임이로다 내가 가령 주려도 네게
이르지 아니할 것은 세계와 거기에 충만한 것이 내 것임이로다"(시
50:10-12).

사람이 가진 모든 소유의 원소유자는 하나님이시다. 왜냐하면 그분
은 세상에 존재하는 모든 것을 창조하신 분이기 때문이다. 따라서 사람
이 소유하고 있는 것들은 하나님께서 주신 선물로 생각되어야 하며,
살아있는 동안 사람은 그것에 대한 사용권을 가질 뿐이다. 사람의 소유
가 자기 것이 아니라는 또 다른 근거는, 그가 죽을 때에 아무것도 가져갈
수 없다는 사실이다. "우리가 세상에 아무것도 가지고 온 것이 없으매
또한 아무것도 가지고 가지 못하리라"(딤전 6:7).

따라서 인간은 하나님으로부터 선물로 받은 소유물을 살아있는 동안 선하고 바르게 사용해야 할 도덕적·신앙적 의무를 가진다. 예수께서 '달란트 비유'(마 25:14-30)를 통해 가르치고자 했던 교훈도 바로 그것이었다. 인간은 청지기로서 선물로 받은 재물과 시간과 재능을 하나님과 이웃을 위해 선하게 사용해야 한다.

유대 사회에서 십일조는 인간의 소득과 소유가 하나님의 것임을 고백하는 상징적인 신앙 행위였다(레 27:30; 말 3:8). 특히, 매 3년째마다 드리는 십일조는 구제를 위한 것으로서 당시 사회적 약자였던 레위인, 고아와 과부 그리고 나그네를 위해 사용해야 할 헌물이었다(신 14:28-29; 26:12-15 등). 이러한 사실을 통해 우리는 십일조가 본래 종교적 의미만 아니라 사회적 의미도 지니고 있었음을 알 수 있다. 십일조를 강조하는 한국교회가 십일조의 성서적 의미를 제대로 실천하려면 십일조를 '바치는' 일만 아니라 성서의 뜻에 따라 바르게 '사용하는' 일도 강조해야 한다. 십일조의 신앙적 의미만 아니라 사회적 의미도 강조해야 한다.

좀 도둑과 큰 도둑

유대 사회가 소유에 대해 가졌던 공동체적 관점에서 볼 때, 도둑질 금지 계명의 의도는 부자의 소유권 보호보다는 가난한 사람의 생존권 보호에 있다고 보아야 한다. 그런데 세월이 흐르면서 그 반대의 일이 벌어졌다. 루터가 『대교리문답서』에서 탄식했듯이, '큰 도둑'은 공공연하게 물건을 훔치고 빼앗아도 비난은커녕 존경을 받지만, '좀 도둑'은 작은 것을 훔치더라도 수치와 형벌을 받는 사회로 변했다.9)

성서에 나타난 부자들에 의해 저질러지는 대표적인 절도 행위가 하루 벌어 먹고사는 날품팔이 노동자들의 품삯을 가로채는 행위였다. 성서는 날품팔이 노동자에게, 그가 동포이건 이방인이건 상관없이, 해가 지기 전에 반드시 품삯을 지불해주라고 명령한다. 품꾼에게 정당한 품삯을 지불하지 않는 행위를 절도이며 동시에 학대 행위로 보았다.

"곤궁하고 빈한한 품꾼은 너희 형제든지 네 땅 성문 안에 우거하는 객이든지 그를 학대하지 말며 그 품삯을 당일에 주고 해 진 후까지 미루지 말라 이는 그가 가난하므로 그 품삯을 간절히 바람이라 그가 너를 여호와께 호소하지 않게 하라 그렇지 않으면 그것이 네게 죄가 될 것임이라"(신 24:14-15).

"불의로 그 집을 세우며 부정하게 그 다락방을 지으며 자기의 이웃을 고용하고 그의 품삯을 주지 아니하는 자에게 화 있을진저"(렘 22:13).

둘째, 부자들이 저지르는 또 다른 형태의 절도 행위는 불공정 상행위였다. 예언자들은 거짓 저울을 사용하는 일, 곤궁에 처한 사람의 어려운 처지를 이용해 돈을 버는 일, 싸구려 물건을 속여 폭리를 취하는 상행위를 비판했다.

"가난한 자를 삼키며 땅의 힘없는 자를 망하게 하려는 자들아 이 말을 들으라 … 에바를 작게 하고 세겔을 크게 하여 거짓 저울로 속이며 은으

---

9) 헤르베르트 고르닉 편, 이정배 역, 『나는 주 너희의 하나님이다: 십계명의 현대적 이해』 (다산글방, 2000), 129-130.

로 힘없는 자를 사며 신 한 켤레로 가난한 자를 사며 찌꺼기 밀을 팔자 하는도다"(암 8:4-6).

셋째, 부자들이 교묘하게 저지르는 도둑질의 또 다른 유형은 가난한 사람들의 고혈을 짜내는 부당한 조세 제도였다.

"너희가 힘없는 자를 밟고 그에게서 밀의 부당한 세를 거두었은즉 너희가 비록 다듬은 돌로 집을 건축하였으나 거기 거주하지 못할 것이요 아름다운 포도원을 가꾸었으나 그 포도주를 마시지 못하리라"(암 5:11).

유감스럽게도 유대 사회에서 동포에 대해 이자를 받아서는 안 된다는 명령은 잘 지켜지지 않았던 것 같다. 그래서 바벨론에서 귀환한 느헤미야는 유대 귀족들을 불러 모아 그들이 계명에 어긋나게 동포에게 돈과 곡식을 빌려주고, 심지어 빌려준 것에 대한 이자로 받은 것을 돌려주라고 명령한다(느 5:11).

구약성서에서 예언자들이 비판했던 '큰 도둑'에 의한 각종 형태의 도둑질이 현대 사회에서도 형태만 바뀌었을 뿐 여전히 사라지지 않고 있다. 현대 사회에서 소유에 대한 공동체적 관념이 약화되고, 소유에 대한 탐욕이 더 커지면서 권력과 부를 지닌 힘 있는 사람들의 도둑질의 형태는 더 교묘하고 조직화 되고 있다.

첫째, 가난한 노동자의 임금 착취나 임금 체불이 개선되지 않고 있다. 최근 취업난이 심화되면서 취업 준비생의 열정을 빌미로 무급 또는 최저 시급에도 못 미치는 월급을 주면서 노동력을 착취하는 '열정 페이'는 도둑질의 한 형태로 볼 수 있다. 부자들에 의해 저질러지는 또 다른 도둑질은 일을 시키고도 월급을 제 때 주지 않거나 떼어 먹는 일이다. 2014년 30만 명에 달한 것으로 알려진 우리나라 체불 임금자의 수치는 일본의 여섯 배에 이르는데, 두 나라의 경제 규모까지 고려할 때 무려 15배에 이른다고 한다.[10]

둘째, 오늘날 우리 사회에는 성서 시대와 비교할 때 방법이 더 교묘하고 규모가 더 큰 불공정 상행위가 벌어지고 있다. 특히 대기업과 중소기업 간의 불공정 상행위는 쉽게 해결되지 않고 있는 문제다. 부당하게 거래를 거절하거나 차별적으로 대하는 행위, 부당하게 경쟁자를 배제하는 행위, 경쟁자의 고객을 자기와 거래하도록 유인하거나 강제하는 행위, 우월적 지위를 이용하여 상대방과 거래하는 행위, 특수 관계에 있는 회사에 인력을 제공하거나 현저히 유리한 조건으로 거래하여 간접 지원하는 등의 불공정 상행위가 개선되지 않고 있다.

셋째, 2014년 말 연말정산('13월의 세금폭탄')을 둘러싼 조세 논쟁에서 보았듯이 우리 사회의 조세 제도가 제 역할을 하지 못하고 있다. 재분배 정책에 필요한 조세 제도가 제 기능을 하지 못함으로써 소득 불평등은 물론 자산 불평등까지 더 커지고 있다. 그 동안 정부는 경제 활성화를 위해 기업의 법인세나 개인의 자산 관련 세금은 줄여주는 대신에 개인의 소득세를 꾸준히 올렸다. 그 결과 중산층과 저소득 계층의 세 부담 증가율이 고소득 계층의 세 부담 증가율보다 훨씬 높아져 조세 불평등 문제가 심각해지고 있다.[11]

---

10) "일본의 6배" 「국민일보」 2015년 2월 12일.
11) 우리나라 통계청의 '2014년 가계 금융·복지 조사'를 보면 최근 2년 사이에 소득 중간층(40-60%)인 3분위의 세금 부담 증가율이 고소득층의 3.1배나 되는 것으로 나타났다. 참고: "세금 증가율 '부자의 3배'… 중산층 분노 이유 있었다" 「서울신문」 2015년 1월 23일.

넷째, 큰 도둑들은 힘없고 가난한 사람들을 상대로 도둑질하는 것 외에도 국가를 상대로 국민의 혈세와 재산을 도둑질하는 경우가 많다. 세금 도둑질, 곧 각종 형태의 세금 낭비나 공금 횡령, 정부 보조금 횡령 그리고 공금유용의 관행이 공무원들이나 정부 보조를 받는 각종 단체는 물론 정부와 유착관계에 있는 기업들에 의해 끊임없이 생겨나고 있다.

경제 정의

한 사회에서 가난한 사람이 한 둘이 아니라 다수가 되고, 가난의 해결이 개인적 자선이나 구제를 통해 해결할 수 없는 구조적 문제라는 사실이 드러날 때, 가난 문제는 더 이상 개인 문제가 아닌 사회 문제가 된다. 최근 들어 우리나라의 저성장 경제 속에서 '고용 없는 성장'이 지속되면서 상대적 빈곤만 아니라 절대적 빈곤도 새로운 사회적 이슈로 부각되고 있다. 경제성장이 멈추면서 실업자가 늘고, 양질의 일자리까지 줄어들면서 열심히 일해도 먹고살기 힘든 근로 빈곤층(working poor) 수가 점점 많아지고 있다. '송파 세 모녀 자살사건'(2014년 3월)에서 볼 수 있듯이, 국민소득 3만 불에 가까운 우리 사회에 매일 생계를 위협 받는 절대 빈곤층이 여전히 존재하고 있다.

소수에 의한 부의 독점과 그로 말미암은 사회적 갈등 문제는 예나 지금이나, 전 세계 어느 사회에서나 다르지 않다. 일찍이 예언자 이사야는 온 땅을 독차지하려는 부자들의 탐욕을 이렇게 고발했다.

"가옥에 가옥을 이으며 전토에 전토를 더하여 빈틈이 없도록 하고 이 땅 가운데에서 홀로 거주하려 하는 자들은 화 있을진저"(사 5:8).

우리나라의 소득 불평등 수준은 세계 최상위권으로 알려져 있다.12) 이 같은 소득 불평등 현상은 우리사회가 그동안 줄곧 추진해 왔던 성장 중심의 경제 체제에 그 원인이 있다. 우리나라는 '낙수 효과'(trick-le-down effect) 이론에 기초하여 분배보다는 성장, 형평성 보다는 효율성 중심의 경제정책을 추진해 왔다. 하지만 높은 경제 성장률을 달성했음에도 불구하고 하위계층의 소득은 늘어나지 않았으며, 경제적 불평등은 오히려 커지고 말았다. 그 이유를 장하성은 『한국 자본주의』에서 한국 경제가 고용과 임금 그리고 분배가 없는 '3무(無)' 경제 구조로 바뀌었기 때문으로 분석한다.13) 경제가 성장했음에도 불구하고 고용이 악화되고, 임금이 늘지 않고, 소득분배가 악화되는 현실은 경제 정의에 대한 사회적 논쟁을 불러 일으키고 있다.

가난한 사람들을 돌보아야 하는 교회가 경제 정의에 관심하고 정치적 논의에 참여해야 하는 이유는 여럿이다. 먼저, 가난이 생존권을 위협하고 자유를 제한함으로써 하나님의 형상으로 창조된 인간의 존엄성마저 파괴하기 때문이다. 둘째, 이 같은 비인간적인 가난이 개인의 게으름 때문이 아니라 불의한 사회 구조에 의해 조장되는 경우가 많기 때문이다. 열심히 일하는데도 먹고 살기 힘든 워킹푸어 족이 늘어나는 문제는

---

12) 얼마 전 프랑스 파리경제대학이 발표한 세계 상위소득 데이터베이스에 따르면, 2012년 말 현재 우리나라 소득 상위 1% 인구는 국민 전체 소득의 12%를, 상위 10% 인구는 국민 전체 소득의 45%를 차지하고 있다. 이러한 추세가 지속된다면 상위 10% 소득자가 국민 전체의 소득에서 차지하는 비중이 2018년에는 50%를 넘게 되어 우리나라는 OECD 국가 중 소득 불평등이 가장 심한 사회가 될 전망이다. 참고: "한국 소득불평등, 2019년 OECD 국가 중 1위 된다", 「경향신문」 2014년 9월 12일.
13) 임금불평등 문제를 보더라도 2002년부터 2012년까지 10년 동안 연평균 경제성장률이 3.84%였으나 실질임금 증가율은 2.1%에 머물렀다. 특히 글로벌 금융위기 이후 격차가 더 커졌는데, 2008년부터 2012년까지 연평균 경제성장률은 3.2%였으나 실질임금 증가율은 0.5%에 그쳤다. 참고: 장하성, 『한국 자본주의』 (헤이북스, 2014), 35.

왜곡된 경제 시스템 때문이다. 셋째, 강요된 가난은 반드시 타파해야 할 사회악이다. 가난한 사람들에게 필요한 것은 부자들이 연말에 내놓는 자선기금이 아니라 경제 정의의 실현이다.

구약성서에서 공평과 정의는 하나님이 세상을 통치하시는 중요한 원칙들이다. "의와 공의가 주의 보좌의 기초라"(시 89:14). 그런데 노동과 자본이 이윤을 놓고 첨예하게 갈등하는 자본주의 사회에서 경제 정의를 평가하는 중요한 요소 가운데 하나는 노동자들에게 정당한 몫이 돌아가느냐에 달려 있다. 초대교회가 하나님의 정의라는 관점에서 노동자의 정당한 몫에 대해 관심을 기울이고, 그들의 권익을 옹호했던 역사를 잊어서는 안 된다.

"들으라, 부한 자들아 너희에게 임할 고생으로 말미암아 울고 통곡하라 너희 재물은 썩었고 너희 옷은 좀먹었으며 너희 금과 은은 녹이 슬었으니 이 녹이 너희에게 증거가 되며 불 같이 너희 살을 먹으리라 너희가 말세에 재물을 쌓았도다 보라 너희 밭에서 추수한 품꾼에게 주지 아니한 삯이 소리 지르며 그 추수한 자의 우는 소리가 만군의 주의 귀에 들렸느니라"(약 5:1-4).

계명의 적극적 해석

도둑질 금지 계명은 이웃에게 재산상 손해를 입혀서는 안 된다는 소극적 의미만 아니라 이웃의 소유를 보호해주어야 한다는 적극적 의미도 지니고 있다. 비록 원수의 가축이라도 길을 잃어버렸으면 반드시 주인을 찾아주며, 원수의 나귀라도 짐을 싣다 주저앉으면 일으키고,

분실물이 있으면 보관했다가 주인에게 돌려주라는 명령은 도둑질을 금지하는 이 계명의 적극적인 해석의 예를 보여준다(신 22:1-4).

이 계명은 이웃의 재산에 손해를 끼쳐서는 안 된다는 소극적 윤리에서 나아가 자기의 소유를 갖고서 어려운 형편에 있는 이웃을 돕는 적극적 윤리를 요청한다. 그래서 인색한 마음으로 손을 움켜쥐지 말고, 넓게 펼쳐 도우라고 명령한다. 만일 궁핍한 이웃이 곤경에 처해 있는 것을 보고서도 모른척 하면 도움의 손길을 펴지 않은 사람에게 죄가 된다고 했다.

"네 하나님 여호와께서 네게 주신 땅 어느 성읍에서든지 가난한 형제가 너와 함께 거주하거든 그 가난한 형제에게 네 마음을 완악하게 하지 말며 네 손을 움켜쥐지 말고 반드시 네 손을 그에게 펴서 그에게 필요한 대로 쓸 것을 넉넉히 꾸어주라"(신 15:7-8).

예수께서도 우리의 소유를 경제적으로 어려운 사람을 구제하는데 활용하라고 말씀하셨다. "너희의 소유를 팔아 구제하여 낡아지지 아니하는 주머니를 만들라 곧 하늘에 둔 바 다함이 없는 보물이니 거기는 도적도 가까이 하는 일이 없고 좀도 먹는 일이 없느니라"(눅 12:33). 예수님은 모든 계명을 다 지켰다고 자신하는 한 부자 청년에게 한 가지 부족한 일, 곧 재산을 팔아 가난한 자에게 나누어 주라고 하셨다. 말하자면 가난한 사람을 구제하는 이웃사랑의 실천은 십계명 전체의 정신을 완성하는 길이다(마 19:16-22).

바울 역시 이 계명을 해석하면서 소극적 윤리에 만족하지 않고 적극적 윤리로 해석하라고 요청했다. 즉, 우리가 남의 소유를 도둑질하지 않았다는 데 만족하지 말고, 남에게 베풀며 살라는 뜻이라고 적극적으로 해석했다.

"도둑질하는 자는 다시 도둑질하지 말고 돌이켜 가난한 자에게 구제할 수 있도록 자기 손으로 수고하여 선한 일을 하라"(엡 4:28).

심지어 초대교회 교부 요한 크리소스톰은 소유를 움켜쥐기만 하고 나누지 않는 행위를 가리켜 가난한 사람들의 몫을 빼앗는 도적질에 해당한다고까지 말했다.

"가난한 자들과 더불어 우리의 물건을 나누지 않는 것은 그들에게서 도둑질하고 그들의 목숨을 빼앗는 것과 같다. 우리가 갖고 있는 물건은 우리의 소유가 아니라 그들의 소유다."14)

루터도 『소교리문답』에서 이 계명을 적극적으로 해석하여 이렇게 가르쳤다. "할 수 있는 일이라면 이웃의 이익을 늘이며, 대접받고 싶은 대로 남을 대접하여, 곤경에 빠진 가난한 사람을 성실히 도우라."15) 이 계명에 대한 이런 적극적 해석의 전통을 이어받고 있는 기독교는 역사의 처음부터 줄곧 복음 전파와 더불어 각종 구제와 사회 봉사에 관심을 쏟았다(행 6:1-7). 기독교 선교에서 '증언(witness)과 봉사(service)'는 마치 동전의 양면처럼 항상 짝을 이루었다.

'재화'라는 영어 단어 'goods'는 형용사 '좋다'의 복수형이다. 재화를

---

14) 스탠리 하우어워스 · 윌리엄 윌리몬, 『십계명』, 168 재인용.
15) 마틴 루터, 『소교리문답』, 이장식 편역, 『기독교신조사 Ⅰ』, 125.

가리켜 '좋은 것'이라고 표현한 이유는, 우리가 재화를 나눔으로써 많은 사람을 행복하게 만들 수 있기 때문이다. 재화란 나누면 좋은 것이 되지만, 움켜쥐면 나쁜 것이 된다. 초기 기독교 사상가 가운데 한 사람인 아리스티데스(Aristides)가 주후 125년경에 기독교인을 박해하던 로마 황제 하드리안에게 보낸 기독교인 변증서에는 당시 기독교인의 소유관과 재물관이 잘 나타나 있다. 초대교회 교인들은 사유재산을 인정했지만, 그것을 자신만을 위한 것으로 생각하지 않고 가난한 사람과 '나누기 위한 것'으로 생각했다.

> "사람들은 자신에게 공정히 배분된 것조차 자신만의 소유로 여기지 않습니다. … 그들 중 가난한 사람이 죽으면 그 죽음을 발견한 사람이 누구나 자신의 능력에 따라 그를 장례해줍니다. … 그들 가운데 가난하고 궁핍한 사람이 있으면 그들의 일용품이 풍부하지 않음에도 불구하고 2-3일씩 금식하면서 그들의 일용할 양식을 가지고 가난한 사람을 돕습니다."16)

새로운 이슈들

절도죄를 금지하는 여덟 번째 계명의 적용과 관련하여 오늘날 새로운 이슈들이 등장하고 있다.

첫째, 눈에 보이지 않는 무형의 재산, 이른바 '지적 재산(권)'에 대한 이슈다. 예술가나 과학자, 지식인의 창작물이나 아이디어는 그들이 땀 흘린 대가로 얻은 소중한 재산이다. 그들의 작품을 도용하거나 표절하는 행위는 지적으로는 부정직한 행위이며, 재산상으로는 절도 행위다.

---

16) 마틴 헹엘, 이정희 역, 『초대교회의 사회경제사상』 (대한기독교서회, 1992), 76.

유감스럽게도 아직 우리 사회에서는 무형의 지적 재산의 소중함에 대한 인식이 깊지 못한 편이다.

'일등만 생존한다'는 기업 현장은 말할 것도 없고 심지어 목회 현장에서도 남의 아이디어를 훔치는 일은 자주 일어난다. 한국교회에서 목사의 설교 표절이나 도용 문제는 심각한 상황이라고 알려져 있다. 외국 목사의 설교문을 번역해서 설교하거나, 유명 목사의 설교문을 그대로 읽거나, 심지어 부목사가 써 준 설교를 자기 것 인양 설교하는 목사도 있다. 예화의 출처를 밝히지 않은 채 마치 자신의 경험인 것처럼 사용하는 목사들도 있다. 한편, 박사학위를 필요로 하는 목회자들이 많아지면서 남의 논문을 표절하거나 대필 시키는 일까지 발생하고 있다. 최근 들어 교회 성장이 지체되고, 교인의 수평 이동이 증가하며, 교회 간 경쟁이 심해지면서 이른바 '양(교인) 도둑질'이란 말까지 생겨나고 있다.

둘째, 이 계명은 '가까운' 이웃만 아니라 '먼' 이웃인 저개발 국가와의 관계에도 적용될 수 있다. 지난 세기 동안 저개발 국가의 경제 상황은 별로 개선되지 못했고, 기아에 허덕이는 절대 빈곤자 숫자도 줄지 않았다.[17] 저개발국의 절대 빈곤이 악화되는 상황에서 선진국과의 빈부 격차는 점점 더 벌어지고 있다. 짐 월리스는 1820년 세계에서 가장 부자였던 영국의 1인당 평균 소득이 세계에서 가장 가난한 지역인 사하라 이남의 아프리카보다 3배가량 높았지만, 오늘날 세계에서 가장 부유한 미국의 1인당 평균 소득은 20배 이상으로 높아졌다고 한다.[18]

---

17) 유엔식량농업기구(FAO) 자료에 따르면, 전 세계적으로 2005년 기준으로 10세 미만의 아동이 매 5초마다 1명씩 굶어 죽어가고 있다. 세계 인구의 7분의 1에 이르는 8억 5,000만 명이 심각한 만성 영양실조 상태에 있으며, 아프리카는 현재 전 인구의 36%가 굶주림에 무방비 상태에 놓여있다. 참고: 장 지글러, 유영미 역, 『왜 세계의 절반은 빈곤한가』 (갈라파고스, 2007), 18.

18) 짐 월리스, 박세혁 역, 『가치란 무엇인가: 새로운 경제를 위한 핵심 가치』 (IVP, 2011),

이 같은 저개발국의 빈곤은 상당 부분 불공정한 세계 무역 구조에 책임이 있다. 우리는 현재의 세계 무역 구조나 유통 구조가 얼마나 불공정한지를 석유 다음으로 무역량이 많은 '커피'를 예로 들어 설명할 수 있다. 민간 구호단체인 옥스팜이 분석한 커피 한 잔의 가격 구성비를 보면, 원두 생산 농가의 수입은 0.5%인 반면에 세금과 중간상의 이윤은 1.3%, 수입 업자의 이윤과 운송료가 4.4% 그리고 가공비–유통비–판매 업자의 이윤은 무려 93.8%에 이른다.[19] 이런 왜곡된 무역 구조에서 원두 생산 농가는 아무리 열심히 커피를 생산해도 가난을 벗어나기 힘들다. 이런 문제 때문에 최근 들어 시민운동단체들과 교회들을 중심으로 '공정무역'에 대한 관심이 높아지고 있다.

셋째, 이 계명은 인류의 공동 자산에 대한 현세대의 소유권만 아니라 다음 세대의 소유권에 대해서도 관심할 것을 요청한다. 인류가 소유하고 사용하는 자연 자원은 현 세대만 아니라 미래 세대를 위한 생존의 조건으로서 지구 위에 살아가게 될 모든 세대의 공동 자산이며 공동 소유다. 현 세대가 자연 자원을 어떤 상태로 미래 세대에 넘겨주느냐에 따라 미래 세대의 삶의 질이 크게 달라질 수밖에 없다. 미래 세대도 현 세대와 마찬가지로 깨끗한 물과 오염되지 않은 공기를 마실 권리가 있다. 미래 세대도 현 세대처럼 에너지를 얻기 위해 화석 원료를 사용할 수 있어야 하고, 핵 폐기물의 위험성으로부터 안전해야 한다. 현 세대가 미래 세대 때문에 일방적인 희생을 강요당해서는 안 되듯이, 미래 세대 역시 현 세대의 생활 방식에 의해 희생되어선 안 된다.[20]

이런 문제를 해결하기 위해 유엔 차원에서 제출된「브룬트란트 보고

115.
19) EBS 지식채널e, 『지식1』 (북하우스, 2007), 32-33.
20) 조용훈, 『사회이슈와 한국교회』 (북코리아, 2014), 27-29.

서」(1987)는 '지속가능성'(sustainability) 개념을 주창했다. 지속가능성이란 미래 세대의 욕구를 충족시킬 수 있는 능력을 손상하지 않는 범위 안에서 현 세대의 필요를 충족하는 삶의 방식을 가리킨다. 말하자면, 미래 세대가 최소한 현 세대만큼 살 수 있도록 보장하는 범위 안에서만 현 세대의 환경과 자연 자원의 사용이 도덕적으로 정당화될 수 있다는 의미다. 지속가능성이란 가치는 현 세대가 자연 자원에 대하여 공동 소유 혹은 공동 재산이라는 생각을 가질 때에만 비로소 실현될 수 있는 가치다.

12장
제9계명: 진실

"네 이웃에 대하여 거짓 증거 하지 말라"(출 20:16).

삶의 자리

거짓 증언을 금지하는 이 계명의 삶의 자리는 법정이었다. 고대 유대 사회에서 대부분의 소송은 마을의 성문 앞 광장이나(신 21:19; 룻 4:1; 암 5:10) 벧엘과 길갈 그리고 미스바에 있던 성소의 앞마당에서 벌어졌다(삿 4:5; 삼상 7:16; 렘 26:10). 당시 재판에서 기소자의 역할을 하는 검찰이 따로 없었기 때문에 피해자나 증인이 고소를 제기함으로써 재판이 시작되었다. 수사관도 따로 없고, 과학적 수사 기법도 발전하지 않고, 거짓말탐지기도 없을 때였으니 사건 현장에 있었던 증인들의 증언이 결정적인 판결 근거로 작용했을 것이다. 그런 상황에서 진실한 증인은 '생명의 구원자'(잠 14:25)가 되겠지만, 거짓 증인은 '방망이요 칼이요 뾰족한 화살'(잠 25:18) 같은 존재였다. 거짓 증인들로 인해 곤경에 빠진

사람들의 고통이 얼마나 심했는가는 다음 기도문을 통해 충분히 짐작할
수 있다.

"내 생명을 내 대적에게 맡기지 마소서 위증자와 악을 토하는 자가 일어
나 나를 치려 함이니이다"(시 27:12).

이처럼 법정에서의 증언이 한 사람의 목숨을 살리기도 하고 빼앗기
도 하는 절대적 요인이었기에 성서는 법정에서 거짓 증언을 엄격히 금
지한다.

"너는 거짓된 풍설을 퍼뜨리지 말며 악인과 연합하여 위증하는 증인이
되지 말며 다수를 따라 악을 행하지 말며 송사에 다수를 따라 부당한
증언을 하지 말며 가난한 자의 송사라고 해서 편벽되이 두둔하지 말지니
라"(출 23:1-3).

사형 판결의 경우 거짓 증인에 의해 피의자가 무고하게 생명을 잃을
수도 있었기 때문에, 그런 위험을 방지하기 위해 유대 사회는 '복수 증인
제'를 채택했다. 재판장이 사형 선고를 내리기 위해선 반드시 2명 이상
의 일치된 증언이 필요했다(신 19:15).

그런 견제장치가 있었음에도 불구하고 종종 무고한 사람이 억울하
게 목숨을 잃는 경우가 발생하곤 했다. 대표적인 사건 가운데 하나가
이스라엘 아합 왕에 의해 목숨을 잃은 나봇이다(왕상 21:7-10). 아합 왕
은 자신의 별장지 근처에 있던 나봇의 포도원을 탐냈다. 값을 더 얹어주
겠다고 제안했지만, 나봇은 하나님의 명령대로 조상의 유산인 토지를

팔 수 없다고 버텼다. 그러자 아합 왕의 아내 이세벨이 거짓 증인 두 사람을 매수하여, 그들로 하여금 나봇이 왕과 하나님을 저주했다고 증언하게 했다. 매수당한 두 증인의 거짓 증언 때문에 나봇은 명예와 재산만 아니라 생명까지 잃고 말았다.

예수님의 재판 때에도 거짓 증인이 등장했다. 유대 종교 지도자들에게 매수되었던 거짓 증인들은 예수께서 자신의 죽음과 부활을 두고서 '성전을 헐고 사흘 만에 다시 짓겠다'고 했던 말씀을 마치 예루살렘 성전을 두고 말한 것인 양 왜곡하여 증언했다. 결국 예수님은 신성모독 혐의를 받게 되었다(마 26:57-59; 막 14:53-65).

신약 시대 예루살렘교회의 지도자 가운데 하나였던 스데반을 처형할 때에도 거짓 증인들이 등장했다. 유대 종교 지도자들에 의해 매수된 거짓 증인들은 스데반에게서 모세의 율법과 하나님을 모독하는 말을 들었노라고 거짓 증언을 했다. 그 증언으로 말미암아 스데반은 신성모독 혐의를 받고 성 밖으로 끌려 나가 돌에 맞아 목숨을 잃게 된다(행 6-7장).

유대 사회가 거짓 증언을 얼마나 심각한 사회악이며 하나님께 대한 범죄라고 생각했는가는 거짓 증인에 대한 처벌 규정을 통해서도 확인할 수 있다. 만약 증언이 위증으로 판명되면, 재판장은 위증자를 범죄자와 동일한 형량으로 처벌했다.

"만일 위증하는 자가 있어 어떤 사람이 악을 행하였다고 말하면 그 논쟁하는 쌍방이 같이 하나님 앞에 나아가 그 당시의 제사장과 재판장 앞에 설 것이요 재판장은 자세히 조사하여 그 증인이 거짓 증거 하여 그 형제를 거짓으로 모함한 것이 판명되면 그가 그의 형제에게 행하려고 꾀한 그대로 그에게 행하여 너희 중에서 악을 제하라"(신 19:16-19).

그리고 범죄자가 사형 판결을 받게 되면, 재판에서 증언을 했던 증인으로 하여금 제일 먼저 돌을 들어 범죄자를 죽이도록 규정했다. 증인들로 하여금 자신의 거짓 증언이 얼마나 끔찍스런 결과를 가져오는지 직접 보고 느끼게 함으로써 법정에서의 진실한 증언의 중요성을 알게 하려는 목적으로 만든 제도였을 것이다.

"이런 자를 죽임에는 증인이 먼저 그에게 손을 댄 후에 뭇 백성이 손을 댈찌니라 너는 이와 같이 하여 너의 중에 악을 제할찌니라"(신 17:7).

거짓말 하지 말라

이 계명이 좁게는 법정에서의 거짓 증언을 금지하는데 목적이 있었지만, 넓게는 일상에서의 온갖 거짓말을 금지하는 데에도 목적이 있었다. 어찌 보면 거짓 증언이란 그 본질에 있어서 거짓말이며, 거짓말의 여러 유형 가운데 하나라고 볼 수 있다. 그러므로 거짓 증인이란 곧 거짓말쟁이라고도 표현할 수 있다. 그래서 성서는 여러 곳에서 거짓 증언과 거짓말을 동일한 행위로 표현하고 있다.

"너는 거짓된 풍설을 퍼뜨리지 말며 악인과 연합하여 위증하는 증인이 되지 말며"(출 23:1).

"거짓 증인은 벌을 면하지 못할 것이요 거짓말을 하는 자도 피하지 못하리라"(잠 19:5).

종교 개혁가들도 이 계명의 의도가 법정에서의 거짓 증언을 금지하는 것만 아니라 일상생활에서의 거짓말도 포괄적으로 금지하려는데 있다고 해석한다. 루터는 『소교리문답』에서 이 계명이 온갖 유형의 진실하지 못하고, 덕스럽지 못한 언어 생활을 염두에 두고 있다고 말한다.

"하나님을 두려워하고 사랑하여 이웃에게 거짓말 하거나 배신하거나 비방하거나 욕하지 말고 오직 변호하며 칭찬하며 그가 하는 모든 일을 선의로 해석할 것을 뜻한다."[1]

칼빈도 『기독교강요』에서 이 계명이 법정에서의 증언만 아니라 일상의 사사로운 대화에서 저지르게 되는 온갖 종류의 거짓말에도 동일하게 적용된다고 말한다.

"우리가 악한 의도와 험한 비방으로 이웃의 명예를 해치는 경우도 있고, 또는 거짓말과 심지어 훼방으로 이웃의 재물을 빼앗는 경우도 있는 것이다. 그러나 이 계명을 엄숙한 법적 증언에 관한 것으로 이해하든, 아니면 사사로운 대화에서 저지르는 일상적인 거짓말로 이해하든, 별 차이는 없다."[2]

일반적으로 거짓말의 유형을 거짓말을 하는 '동기'와 거짓말을 할

---

1) 마틴 루터, 『소교리문답서』, 이장식 편역, 『기독교 신조사 I』 (컨콜디아사, 1979), 71.
2) 존 칼빈, 원광연 역, 『기독교강요』 (크리스챤 다이제스트, 2003), II. viii. 47.

때의 '의식 여부'에 따라 나누어서 살필 수 있다. 먼저, 거짓말의 동기에 따라서 구분할 때, '선의의 거짓말'이 있는가하면 '악의의 거짓말'이 있다. 선의의 거짓말에는 예의상 상대방의 기분을 상하지 않게 하려는 거짓말부터 적극적으로 이웃을 이롭게 위한 거짓말까지 다양하다. 출애굽 당시 히브리 산파들은 파라오의 명령을 따르지 않고, 히브리 산모들이 건강해서 자신들이 도착하기도 전에 아기를 낳아버렸다고 거짓말했다. 명백한 거짓말임에도 불구하고 성서는 하나님께서 그들에게 '은혜를 베푸시고 복을 주셨다'고 기록하고 있다(출 1:8-22). 한편, 악의적 거짓말이란 이웃에게 해를 끼치려는 나쁜 동기에서 하는 거짓말로서 여기에는 거짓 증언을 비롯해서 무고, 중상, 모략, 험담, 비방, 조롱 등이 포함된다.

다음으로, 거짓말을 하는 사람의 의식 상태에 따라서 '의식적 거짓말'과 '무의식적 거짓말'로 나눌 수 있다. 의식적 거짓말이란 이웃으로부터 부당한 이득을 취하거나 해를 끼치려는 목적 아래 계획적으로 거짓말을 지어내는 경우다. 사기꾼의 거짓말이나 해를 끼칠 목적으로 하는 거짓 증언과 의도적인 무고가 여기에 해당할 것이다. 한편, 무의식적 거짓말이란 의도성 없이 순간적이고 계획 없이 하는 거짓말이다. 예를 들면, 아브라함이 기근을 피해 애굽에 내려갔다가 자기 아내를 누이라고 거짓말한 경우다. 애굽 사람이 자기 아내의 미모 때문에 혹시 자신을 죽이고 아내를 빼앗을지 모른다고 겁을 먹어서 임기응변으로 했던 거짓말이다(창 12장; 20장). 비록 무의식적 거짓말에 대하여 의식적 거짓말처럼 비난할 수는 없더라도, 그 거짓말로 말미암아 엉뚱하게 피해를 입는 사람이 생길 수 있다는 점에서 도덕적으로 정당화되기 어렵다(창 12:19; 20: 9-10).

거짓말 경연장

'양심에 따라 숨김과 보탬이 없이 사실 그대로 말하고, 만일 거짓말이 있으면 위증의 벌을 받기로 맹세합니다.' 법정에 선 증인은 증언에 앞서 재판장에게 진실만을 말하겠다고 엄숙히 선서한다. 그렇게 맹세를 하고도 법정은 금방 거짓말 경연장으로 변해 버린다. 심지어 성경 위에 손을 얹고 '하나님 앞에서 진실만을 말할 것을 맹세합니다'라고 선서하는 미국 법정에서조차 상황은 크게 다르지 않다. 마이클 코넬리는 소설 『탄환의 심판』에서 주인공의 입을 통해 마치 거짓말 경연장처럼 변해 버린 우리 시대 법정의 현실을 이렇게 비판한다.

"누구나 거짓말을 한다. 경찰도 거짓말을 하고, 변호사도 거짓말을 하고, 증인도 거짓말을 하고, 피해자도 거짓말을 한다. 재판은 거짓말 경연장이다. 법정 안의 모든 사람들도 그 사실을 알고 있다. 판사도 알고, 심지어 배심원도 안다."[3]

진실을 증언하겠다고 맹세하는 법정에서 조차 상황이 이 지경이니 이해관계가 첨예하게 부딪치는 일상에서 진실을 기대하는 것은 훨씬 더 어려운 일이 되고 말았다. 특히, 정치 현장은 다른 어느 현장보다 거짓말이 난무하는 곳이며, 정치인은 거짓말쟁이의 대명사가 되었다. 경제 현장도 상황은 마찬가지다. 온갖 상업 광고들은 과장과 허위의 거짓말들로 가득 차 있으며, 온갖 유형의 상품 거래는 거짓말로 가득하다. 진리를 탐구하는 학문 세계나 진실을 전해야 할 언론도 거짓으로

---

3) 마이클 코넬리, 김승욱 역, 『탄환의 심판』 (알에이치코리아, 2012), 11.

오염되고 있으며, 현대인의 중요한 의사소통의 장인 온라인에는 수많은 거짓들이 난무하고 있다. 심지어 진실의 최후 보루가 되어야 할 종교 지도자들마저 거짓말을 일삼으며, 거룩한 설교단은 진리의 선포에서 점차 멀어져 가고 있다. 미국의 심리학자 로버트 펠드먼이 관찰한 결과 사람들은 10분 동안 적어도 세 번의 거짓말을 하는 것으로 알려졌다.[4] 인간이 태생적으로 거짓말쟁이라는 사실은 어린 아이들조차 부모에게 거짓말을 하는 데서 금방 알 수 있다. 그런데다가 '정직하면 손해'라는 생각이 지배적인 부정직한 사회이다 보니 '거짓 증거 하지 말라'는 계명은 공허한 메아리처럼 들리기 마련이다.

거짓말의 심각성

예언자들은 거짓말을 가볍게 다루지 않고 살인이나 간음, 도둑질만큼 심각하고 가증스런 죄악으로 생각하였다. 그래서 살인죄나 간음죄를 언급하는 자리에서 거짓말도 한 묶음으로 언급한다.

"이스라엘 자손들아 여호와의 말씀을 들으라 여호와께서 이 땅 주민과 논쟁하시나니 이 땅에는 진실도 없고 인애도 없고 하나님을 아는 지식도 없고 오직 저주와 속임과 살인과 도둑질과 간음뿐이요 포악하여 피가 피를 뒤이음이라"(호 4:1).

"너희가 도둑질하며 살인하며 간음하며 거짓 맹세하며 바알에게 분향하며 너희가 알지 못하는 다른 신들을 따르면서 내 이름으로 일컬음을 받는

---

4) 로버트 펠드먼, 이재경 역, 『우리는 10분에 세 번 거짓말 한다』 (예담, 2010).

이 집에 들어와서 내 앞에 서서 말하기를 우리가 구원을 얻었나이다 하느 냐"(렘 7:9).

다윗은 시편 15편에서 주님의 장막에 머무르며, 주님의 거룩한 산에 살 수 있는 사람의 열한 가지 조건 가운데 무려 네 가지를 진실한 언어 생활에서 찾고 있다. 즉 '마음으로 진실을 말하는 사람', '혀를 놀려 남의 허물을 들추지 않는 사람', '이웃을 비방하지 않는 사람' 그리고 '맹세한 것은 자신에게 손해가 되더라도 지키는 사람'이다(시 15:1-5). 잠언의 지혜자도 거짓말을 가리켜 여호와께서 '미워하시고 싫어하시는 일'이 라고 말한다. 잠언의 지혜자는 여호와께서 미워하시는 악행으로 일곱 가지를 열거 하는 데 그 가운데 무려 세 가지가 거짓말과 관련되어 있다.

"여호와의 미워하시는 것 곧 그 마음에 싫어하시는 것이 육칠 가지니 곧 교만한 눈과 거짓된 혀와 무죄한 자의 피를 흘리는 손과 악한 계교를 꾀하는 마음과 빨리 악으로 달려가는 발과 거짓을 말하는 망령된 증인과 및 형제 사이를 이간하는 자니라"(잠 6:16-19).

신약성서에서 예수님은 거짓 증언과 비방을 가리켜 살인이나 간음 과 동일하게 악한 마음의 뿌리에서 나와 사람을 더럽게 하는 악행이라 고 하셨다.

"마음에서 나오는 것은 악한 생각과 살인과 간음과 음란과 도둑질과 거 짓 증언과 비방이니 이런 것들이 사람을 더럽게 하는 것이요 씻지 않은 손으로 먹는 것은 사람을 더럽게 하지 못하느니라"(마 15:19-20).

기독교 초기 예루살렘교회에서 아나니아와 삽비라는 땅을 판 대금의 일부를 숨겨두고 나머지만 바쳤다가 목숨을 잃었다. 그 일을 두고 베드로는 성령을 속이는 일이며, 사람에게 한 거짓말이 아니라 하나님에게 한 거짓말이라고 책망했다(행 5:4). 예루살렘교회가 그만큼 신자들의 거짓말을 무겁게 다루었음을 알 수 있다. 사도 요한도 거짓말을 일삼는 자를 살인자와 우상숭배자와 같은 부류의 악인으로 보면서, 그들은 모두 하나님의 나라에 들어갈 수 없다고 경고하였다.

> "무엇이든지 속된 것이나 가증한 일 또는 거짓말하는 자는 결코 그리로 들어가지 못하되 오직 어린 양의 생명책에 기록된 자들만 들어가리라" (계 21:27).

> "개들과 점술가들과 음행하는 자들과 살인자들과 우상 숭배자들과 및 거짓말을 좋아하며 지어내는 자는 다 성 밖에 있으리라"(계 22:15).

진실하신 하나님

성서가 왜 거짓 증언과 거짓말을 심각한 악으로 다루었을까? 그 이유는 거짓 증언과 거짓말이 진실하신 하나님의 성품에 어긋나며, 이웃에게 상처를 주고, 언약 공동체를 위태롭게 만든다고 생각했기 때문이다.
첫째, 하나님은 진실하셔서 거짓말을 하지 않으시며, 거짓(말)과 함께하시지 못한다.

> "하나님은 사람이 아니시니 거짓말을 하지 않으시고"(민 23:19).

"이스라엘의 지존자는 거짓이나 변개함이 없으시니 그는 사람이 아니시
므로 결코 변개하지 않으심이니이다"(삼상 15:29).

"거짓 행하는 자가 내 집 안에 거하지 못하며 거짓말하는 자가 내 목전에
서지 못하리로다"(시 101:7).

진실하신 하나님과 달리 마귀의 성품은 거짓이며, 마귀는 '거짓말쟁
이'요, 모든 '거짓의 아비'다(요 8:44). 예수께서는 자기를 해치려는 유대
인들을 향해 너희는 마귀에게서 난 자식들로서 너희 아비를 닮아 거짓
말쟁이라고 비판하셨다.

둘째, 거짓 증언이나 거짓말은 하나님의 거룩하신 이름을 더럽히기
때문이다. 고대 유대 사회에서 재판장은 증인에게 진실성을 담보하기
위해 하나님의 이름을 걸고 맹세하기를 요구했으며, 지금도 여러 법정
에서 하나님의 이름으로 증언한다. 만약 증인이 하나님의 이름으로 맹
세하고서도 거짓 증언을 한다면, 그것은 신성한 재판정을 모독할 뿐만
아니라 증인이신 하나님을 거짓말쟁이로 만드는 셈이다. 이런 행동은
'네 하나님 여호와의 이름을 망령되게 부르지 말라'는 제3계명까지 범하
는 죄가 된다.

"너희는 도둑질하지 말며 속이지 말며 서로 거짓말하지 말며 너희는 내
이름으로 거짓 맹세함으로 네 하나님의 이름을 욕되게 하지 말라"(레
19:11-12).

셋째, 거짓말은 이웃의 재산과 명예에 해를 끼침으로써 언약 공동체

의 갈등과 분열을 가져오기 때문이다. 어떤 공동체든 구성원 서로간의 신뢰 위에서만 세워지고 유지될 수 있다. 신뢰는 모든 형태의 인간관계와 사회관계의 필수조건이다. 그런데 인간관계와 사회관계에서 신뢰를 형성하는 가장 근본 되는 요소는 바로 언어의 진실성이다. '믿음'(信)이란 한자어에서 볼 수 있듯이, 신뢰란 사람(人)의 말(言)에 진실성이 있을 때라야 생겨난다. 거짓말이 넘쳐나고 유언비어가 난무하는 '불신사회는 존립하기 어렵다'(無信不立)는 것이 동서고금의 진리다.

유감스럽게도 우리 사회가 서로를 불신하는 사회라는 부끄러운 자료가 있다. 다른 나라와 비교해 볼 때, 우리나라는 고소와 고발 그리고 위증죄와 무고죄가 많은 편에 속한다고 한다. 2013년 경찰과 검찰에 접수된 고소·고발은 대략 70만 건으로, 이는 인구 1만 명당 73건이다. 이 수치는 우리나라와 법 체계가 비슷한 일본과 비교할 때 60배 이상 많다. 그런데도 기소율은 고작 20%에 불과해서 행정 낭비와 국민 불편이 심하다고 한다.[5]

진실과 사실

거짓 증언이나 거짓말을 금지하는 이 계명의 관심이 진실 문제를 추상적이고 원론적으로 다루려는 데 있다고 볼 수 없다. 사실 일상생활에는 도덕적 판단을 내리기에 곤란한 거짓말들이 적지 않다. 보고 들은 것을 사실대로 말하기 곤란할 때가 많다. 이는 있는 그대로 사실을 말하는 것이 곧 진실을 말하는 것이라고 생각할 수 없기 때문이다. 성서는 여리고성의 기생 라합이 유대 정탐꾼을 숨겨주면서 거짓말 한 일을 가

---

5) "고소-고발 공화국", 「국민일보」 2014년 12월 13일.

리켜 '믿음의 행위'요 '의로운 행위'라고 칭찬했다(히 11:31; 약 2:25). 이것을 통해 우리는 언어 생활에서 진실과 거짓을 판단하는 기준이 사실 자체에 있는 것이 아님을 알 수 있다.

기독교에서 생각하는 언어의 진실성이란 객관적 사실 여부를 넘어선 윤리적인 차원에 속한다. 즉 진실한 언어란 사실을 있는 그대로 폭로하여 상처를 주는 것이라기보다는 이웃에게 유익을 주며, 이웃과의 관계를 증진시킬 수 있는 '윤리적인' 언어다. 그래서 루터는 이 계명을 해석하면서 우리의 언어 생활에서 진실이란 '이웃을 유익하게 하는 말'이라고 말한다.

> "아무에게도 해를 끼치지 않고 모든 사람에게 유익을 주는 평화적이고 건전한 혀가 하는 말이 진리이며 순수한 것이다. 거기에는 이웃의 명예, 권리, 소유 그리고 행복에 대한 침묵할 것과 말할 것에 관한 모든 것이 들어있다."6)

언어 생활과 영성

기독교를 '말씀의 종교'라고 표현하는 데서도 알 수 있듯이, 기독교는 언어를 매우 중요하게 생각하는 종교다. 기독교 신학에서 언어란 하나님께서 자신을 계시하시는 핵심적 수단으로 생각되기 때문에 언어의 신뢰가 무너지면 기독교 진리 전체가 흔들릴 수 있다. 한편, 언어는 인간 사회에서 서로 소통하는 수단이며 공동체 형성에 필수적 요소다. 구약

---

6) 김용규, 『데칼로그: 십계, 키에슬로프스키 그리고 자유에 관한 성찰』 (바다출판사, 2002), 292. 재인용.

성서의 '바벨탑 이야기'는 언어의 혼란과 그로 말미암은 소통의 단절이 공동체에 어떤 파괴적 결과를 가져오는지 잘 보여주고 있다(창 11:1-9). 이런 신학적이고 사회적인 이유 때문에 기독교는 신자들의 진실한 언어 생활을 매우 중요하게 다룬다. 뿐만 아니라 신자들의 언어 생활은 영성 생활과도 밀접히 관련되어 있다.

첫째, 한 사람의 언어는 그 사람 내면의 영적 상태를 보여준다. 예수께서는 사람의 말이란 마음 깊은 곳에 숨겨 있는 것이 밖으로 무심결에 튀어나온 것으로 보신다(마 15:17-20). 그래서 우리는 사람의 언어 생활을 통해 그 사람의 인격과 신앙을 짐작할 수 있게 된다.

둘째, 혀를 다스리는 일은 신자들의 영적 훈련에 있어 중요한 과제다. 사람의 말은 엄청나게 큰 힘을 가지고 있다. 야고보의 표현대로, 혀는 '불'(火)과 같아서 온 몸을 더럽히고 삶의 수레바퀴를 불사른다(약 3:6). 길들여지지 않은 혀는 '쉬지 않는 악이요, 죽이는 독'(약 3:7-8)과 같다. 따라서 경건한 삶을 살아가고자 하는 신자들은 무엇보다 혀를 재갈 물리는 영적 훈련을 해야 한다. 그렇지 않으면 그의 경건 생활은 쉽게 무너질 수 있기 때문이다.

"누구든지 스스로 경건하다 생각하며 자기 혀를 재갈 물리지 아니하고 자기 마음을 속이면 이 사람의 경건은 헛것이라"(약 1:26).

언어의 진실성과 덕스러움

바울은 신자들의 바람직한 언어 생활에 관하여 두 가지 지침을 제시했는데, 하나는 진실성이며, 다른 하나는 덕스러움이다.

"그런즉 거짓을 버리고 각각 그 이웃과 더불어 참된 것을 말하라 이는 우리가 서로 지체가 됨이라"(엡 4:25).

참된 말 곧 진실한 말이란 거짓이나 과장이 없이 사실에 부합하는 말일 뿐만 아니라 행동과도 일치하는 말이다. 현란한 거짓말과 달리 진실한 말은 단순하고 소박하다는 특징을 지닌다. 예수께서 '너희 말은 옳다 혹은 아니다 만으로 족하고, 여기에서 더 나아가는 것은 악이다'(마 5:37)고 하신 말씀은 언어의 단순함과 소박함을 강조하는 말씀이다. 언어의 진실성을 추구하는 신자의 (대표)기도는 현학적이거나 현란해서는 곤란하다. 진실한 언어 생활을 노력하는 신자들은 간증을 더 은혜롭게 하기 위해 일부러 과장해서도 안 된다. 진실한 언어 생활에 관심하는 목회자라면 설교에 있어 수사학적 기법보다 인격과 진정성에 더 관심을 두어야 한다.

한편, 참된 말이란 우리가 서로 지체됨을 깨달아 이웃에게 도움이 되는 '유익한' 말을 가리킨다. 이웃을 해치거나 괴롭히는 언어는 제 아무리 사실이라 해도 진실과는 멀다.

"무릇 더러운 말은 너희 입 밖에도 내지 말고 오직 덕을 세우는데 소용되는 대로 선한 말을 하여 듣는 자들에게 은혜를 끼치게 하라 … 너희는 모든 악독과 노함과 분냄과 떠드는 것과 비방하는 것을 모든 악의와 함께 버리고"(엡 4:29-31).

신자들은 이웃을 해치는 독기서리고 가시 돋친 말을 멀리해야 한다. 대신 격려하고 위로하며 칭찬하는 긍정적인 말을 함으로써 서로의 관계를 증진시키고, 공동체에 덕을 세워야 한다. 바울은 아무리 '신령한 말' (방언)이라 할지라도, 그것이 공동체의 덕을 세우는 것이 아니라면 삼가라고 가르친다. 바울이 방언 대신에 예언을 강조했던 이유는, 예언이 '덕을 세우고 권면하며 위로하는 말'인 반면 방언은 자신만을 위한 언어라고 생각했기 때문이다(고전 14:1-19).

증인으로 살아가기

과학적 수사 기법이 발전하지 못한 고대 유대 사회의 법정에서 진실을 밝히고 무고한 희생자를 예방하는 열쇠는 증인의 손에 있었다. 그래서 아홉 번째 계명은 재판에서의 거짓 증언을 엄격하게 금지했다. 그런데 거짓 증언이란 단지 법정에서 사실이나 양심에 거스르게 증언하는 일만을 의미하지 않는다. 마땅히 증언해야 할 때 침묵함으로써 진실이 묻히고 억울한 희생자가 생겨나게 하는 것도 거짓 증언에 속한다. 즉, 이 계명은 증인에게 '위증해서는 안 된다'는 소극적 의무만 아니라, 진실을 밝혀 '이웃의 명예와 권리를 보호해야 한다'는 적극적 의무도 요청한다.

"만일 누구든지 저주하는 소리를 듣고서도 증인이 되어 그가 본 것이나 알고 있는 것을 알리지 아니하면 그는 자기의 죄를 져야 할 것이요 그 허물이 그에게로 돌아갈 것이며"(레 5:1).

칼빈 역시 이 계명을 소극적 의미로 해석하는 데 머물지 않고 나아가 적극적 의미로 해석했다. 그는 이 계명의 의미가 이웃의 명예나 재산 그리고 생명을 훼손하는 거짓말을 하지 않을 뿐만 아니라 이웃의 명예와 재산 그리고 생명을 보호하기 위해서라면 적극적으로 나서서 진실을 증언하는 데 있다고 본다.[7] '가장 잔인한 거짓말은 흔히 침묵 속에서 이루어진다.'는 로버트 스티븐슨의 경구는 진리 앞에서의 비겁한 침묵이 심각한 거짓말에 속한다고 말한다.

성서에는 진리에 대해 적극적 의무를 실천하려고 했던 수많은 증인들의 이야기가 나온다. 구약성서 예언자들이야말로 대표적인 진리의 증인들이었으며, 그들이 선포한 예언이야말로 참된 증언이었다고 볼 수 있다.[8] 예를 들면, 예언자 나단은 힘없이 아내를 빼앗기고 억울하게 자신의 목숨까지 잃어버린 우리야를 위해 증언했으며(삼하 12:7-15), 예언자 엘리야는 조상들의 유산인 땅을 팔지 말라는 하나님의 명령을 지키다가 억울하게 목숨을 빼앗긴 나봇을 위해 증언했다(왕상 21:17-26). 예수께서도 자신을 '진리의 증언자'로 생각하셨을 뿐만 아니라(요 18:37) 자신을 따르는 제자들을 가리켜 '나의 증인'이라 부르셨다(눅 24:48; 행 1:8). 그리고 사도들은 스스로를 '예수 그리스도와 부활의 증인'이라고 생각했다(행 5:32). 바울은 초대교회 최초의 순교자인 스데반을 가리켜 '주님의 증인'이라고 표현했으며(행 22:20), 소아시아 버가모 교회의 순교자였던 안디바는 '충성된 증인'으로 불렸다(계 2:13). 히브리서 저자는 초대교회에 그런 부활의 증인 혹은 주님의 증인들이 '구름같이' 많음을 말해주고 있다(히 12:1).

루마니아 출신의 유대인 작가로 노벨평화상을 수상했던 엘리 위젤은 홀로코스트 당시 아우슈비츠 수용소의 생존자 가운데 하나였다. 『나이트』(1958) 서문에서 그는 자신을 홀로코스트의 참상을 목격한 증인

---

7) 존 칼빈, 『기독교강요』, II. viii. 47.
8) 아브라함 헤셸, 이현주 역, 『예언자들』(삼인, 2004), 62.

가운데 한 사람으로 표현하면서, 증인의 도덕적 의무감에 대해 이렇게 말했다.

> "악몽 속에서 살아남은 생존자에게는 죽은 사람뿐 아니라 살아있는 사람을 위해서도 증언할 의무가 있다. 그에게는 미래 세대에게서 우리의 집단 경험에 속하는 과거를 빼앗을 권리가 없다. 잊는다는 것은 위험하기도 하지만 모욕적이기도 하다. 홀로코스트에 희생된 사람들을 잊는 것은 그들을 두 번 죽이는 것과 같다. … 증인은 증언하도록 자신을 다그친다."[9]

그런데 진리의 증인으로 살아가려면 용기가 필요하다. 때로는 목숨을 걸어야 할 만큼 위험스러운 일이기도 하다. 신약성서에서 '증인'(witness)을 가리키는 헬라어 단어 '마르튀스'는 '순교자'(martyr)와 같은 뜻을 지니고 있다. 말하자면, '증인이 된다'는 것은 순교자가 될 각오를 하는 것이다. 예나 지금이나 진실을 증언하는 일이 힘들고 위험스러운 이유는 세상이 진실을 싫어하고 미워하기 때문이다.

> "그 정죄는 이것이니 곧 빛이 세상에 왔으되 사람들이 자기 행위가 악하므로 빛보다 어둠을 더 사랑한 것이니라 악을 행하는 자마다 빛을 미워하여 빛으로 오지 아니하나니 이는 그 행위가 드러날까 함이요 진리를 따르는 자는 빛으로 오나니 이는 그 행위가 하나님 안에서 행한 것임을 나타내려 함이라 하시니라"(요 3:19-21).

어둠이 빛을 싫어하듯이 악이 진실을 싫어하는 이유는 진실이 사람을 불편하게 만들기 때문이다. 예언자 아모스가 고발했던 대로 사람들

---

9) 엘리 위젤, 김하락 역, 『나이트: 살아남은 자의 기록』(예담, 2007), 19-20.

은 "성문에서 책망하는 자를 미워하며 정직히 말하는 자를 싫어한다"(암 5:10). 그래서 바른 소리를 했던 예언자들은 대부분 통치자나 동포, 심지어 동료 예언자들로부터 조차 비난과 협박을 받아야 했다. 신약성서에서 바울은 말세의 특징 가운데 하나가 '바른 교훈을 싫어함'이 될 것이라고 예고했다.

"때가 이르리니 사람이 바른 교훈을 받지 아니하며 귀가 가려워서 자기의 사욕을 따를 스승을 많이 두고 또 그 귀를 진리에서 돌이켜 허탄한 이야기를 따르리라"(딤후 4:3-4).

그래서 칼빈은 이 계명을 해석하면서 특별히 말씀의 증인이요 진리의 증인이라 할 수 있는 설교자의 책무성을 강조한다. 설교자는 인간의 귀나 즐겁게 하려고 복음의 진실을 왜곡해서는 안 된다고 말한다.

"또한 우리는 아무에게도 해를 끼치지 말아야 한다는 핑계를 대면서 검은 것을 희다고 주장해서도 안 됩니다. 오늘날 그런 일은 아주 쉽게 목격됩니다. 왜냐하면 오늘 우리 중에는 아무것도 정죄하지 않기를 바라는, 그래서 기꺼이 자신들의 말까지도 위장하려고 하는 이들이 많기 때문입니다. 예컨대, 그들은 도둑을 다른 명칭으로 부르고, 죄를 그것에 적절한 이름을 사용해 책망하지 않습니다."10)

진리의 증인으로 사는 일은 위험할 뿐만 아니라 귀찮고 번거로운 일이다. 그래서 우리는 자신의 이해관계와 무관한 진실게임에 개입하

---

10) 존 칼빈, 김광남 역, 『칼빈의 십계명 강해』 (비전북, 2011), 298.

고 싶어 하지 않는다. 간혹 큰 길 사거리에 교통사고를 당한 사람이 애타게 목격자를 찾는 현수막을 읽을 때가 있다. 사고 현장을 목격한 사람이라고 하더라도 증인으로서 경찰서에 불려가고 심지어 법정에까지 서야 하는 일은 대단히 불편한 일일 것이다. 혹시 불리해진 차량 운전자가 알고 해코지 할까 겁이 날 수도 있다. 증인이 된다는 건 이처럼 귀찮고 성가신 일이다. 그럼에도 불구하고 예언자들과 제자들 그리고 종교 개혁가들이 진리의 증인으로 나선 것은 바로 거짓 증거를 금지하는 아홉 번째 계명에 복종하기 위해서였음을 기억해야 한다.

증인으로서 사법부

이 계명의 삶의 자리가 고대 유대 사회의 법정이었다는 사실은 이 계명이 사법부나 법조인의 책무와 직접적으로 관련된다는 것을 말해준다. 권력이 입법-사법-행정으로 분립된 삼권 분립 사회에서 법적 정의와 진실의 문제는 우선적으로 사법부의 권리이며 의무다. 오늘 우리 사회에서 법을 다루는 사람들은 이 계명의 관심사, 즉 인간의 재산과 생명을 지키고, 무고한 희생을 방지하는 일에 어느 정도 기여하고 있는가? 성서는 여러 곳에서 사법적 정의와 재판에서의 불편부당성을 강조한다.

> "너는 재판을 굽게 하지 말며 사람을 외모로 보지 말며 또 뇌물을 받지 말라 뇌물은 지혜자의 눈을 어둡게 하고 의인의 말을 굽게 하느니라. 너는 마땅히 공의만을 따르라 그리하면 네가 살겠고 네 하나님 여호와께서 네게 주시는 땅을 차지하리라"(신 16:19-20).

"너희는 재판할 때에 불의를 행하지 말며 가난한 자의 편을 들지 말며 세력 있는 자라고 두둔하지 말고 공의로 사람을 재판할지며"(레 19:15).

재판에서의 불평부당의 문제는 특히 예언자들의 중요한 관심사였다. 이는 당시 사회에서 재판하는 권력자들의 사리사욕과 권력자 편에서는 일로 말미암아 사회적 약자들이 고통을 당하고, 하나님의 정의가 훼손된다고 보았기 때문이다.

"네 고관들은 패역하여 도둑과 짝하며 다 뇌물을 사랑하며 예물을 구하며 고아를 위하여 신원하지 아니하며 과부의 송사를 수리하지 아니하는도다"(사 1:23).

"야곱의 우두머리들과 이스라엘 족속의 통치자들아 들으라 정의를 아는 것이 너희의 본분이 아니냐 너희가 선을 미워하고 악을 기뻐하여 내 백성의 가죽을 벗기고 그 뼈에서 살을 뜯어 그들의 살을 먹으며 그 가죽을 벗기며 그 뼈를 꺾어 다지기를 냄비와 솥 가운데에 담을 고기처럼 하는도다"(미 3:1-3).

우리나라의 사법부 역시 어둡고 부끄러운 역사를 가지고 있다. 과거 군사독재 정부 시절에 사법부가 판결했던 수많은 정치범과 시국사범 사건들이 오늘날 재심을 통해 명백한 오심으로 속속 밝혀지고 있다. '무전유죄, 유전무죄'나 '전관예우'같은 적폐는 지금도 해결되지 않고 있는 우리 사회의 골치 아픈 문제들이다.

증인으로서 언론

이 계명이 언어의 진실성과 관련되어 있다는 점은 우리로 하여금 언론의 사명과 역할에 대해 생각하게 만든다. 대중매체가 확산되고 언론의 영향력이 커진 현대사회에서 언론은 '여론 재판'이란 형식을 통해 사법부와 비슷한 역할을 할 때가 많다. 우리 사회의 언론은 이 계명에서 관심하는 사회적 진실과 사회 정의에 어느 정도 기여하고 있는가? 유감스럽게도 상업주의의 영향 아래 있는 언론 대부분은 선정적이고 자극적인 보도를 통해 사회의 건전성을 해치고, 개인의 명예를 훼손하는 경우가 많다. 한 사람의 명예를 훼손하고, 한 기업의 운명을 뒤바뀌게 만든 대문짝만한 기사가 오보로 밝혀져 정정 보도문이나 사과문을 내야하는 경우에도 지면의 한 귀퉁이에 보일 듯 말 듯 싣는 경우가 대부분이다. 권력 지향적인 언론이 사회적 약자나 소수자 편에 서기 보다는 권력자와 부자들의 이해관계를 대변하느라 불의에 눈감고 진실의 소리에 귀 막는 경우가 허다하다.

한편, 정보 사회에서 인터넷 역시 사람들을 도덕적으로 판단하고 정죄하는 법정 역할을 한다. 인터넷은 사람들의 사생활을 침해하기도 하고, 근거 없고 불확실한 정보들을 퍼 나름으로써 명예를 훼손하기도 한다. 온라인상에는 '카더라'나 '아니면 말고'식의 악성 루머와 유언비어가 아무런 정화 장치도 없이 떠돌아다니고, 신상 털기가 무차별적으로 이루어지고 있다. 악성 댓글(악플)로 인해 치유하기 힘든 마음의 상처를 받는 사람들도 부지기수며, 그들 가운데에는 심지어 자살에 이르는 사람도 있다.

대중매체나 인터넷에서의 여론 재판이 법정에서의 재판보다 더 무서운 이유는, 일반 법정에는 변호사나 판사가 있어 신중한 재판이 보장되지만, 인터넷과 대중매체에서는 그런 존재들이 없기 때문이다. 대중매체나 인터넷에는 오로지 죄를 폭로하고 고소하는 검사 역할을 하는 사람들만 존재한다. 그러다보니 증거가 불충분하고, 증인도 없는 상황에서 개인의 명예나 생명과 관련된 중요한 판결이 마녀사냥식으로 내려지기도 한다.

진리의 증인인 언론의 윤리적 책임과 관련해서 우리는 기독교 언론의 책무에 대해서도 생각해 볼 필요가 있다. 현재 대부분의 교단에서 운영하고 있는 교계 신문은 행정적으로 독립적이지 못하고, 재정적으로 넉넉하지 못해 자율 운영이 어렵다. 행정과 재정의 형편이 열악하다 보니 교계 신문은 '교단 홍보지' 차원에 머무는 경우가 대부분이다. 정치적 영향력이 큰 교단의 정치꾼이나 대형 교회의 눈치를 살펴야 하는 상황이어서 정론(正論)을 기대하기가 어렵고, 교계 정화에 필요한 비판적 역할이나 계도자의 역할도 제한될 수밖에 없다. 거짓 증언과 거짓말을 금지하는 아홉 번째 계명은 기독교 언론 종사자들에게 하나님의 진리와 교회의 순수성을 위해 용기 있는 진리의 증인이 될 것을 요청한다.

13장
제10계명: 갈망

"네 이웃의 집을 탐내지 말라 네 이웃의 아내나 그의 남종이나 그의 여종이나 그의 소나 그의 나귀나 무릇 네 이웃의 소유를 탐내지 말라"(출 20:17).

내면의 영역

십계명의 마지막 계명은 이웃의 아내나 집, 소유물을 탐내지 말라고 명령한다. 그런데 돌이켜 살펴보면, 이 명령은 이미 십계명의 제7계명과 제8계명에서 언급된 내용이다. '이웃의 아내'는 간음하지 말라(제7계명)는 계명과 겹치고, '이웃의 집과 소유물'은 도둑질하지 말라(제8계명)는 계명과 중복된다. 그럼에도 불구하고 굳이 제10계명이 따로 존재해야 할 이유가 있다면 대체 어떤 이유에서일까?

마지막 계명은 다른 계명들과는 달리 인간 행위의 근본 동기를 다루려 한다. 다른 계명들이 겉으로 드러난 행위(살인, 간음, 도둑질, 거짓 증거)들을 다루었다면, 이 계명은 그 모든 악행들의 내적 동기, 즉 인간 내면의 죄와 본성 문제를 다룬다. 마지막 계명이 문제 삼는 탐심이란 본인이 말하지 않으면 누구도 알 수 없는 은밀한 인간 내면의 영역이다.

이 계명이 아직 행동으로 드러나지 않은 인간 내면의 문제인 탐심까지도 죄라고 보는 데에는 그럴만한 이유들이 있다. 겉으로 드러나는 악행들이란 결국 인간 내면 깊은 곳에 숨겨진 탐심에서 생겨나는 열매들이라 볼 수 있기 때문이다. 남의 아내에 대한 탐심이 겉으로 드러날 때 간음죄를 저지르게 된다. 남의 소유에 대한 탐심이 겉으로 드러날 때 절도죄를 범하게 된다. 그래서 예수께서도 살인과 간음, 음란, 도둑질 그리고 거짓 증언이 다 악한 마음에 뿌리를 둔 열매들이라고 하셨다 (마 15:19). 이렇게 마지막 계명은 인간 행위의 내적 동기인 마음의 태도까지 문제 삼음으로써, 십계명이 단순히 법적 차원이나 윤리적 차원에 머물지 않고 신학적 차원에 속하는 것임을 알려준다.

칼빈은 이 계명이 인간의 외적 행동을 넘어 마음과 생각 그리고 상상의 밑바닥 상태까지 알려주는 '채혈침'과 같은 역할을 한다고 본다.[1] 비록 다른 계명들 앞에서 도덕적이라고 자부하는 사람이라고 하더라도 이 계명 앞에 서게 되면, 감히 자신을 의롭다고 생각할 수 없게 된다. 비록 우리가 법적으로나 도덕적으로는 흠이 없다고 주장 할 수 있지만, 인간 내면의 깊이까지 속속들이 아시는 하나님 앞에서면 죄인임을 인정하지 않을 수 없기 때문이다.

"만물보다 거짓되고 심히 부패한 것은 마음이라 누가 능히 이를 알리요 마는 나 여호와는 심장을 살피며 폐부를 시험하고 각각 그의 행위와 그의 행실대로 보응하나니"(렘 17:9-10).

---

1) 존 칼빈, 김광남 역, 『칼빈의 십계명 강해』 (비전북, 2011), 332.

"내가 자책할 아무 것도 깨닫지 못하나 그러나 이를 인하여 의롭다 함을 얻지 못하노라 다만 나를 판단하실 이는 주시니라"(고전 4:4).

계명의 구분과 두 본문의 차이점

이미 제2장에서 밝혔듯이, 가톨릭과 루터교회, 그리고 개혁교회 사이에는 십계명을 구분하는 방식에 차이가 나타난다. 가톨릭과 루터교는 '탐내지 말라'는 제10계명을 서로 다른 두 개의 계명(제9계명: 이웃의 아내에 대한 탐심 금지, 제10계명: 이웃의 소유에 대한 탐심 금지)으로 각각 나눈다. 가톨릭과 루터교가 '탐내지 말라'는 계명을 이렇게 두 개의 독립된 계명으로 구분하는 근거는 본문에 '탐내다'는 단어가 두 번 사용되고 있기 때문이다. 특히, 신명기 본문(신 5:21)에서는 동사 '탐내다'가 서로 다른 히브리어 '하마드'와 '아봐'로 사용되고 있으며, 두 문장 사이에 접속사 히브리어 '와우'('그리고')도 첨가되고 있기 때문이다. 하지만 기독교를 포함하여 동방정교나 유대교에서는 탐심의 대상만 다를 뿐, 탐심 자체는 같다는 이유에서 두 문장을 나누지 않고 하나의 계명으로 본다.

한편, 이 계명이 기록되어 있는 출애굽기 본문(20:21)과 신명기 본문(5:21) 사이에는 두 가지 차이점이 나타나고 있다.

첫째, 출애굽기 본문에서는 포괄적 개념인 '이웃의 집'을 먼저 말한 후에 아내-남종-여종-소-나귀 순으로 열거한다. 이와 달리, 신명기 본문에서는 '이웃의 아내'를 먼저 언급한 후에, '이웃의 집'과 그 집에 속한 소유물들(밭, 남종, 여종, 소, 나귀, 모든 소유)을 열거한다. 출애굽기 본문과 달리 신명기 본문은 이웃의 아내와 이웃의 소유물 사이를 명확히 구분함으로써, 여성의 사회적 지위가 격상되어 더 이상 남편의 소유물이 아니라 독립된 인격체로 보는 발전된 사회상을 짐작하게 한다.

둘째, 신명기 본문에서는 출애굽기 본문에 나타나지 않는 '밭'(토지)에 대해 언급하고 있다. 신명기 본문이 시대적으로는 이스라엘 백성의 가나안 정착 생활을 반영하고, 신학적으로는 땅에 대한 특별한 관심을 가지고 있었기 때문으로 짐작할 수 있다.

탐욕의 사회

십계명만 아니라 모든 종교들은 공통적으로 탐욕을 부도덕한 일이라고 비판한다. 불교에서는 탐욕(貪)을 분노(瞋)와 어리석음(癡)과 더불어 경계해야 할 '세 가지 독'(三毒)이라 한다. 도가의 『도덕경』에서도 '만족할 줄 알면 욕스럽지 않고 그칠 줄 알면 위태롭지 않다'(知足不辱 知止不殆)고 가르쳤다. 하지만 자본주의 소비사회에서 탐욕은 더 이상 부끄러워하거나 경계해야 할 위험스런 일로 간주되지 않는다. 자본주의 시장경제의 이론적 기초를 놓았던 아담 스미스는 탐욕을 경제 행위의 핵심 동기라고까지 보았다. 그는 소비자들이 맛있는 빵이나 음식을 적당한 가격에 먹을 수 있는 이유는 제빵업자들의 '호의' 때문이 아니라, 그들이 추구하는 경제적 '탐욕' 때문이라고 해석했다.

탐욕을 도덕적으로 정당화하는 논리는 오늘날 지구화를 주도하는 국제금융 자본가들에 의해 더 강화되고 있다. 1987년 올리버 스톤이 감독했던 영화 '월 스트리트'는 탐욕의 상징이라 할 수 있는 뉴욕 월가(街)에서 벌어지는 음모와 갈등을 다룬다. 배우 마이클 더글라스가 연기한 금융가 고든 게코 회장은 인수합병 중인 한 회사의 주주총회에서 이렇게 역설한다.

"탐욕이란 더 나은 세상을 향한 욕망이기에 선합니다. 탐욕은 정당합니다. 탐욕은 효과적입니다. 탐욕은 진보 정신의 핵심을 꿰뚫고 포착하여 그것을 명확히 드러나게 해줍니다. 삶과 돈, 사랑, 지식에 대한 탐욕을 비롯해 모든 형태의 탐욕은 상승을 향한 인간 의지의 표현입니다. 탐욕은 텔더 페이퍼를 구할 뿐 아니라 미국이라는 기업까지도 구해 낼 것입니다."[2]

이런 배경에서 사람들은 자본주의 경제 체제를 합법화된 탐욕 체제로 보기도 한다. 자본주의 소비경제에서 탐욕은 도덕적으로 장려되어야 할 덕으로까지 추어올려진다. 소비 경제는 끊임없이 소비하지 않으면 파국을 맞을 수밖에 없는 경제 시스템이기 때문에 정부나 기업가는 소비 위축을 가장 두려워한다. 그래서 소비를 부추기고, 때로는 소비를 강요하기까지 한다. 소비가 곧 생존의 토대가 되는 경제 시스템에서 금욕과 절제는 피해야 할 악덕이 되고, 대신 소비가 미덕이 된다.

탐욕이 도덕적으로 정당화되고 장려되는 소비 사회에서 '탐내지 말라'는 계명은 공허한 외침처럼 들린다. 탐욕의 사회에서는 어떤 사람도 자신을 '탐욕적'이라고 부끄러워하지 않기 때문이다. 오히려 영화 속 금융가 고든 게코 회장처럼 자신의 탐욕스런 행위야말로 경제와 국가를 살리는 일이라고 큰소리친다. 그같은 탐욕가들로 가득한 세상이다 보니, 소시민들 역시 탐욕을 부끄러워하거나 죄스러워 하지 않는다. 부자들의 탐욕에 비해 자신들의 탐욕은 탐욕으로조차 보이지 않기 때문이다. 자동차를 좀 더 큰 것으로 바꾸고, 아파트 평수를 좀 더 넓혀보려는 욕심은 차라리 소박해 보인다. 하지만 성서는 탐욕을 신자들이 경계해

---

2) 짐 월리스, 박세혁 역, 『가치란 무엇인가』 (IVP, 2011), 65 재인용.

야 할 죄라고 분명하게 말한다. 기독교 신앙 역사에서도 줄곧 탐욕을 교만과 더불어 신자들이 반드시 피해야 할 악덕으로 가르쳤다.

탐심이란 무엇인가?

일반적으로 탐심이란 무엇을 몹시 갖거나 차지하고 싶어 하는 마음을 가리킨다. 이 계명에 사용된 '탐내다'는 히브리어 동사 '하마드'는 '열망한다' 혹은 '노린다'는 뜻으로 번역된다. 자신의 유익과 만족을 위해 타인의 것까지라도 갖고자 하는 '강렬한 욕망'이다. '하마드'는 단순히 감정으로 머물지 않고 언제든지 행위로 전환될 수 있는 내면의 상태다. 프랑크 크뤼제만에 따르면, '하마드'란 단지 마음속의 소원이나 생각만을 의미하는 것이 아니라, 그것을 실천으로 옮기는 모든 형태의 음모 행위까지 포함한다.3) 말하자면 욕망을 채우기 위해 기회를 노리다가 마침내 행동으로 옮기고야 마는 특성을 지닌 것이 탐심의 특징이다.

신명기에서는 탐내는 마음과 빼앗는 행동을 거의 동일한 의미로 사용하기도 한다. "너는 그들이 조각한 신상들을 불사르고 그것에 입힌 은이나 금을 탐내지 말며 취하지 말라"(신 7:25). 그리고 성서는 여러 곳에서 탐욕과 강탈하는 행동이 밀접하게 관련되어 있음을 보여준다. 한 예로 아간은 전리품 사유화 금지법을 어기면서까지 아름다운 외투 한 벌과 은 이백 세겔과 금덩어리를 몰래 사취하였다(수 7:21). 예언자 미가는 탐심에 사로잡힌 권력자들이 악을 꾀하는데 머물지 않고 빼앗고 강탈하는 행위로 발전하고 있음을 고발한다.

---

3) 프랑크 크뤼제만, 이지영 역, 『자유의 보존』 (크리스천 헤럴드, 1999), 94.

"그들이 침상에서 죄를 꾀하며 악을 꾸미고 날이 밝으면 그 손에 힘이 있으므로 그것을 행하는 자는 화 있을진저. 밭들을 탐하여 빼앗고 집들을 탐하여 차지하니 그들이 남자와 그의 집과 사람과 그의 산업을 강탈하도다"(미 2:1-2).

신약성서에서 '탐내다'는 동사는 헬라어 '플레오넥시아'로 번역되었다(막 7:22; 눅 12:15; 롬 1:29; 고후 9:5; 엡 5:3; 골 3:5; 살전 2:5; 벧후 2:3 등). 윌리암 바클레이는 헬라어 '플레오넥시아'를 '더 많은 것을 부정직한 방법으로 더 많이 가지려는 마음'이라고 번역했다.4) 예수께서 부모의 유산을 놓고 다툼을 벌이는 형제들을 향해 '삼가 모든 탐심을 물리치라'(눅 12:15)고 말씀하셨을 때에 바로 이 단어를 사용하셨다. 요즘 우리 사회에서 종종 언론에 보도되는 재벌가 자녀들 사이에서 벌어지는 유산 상속 법정 다툼을 보면, '탐내다'는 단어의 의미를 충분히 짐작할 수 있다. 이처럼 충분히 가지고 있지만 더 많이 가지려는 강렬한 욕망 때문에 온갖 부도덕한 일을 서슴지 않는 상태가 곧 탐심이다.

성서가 인간 내면의 탐심을 특별히 주목하고 경계하는 이유는, 탐심이야말로 모든 종류의 악행을 일으키는 근본 원인이 되기 때문이다. 성서는 인간 원죄의 근원이 금지된 열매에 대한 탐심 때문이었다고 말한다. "여자가 그 나무를 본즉 먹음직도 하고 보암직도 하고 지혜롭게 할만큼 탐스럽기도 한 나무인지라"(창 3:6). 바울도 탐심을 '모든 악의 뿌리'라고 보았고, 야고보는 '모든 다툼과 싸움'을 일으키며 '죽음'의 원인이 된다고 보았다.

---

4) 윌리암 바클레이, 이희숙 역, 『오늘을 위한 십계명』 (컨콜디아사, 1988), 229.

"돈을 사랑함이 일만 악의 뿌리가 되나니 이것을 탐내는 자들은 미혹을 받아 믿음에서 떠나 많은 근심으로써 자기를 찔렀도다"(딤전 6:10).

"너희 중에 싸움이 어디로부터 다툼이 어디로부터 나느냐 너희 지체 중에서 싸우는 정욕으로부터 나는 것이 아니냐. 너희는 욕심을 내어도 얻지 못하여 살인하며 시기하여도 능히 취하지 못하므로 다투고 싸우는 도다"(약 4:1-2).

"욕심이 잉태한즉 죄를 낳고 죄가 장성한즉 사망을 낳느니라"(약 1:15).

6세기 교황이었던 그레고리우스는 탐욕이 낳는 '일곱 딸'로 배신, 사기, 거짓, 위증, 불안, 폭력, 냉담을 들었다.[5] 사람이 탐욕에 사로잡히면 회사나 국가는 물론 친구나 연인까지도 배신한다. 사람이 거짓말을 하고, 사기를 치며, 법정에서조차 위증을 하는 배후에는 탐욕이 있다. 탐욕에 사로잡힌 사람은 가진 것을 빼앗길까 늘 불안하고 초조한 상태에 놓이게 되며, 늘 부족하다고 생각하기 때문에 가진 것을 나눌 수 없게 된다.

탐욕이란 단어에 늘 붙어 다니는 수식어가 있는데, 곧 '눈멀다'이다. 탐욕은 사람의 눈을 멀게 하여 맹목적으로 만든다. 탐욕이 생기면 욕망하는 대상만 보일 뿐, 다른 것은 보이지 않게 된다. 탐욕에 불타오르면 도덕적 판단력을 상실하게 된다. 예수께서 네 보물이 있는 곳에 네 마음도 있다고 말씀하시면서 눈을 '몸의 등불'에 비유하신 것도 이 때문이다(마 6:21-23).

---

5) 신원하, 『죽음에 이르는 7가지 죄』(IVP, 2012), 140.

탐심에 사로잡힌 사람들의 행동에 있어서 공통점이 있다면 그것은 바로 '파괴적'이라는 점이다. 탐심은 그 대상을 사물화하고 수단화함으로써 모든 관계를 비인격적인 사물관계로 전락시킨다. 말하자면 탐욕스런 사람은 이웃의 아내(남편)를 음란한 시선으로 바라보고, 이웃의 재산이나 소유에 질투심을 느낀다. 탐욕스런 사람은 하나님마저 소유하고 조종하고 통제하려 하며, 영적 은사조차 탐욕의 대상으로 만들어 버린다. 초대교회 당시 사마리아 성의 시몬이라는 사람은 사도들이 안수할 때 성령을 받는 것을 보고, 돈벌이를 하고 싶다는 욕망에 돈으로 영적 능력을 사려고 했다가 책망을 받았다(행 8:9-20).

탐심과 우상숭배

바울은 탐심을 '우상숭배'(골 3:5)로, 탐욕스러운 자를 '우상숭배자'(엡 5:5)로 규정하면서 하나님의 나라에서 기업을 얻지 못할 것이라고 경고했다. 그런데 바울은 왜 탐심을 우상숭배의 죄라고 했을까?

첫째, 탐심은 창조주가 아니라 '짝퉁 하나님'을 섬기는 일이기 때문이다. 하나님을 떠난 인간은 어쩔 수 없이 하나님 아닌 다른 것에서 삶의 의미와 목적을 추구한다. 곧 '육신의 정욕과 안목의 정욕과 이생의 자랑' 같은 세속적인 가치들을 추구하고 숭배한다(요일 2:16). 탐심의 노예가 된 사람들은 참되신 하나님이 아닌 짝퉁 하나님을 숭배함으로써 첫째 계명을 범하게 된다.

둘째, 탐욕의 대상이 된 존재는 그것을 욕망하는 사람에게 신적 존재가 되어 자유와 행복을 약속한다. 탐심은 사람에게 '저것만 가지면 틀림없이 자유롭고 행복해 질 수 있어'라고 속삭이지만, 그것은 공허한 약속일 뿐이다. 예언자들이 비판했던 것처럼, 우상은 마치 허수아비와 같아서 모양만 있을 뿐 아무 생명과 힘을 갖고 있지 못하기 때문에 사람의 기대를 결코 채워 주지 못한다(사 44:15; 렘 10:3-5 등).

셋째, 탐심은 인간을 해방시키기 보다는 노예로 만들기 때문이다. 탐심에 사로잡힌 사람들은 그 대상에 강박적으로 집착하고 중독된다. 그래서 탐심은 사로잡힌 사람을 종처럼 다루고, 몰고 다니다 마침내 사망으로 인도한다(약 1:15). 일찍이 예언자 이사야는 탐욕스런 인간은 자신이 욕망하는 그 대상 때문에 마침내 멸망할 것이라고 했다.

"너희가 기뻐하던('하마드': 욕망하던) 상수리나무로 말미암아 너희가 부끄러움을 당할 것이요 너희가 택한 동산으로 말미암아 수치를 당할 것이며 너희는 잎사귀 마른 상수리나무 같은 것이요 물 없는 동산 같으리니"(사 1:29-30).

탐심의 심리적 배경

인간이 탐심에 사로잡히는 심리적 원인은 여러 가지다.

첫째, 탐심은 인간의 기본 욕구 가운데 하나인 '안전'에 대한 욕구 때문에 생겨난다. 비록 생리적 욕구를 해결했더라도 심리적인 안전 욕구를 해소하지 못하면 인간은 행복해질 수 없다. '사고 공화국'이라 불릴 정도로 위험한 우리사회에서 안전에 대한 욕구는 그 어떤 욕구보다 더 절실한 욕구가 되고 있다. 계속되는 경제적 어려움과 급변하는 사회에서 미래에 대한 불안도 안전에 대한 욕구를 심화시키고 있다.

문제는 물질적인 것을 통해 정신적이고 영적인 안전까지 보장받을 수 있다고 착각하는 데서 생겨난다. 예수께서 들려주신 '어리석은 부자 이야기'(눅 12:13-21)에서 부자는 더 많은 곡식을 통해서 자신의 영혼과 미래를 보장받을 수 있다고 생각한다. "내 영혼아 여러 해 쓸 물건을 많이 쌓아 두었으니 평안히 쉬고 먹고 마시고 즐거워하자." 그렇지만 하나님께서는 그날 밤 그 부자를 향하여 이렇게 말씀하신다. "어리석은 자여, 오늘 밤에 네 영혼을 도로 찾으리니 그러면 네 준비한 것이 누구의 것이 되겠느냐?"

안전을 보장받으려면 얼마만큼 가져야 할까? 미국의 한 재산 관리 회사가 부자들에게 '안전하다고 느끼려면 얼마나 많은 돈이 필요한가?' 라고 물었을 때, 모든 부자들의 공통된 답은 '현재 가지고 있는 자산이나 수입의 두 배'였다.6) 이미 충분히 가졌다고 생각되는 부자들조차 안전 하려면 지금보다 최소한 두 배가 더 필요하고 생각한다. 이처럼 아무리 많이 가지고 있어도 결코 안전하다고 느끼지 못하기 때문에 사람들은 더 많은 것을 강박적으로 욕망하게 된다.

에리히 프롬은 '소유지향적 태도'로 살아가는 사람들에게 걱정과 두 려움은 피할 수 없는 운명이라고 한다. 왜냐하면, 소유하고 있는 것은 언젠가 잃어버리거나 사라질 수 있기 때문이다. 소유지향적인 사람은 가진 것을 잃어버릴지 모른다는 두려움 때문에 '만성적 우울증'을 앓게 되며, 더 확실한 안전감을 보장받기 위해 더 많이 소유하고자 애쓴다. 그래서 소유지향적인 사람의 삶은 방어적이고, 경직되며, 의심이 많아 지고, 외롭게 된다.7)

둘째, 인간의 내적 결핍감과 영적 공허가 탐심의 원인이 된다. 식욕

---

6) 짐 월리스, 『가치란 무엇인가』, 141.
7) 에리히 프롬, 김진홍 역, 『소유냐 삶이냐』(기린원, 1989), 140.

은 음식으로 채워질 수 있지만, 내면의 허기는 음식으로 충족되지 않는다. 홍수나 바다 한 가운데서도 목말라 죽는 일이 발생하듯이, 사람들은 내적 결핍감 때문에 물질적 풍요 한 가운데서 죽어간다. 특별히 인간은 영적 존재로 지음을 받았기 때문에 오직 하나님 안에서만 만족을 발견할 수 있다. 하나님 이외에 어떤 것도 인간에게 참된 만족을 줄 수 없다. 내적 결핍과 영적 공허를 메우기 위해 세상에 탐닉했으나 만족을 찾을 수 없었던 아우구스티누스는 오랜 방황 후에 이렇게 고백했다.

"이는 주님 자신을 위하여 우리를 지으셨음이며 우리 마음이 주님 안에서 안식하기까지 쉬지 못함이니이다."[8]

셋째, 자본주의 사회의 소비 문화는 탐욕을 조직적으로 부추기고, 한 없이 부풀린다. 소비 사회에서 인간은 무엇인가를 소유하고 소비하는 가운데서 자기 정체성과 행복을 발견하려 한다. 소비자로서 인간의 삶의 목적과 의미는 더 많이 소유하고 더 많이 소비하는 데 있다. 그런 소비 사회를 유지하고 확장시키는 수단이 바로 광고다. 오늘날 광고는 단순히 상품에 대한 정보를 전달하는 데에 머무르지 않고, 인간 내면의 잠재된 욕망을 불러일으키고 끊임없이 부풀리는 역할을 한다. 사람들이 매일 접하게 되는 수천 개가 넘는 광고의 공통된 메시지는 이것이다. '욕망하라. 그리고 구매하라. 그러면 틀림없이 행복해질 것이다.' 광고를 접하게 되는 순간 사람들은 그것을 갖고 싶고, 먹고 싶고, 사고 싶은 욕망에 사로잡히게 된다.

하지만 소비 행위를 통해 행복을 얻을 수 있다는 약속은 거짓이다.

---

8) 성 아우구스티누스, 김기찬 역, 『고백록』 (현대지성사, 2005), 29.

왜냐하면 우리가 구입한 '새 것'은 금방 '낡은 것'이 되고, 시대에 '앞선' 것은 금방 '후진 것'으로 변해버린다. 소비란 알코올 중독이나 마약 중독과 같은 일종의 병리적 현상으로서, 한 번 맛을 들이면 더 강렬한 유혹에 사로잡히게 된다. 에리히 프롬의 지적처럼, 소비 사회에서 인간은 마치 우유병을 달라고 아우성치는 '영원한 젖먹이'와 같은 모습으로 살게 된다.9)

금욕과 절제

그러면 신자들이 어떻게 이 탐욕의 시대를 바로 살아갈 수 있을까? 어떻게 하면 소비 사회에 살아가면서도 참된 자유와 행복을 누릴 수 있을까?

첫째, 기독교의 오래 된 미덕이었던 금욕과 절제라는 가치를 회복해야 한다. 소비사회는 욕망을 억압하는 대신 충족해야 할 것으로 보기 때문에 자연스럽게 '반(反)금욕적' 문화를 형성한다. 소비 사회에서 인간의 탐욕은 동물과 확연히 비교된다. 탐욕스런 동물의 대표라고 생각하는 돼지조차 위의 70-80%만 먹는다고 하는데, 인간은 소화제를 먹으면서까지 먹는다. 먹거리를 저장하는 다람쥐 같은 동물이 있긴 하지만, 인간처럼 냉장고에 보관해 두었다가 끝내 썩혀 버리는 동물은 없다.

모든 종교와 현자들은 하나같이 인간의 욕망을 통제하기 위해 수행이나 요가, 혹은 금식 같은 금욕 훈련을 강조했다. 왜냐하면, 절제를 모르는 탐욕은 자신만 아니라 이웃 그리고 자연 세계까지 파괴해버릴 것이기 때문이다. 금욕과 절제는 도덕적인 면에서 자기 완성의 길이며, 신앙

---

9) 에리히 프롬, 『소유냐 삶이냐』, 47.

적인 면에서 하나님 앞에서 자기를 부인하는 영적 훈련 중 하나다.

물론 우리는 금욕과 절제 행위 자체를 목적으로 삼고, 그것이 마치 도덕적 업적이나 구원의 공로가 되는 것처럼 생각하는 '종교적 금욕주의'를 조심해야 한다. 종교적 금욕주의자들은 영과 물질 세계를 이분법적으로 나누고, 물질 생활을 무조건 죄악시한다. 그들은 물질적 궁핍과 영적 고행 그 자체를 즐기는 염세주의적 세계관에 사로잡혀 있다. 이와 달리 금욕과 절제에 대한 바른 신학적 이해는 금욕 자체를 목적으로 삼지 않으며, 구원을 위한 공로나 업적으로도 생각하지 않는다. 금욕과 절제는 구원받은 사람의 '새로운 생활 방식'으로 이해된다. 즉, 소비주의 사회에서 끝없이 생겨나는 탐욕으로부터 자신의 내면적 자유를 지키는 길로 이해된다. '운동경기에서 이기기를 다투는 자마다 모든 일에 절제'(고전 9:24-27)할 것을 권면한 바울의 가르침대로 신자들은 영적 성숙과 윤리적 삶을 위해 매일 금욕과 절제의 삶을 훈련해야 한다. 교회력 가운데 '사순절'은 탐욕 사회에 살아가는 신자들로 하여금 금욕과 절제라는 새로운 삶의 방식을 훈련하는 좋은 기회가 된다.

자족의 가치관

탐욕의 사회에서 내적 만족과 자유를 누리려면 자족의 가치관을 형성해야 한다. 현재의 삶에 만족하는 자족의 가치관이 없다면 금욕과 절제의 훈련은 너무 무거운 짐이 될 것이다. 기쁨이 없는 금욕 훈련은 신자들을 도덕적이고 종교적인 위선에 빠뜨린다. 자족의 가치관이 없을 때 사람들은 물질적 풍요 속에서도 여전히 결핍감으로 고통당할 것이다. 인간의 욕망은 끝이 없기 때문에 과거에 '사치품'이었던 물건들이 오늘은 '필수품'으로 변한다. 제 아무리 큰 부자들이라고 하더라도 자족할 줄 모르면 '가진 자가 더 하는' 현상이 발생한다.

일찍이 전도서의 지혜자는 "은을 사랑하는 자는 은으로 만족함이 없고 풍부를 사랑하는 자는 소득으로 만족함이 없다"(전 5:10)고 말했다. 톨스토이는 '사람에게는 어느 만큼의 땅이 필요한가?'라는 글에서 탐욕에 사로잡혀 살아가는 사람의 비극적 최후를 그렸다. 주인공은 엄청나게 넓은 땅을 자기 것으로 만드는 순간 숨이 멎었고, 결국 그가 차지한 것은 그의 관이 겨우 들어갈 정도의 작은 땅 덩어리 뿐이었다. 마하트마 간디도 '지구는 인간이 필요로 하는 것을 공급해 주지만, 모든 인간의 욕심은 채워주지 않는다'고 경고했다.[10]

끝없는 욕망으로부터 벗어나려면 적당한 수준에서 만족할 줄 아는 지혜를 가져야 한다. 바울은 비천함과 풍부함의 모든 형편에서 '자족하는 지혜'(빌 4:11-13)를 가졌기 때문에 '아무의 은이나 금이나 의복을 탐하지 아니한' 삶을 살 수 있었다(행 20:33).

바울이 사용한 '자족'이라는 헬라어 단어 '아우타르케이아'는 자신을 스스로 통제하는 상태를 가리킨다. '안심하려면 더 가져야 해' '만족하려면 더 가져야 해'라는 탐욕의 속삭임에 '됐어. 이 정도면'이라고 대답할 수 있는 지혜다. 탐욕이 다른 사람과의 비교에서 자기 정체성과 만족을 찾는 것과 달리, 자족은 자기 자신과의 관계에서 '스스로' 만족을 찾으려는 행위다. 말하자면, 자족이란 적당한 생활 수준에 대한 자기 나름의 기준을 정하는 일이다. 그런 마음이 없을 때 사람들은 자신보다 더 잘사는 사람과의 비교에서 오는 불만족 때문에 충분히 가졌으면서도 여전히 부족하다고 느끼게 된다.

---

10) E. F. 슈마허, 배지현 역, 『작은 것이 아름답다』(전망사, 1980), 29.

그런 점에서 우리는 '아굴의 기도'를 우리 자신의 기도로 삼고 매일 기도해야 한다.

"나로 가난하게도 마옵시고 부하게도 마옵시고 오직 필요한 양식으로 내게 먹이시옵소서 혹 내가 배불러서 하나님을 모른다 여호와가 누구냐 할까 하오며 혹 내가 가난하여 도적질하고 내 하나님의 이름을 욕되게 할까 두려워함이니이다"(잠 30:7-9).

한편, 자족이란 '가지고 있지 않은 것'에 초점을 둔 삶이 아니라, '가진 것'에 초점을 두고 살아가는 감사의 삶을 가리킨다. 감사란 내게 없는 것을 불평하고 원망하는 대신에 가지고 있는 것으로 자족할 때 생겨나는 신앙적 덕목이다. 감사란 우리가 가진 것을 내 힘으로 '쟁취'한 것이 아니라 하나님으로부터 거저 받은 '선물'로 생각할 때 생겨나는 마음이다. 감사란 동일한 조건이나 환경에서도 긍정적인 쪽으로 해석하는 삶의 태도다. 그러기에 감사하는 사람은 탐욕에서 벗어나 현재를 누리고 즐길 줄 알게 된다.

베풂과 나눔

탐욕의 사회에서 참된 자유와 행복을 누리는 또 다른 길은 베풀고 나누는 삶에 있다. 임종을 앞에 둔 사람들이 후회하는 일 가운데 하나가 지나치게 욕심내느라 베풀지 않고 인색했던 것이라고 한다. 사람이 탐심에 사로잡히면 늘 부족하다는 결핍감을 느끼게 된다. 그래서 탐심에 사로잡힌 사람은 너그럽지 못하고 인색하게 된다. 자기도 쪼들린다고 생각하는 마당에 어떻게 이웃을 돌아보고, 자비를 베풀 마음의 여유를 가질 수 있겠는가. 도로시 세이어즈가 탐욕을 가리켜 '차가운 마음의 죄'라고 표현한 것이 바로 그 때문이다.[11] 우리가 움킨 손을 펼 때 비로소 탐욕으로부터 자유로워질 수 있다.

"흩어 구제하여도 더욱 부하게 되는 일이 있나니 과도히 아껴도 가난하게 될 뿐이니라 구제를 좋아하는 자는 풍족하여질 것이요 남을 윤택하게 하는 자는 자기도 윤택하여 지리라"(잠 11:24-25).

"어떤 자는 종일토록 탐하기만 하나 의인은 아끼지 아니하고 베푸느니라"(잠 21:26).

하나님을 신뢰하는 삶

우리가 하나님을 신뢰할 때 비로소 탐욕으로부터 완전히 벗어날 수 있다. 앞에서 살폈듯이 탐욕의 이유 가운데 하나는 미래에 대한 두려움과 불안 때문이다. 사람들은 더 많은 재산이 더 확실하게 미래를 보장할 수 있다고 생각해서 더 많이 가지려고 한다. 하지만 성서는 우리의 미래를 보장해 주는 것은 더 많은 재물이나 보험증서가 아니라 하나님이라고 말한다. 야웨는 우리의 필요를 아시며 우리의 안전을 지켜주시는 분이다.

"여호와는 나의 반석이시오 나의 요새시오 나를 건지시는 이시오 나의

---

11) 신원하, 『죽음에 이르는 7가지 죄』, 144.

하나님이시오 내가 그 안에 피할 나의 바위시오 나의 방패시오 나의 구원의 뿔이시오 나의 산성이시로다"(시 18;2).

"오늘 있다가 내일 아궁이에 던져지는 들풀도 하나님이 이렇게 입히시거늘 하물며 너희일까보냐 믿음이 적은 자들아 그러므로 염려하여 이르기를 무엇을 먹을까 무엇을 마실까 무엇을 입을까 하지 말라 이는 다 이방인들이 구하는 것이라 너희 하늘 아버지께서 이 모든 것이 너희에게 있어야 할 줄을 아시느니라"(마 6:30-32).

우리의 필요를 아시는 하나님을 믿고, 그분을 신뢰할 때 비로소 우리는 미래에 대한 두려움과 불안에서 벗어날 수 있으며, 탐욕으로부터도 자유로울 수 있다. 히브리서 저자가 자족의 지혜를 말하면서, 그 신학적 근거를 신실하신 하나님의 약속에서 찾은 이유가 바로 그 때문이다.

"돈을 사랑하지 말고 있는 바를 족한 줄로 알라 그가 친히 말씀하시기를 내가 결코 너희를 버리지 아니하고 너희를 떠나지 아니하리라 하셨느니라"(히 13:5).

거룩한 갈망

탐욕을 극복하는 적극적인 해결책은 욕망의 대상을 바꾸는 일이다. 무엇인가를 욕망하는 것은 인간의 본성에 속하는 자연스러운 일이다. 욕망은 인간에게 행동의 동기를 부여하고, 그것을 추진하는 에너지를 공급한다. 욕망은 개인적으로 삶의 추진력일 뿐만 아니라, 국가적으로는 경제 발전의 원동력이 되기도 한다. 그런데 중요한 물음은 그 강력한 욕망의 에너지를 어떤 방향으로, 어떻게 사용하느냐 하는 것이다. 욕망이 세상으로 향할 때 우리의 영혼은 천박해지지만, 하나님을 향할 때 우리의 영혼은 고상해진다. 그래서 바울은 '위의 것'을 추구하라고 권면했다.

> "그러므로 너희가 그리스도와 함께 다시 살리심을 받았으면 위의 것을 찾으라. 거기는 그리스도께서 하나님 우편에 앉아 계시느니라. 위의 것을 생각하고 땅의 것을 생각하지 말라 … 그러므로 땅에 있는 지체를 죽이라 곧 음란과 부정과 사욕과 악한 정욕과 탐심이니 탐심은 우상숭배니라"(골 3:1-5).

아우구스티누스는 '위의 것'을 추구하는 삶을 '카리타스' 사랑으로 표현했다. 그의 견해에 따르면, 인간의 내면에는 두 가지 사랑이 있다. 하나는 쿠피디타스(cupiditas)로서 세상(피조물)에 대한 사랑이고, 다른 하나는 카리타스(caritas)로서 하나님에 대한 사랑이다. 전자가 아래를 향하는 사랑이라면, 후자는 위를 향한 사랑이다. 쿠피디타스의 사랑을 가질 때, 인간은 향락적인 존재가 되는 반면에 카리타스의 사랑을 가질 때 인간은 성자 같은 존재가 될 수 있다. 왜냐하면 사람은 '어떤 사랑을 가지느냐'에 따라서 '어떤 인생이 되느냐'가 결정되기 때문이다.

> "그러므로 당신의 사랑을 정결케 하시오. 하수관으로 흘러가는 물 대신에 정원으로 끌어가시오. 사랑은 세상에 대하여 강력한 충동도 가지고 있으니, 세계의 창조주에 대해서 그런 강력한 충동을 갖도록 만드시오."[12]

성령을 따라 사는 삶

성령을 따라 살아가는 사람은 탐욕의 노예상태로부터 쉽게 벗어날 수 있다. C. S. 루이스는 그의 책 『스크루테이프의 편지』에서 사탄의 전략이 '쾌락은 감소시키고, 그에 대한 갈망은 증대시키는' 방법이라고 알려준다.[13] 갈망이 커지면 인간은 불만족스럽게 되고, 악을 행하게 된다. 바울은 그런 삶을 가리켜 '육체의 욕심'을 따르는 삶이라고 표현했다(갈 5:19-21). 그러면서 그는 그런 삶으로부터 자유로워질 수 있는 해결책으로 '성령을 따라' 사는 삶을 제안한다.

"내가 이르노니 너희는 성령을 따라 행하라 그리하면 육체의 욕심을 이루지 아니하리라 육체의 소욕은 성령을 거스르고 성령은 육체를 거스르나니 이 둘이 서로 대적함으로 너희가 원하는 것을 하지 못하게 하려 함이라 너희가 만일 성령의 인도하시는 바가 되면 율법 아래에 있지 아니하리라"(갈 5:16-18).

성령을 따라 살아가는 사람이란 십자가에 자신의 육체와 함께 탐심을 못 박은 사람이다. 그런 사람의 삶의 특징은 욕망으로는 허덕이는 삶이 아니라 온갖 덕스러운 열매들로 '풍성한 삶'이다.

"오직 성령의 열매는 사랑과 희락과 화평과 오래 참음과 자비와 양선과 충성과 온유와 절제니 이 같은 것을 금지할 법이 없느니라 그리스도 예수

---

12) 김용규, 『데칼로그: 십계, 키에슬로프스키 그리고 자유에 관한 성찰』 (바다출판사, 2002), 238 재인용.
13) C. S. 루이스, 김선형 역, 『스크루테이프의 편지』 (홍성사, 2005), 66.

의 사람들은 육체와 함께 그 정욕과 탐심을 십자가에 못 박았느니라"(갈 5:22-24).

14장
맺는말

자유의 복음

'열 가지 법조문'이라기보다는 '열 가지 말씀'인 십계명은 구원 받은 신자들의 신앙 생활과 윤리 생활을 위한 규범이요 지침이다. 십계명에는 신자들이 바르게 하나님을 예배하는 방법과 공동체 생활에 대한 원리가 잘 나타나 있다. 그래서 유대 종교나 예수님은 물론 기독교회도 역사 속에서 줄곧 십계명의 의의와 가치를 중시하고, 예배와 신앙 교육에 적극 활용했다. 하지만 언제부터인가 한국교회는 십계명의 가치를 잊어버렸고, 예배나 교육에서 소홀히 다루었다. 한국교회가 도덕적 탁월성을 상실하면서 오늘날과 같은 어려움을 맞게 된 것이 바로 그 때부터일지 모른다. 한국교회가 잃어버린 사회적 신뢰를 회복하고, 사회를 위한 '산 위의 동네'(마 5:14)로서 역할을 하려면 그동안 잊고 있었던 십계명을 재발견하고, 소홀히 다루었던 십계명의 가치를 회복해야 한다.

십계명은 애굽에서 해방 된 언약 백성으로 하여금 하나님의 선물인 자유를 지킬 수 있는 길을 제시하고 있다. 하나님의 백성에게 있어서 자유와 해방은 '선물'(은혜)일 뿐 아니라 지켜내야 할 '책임'(과제)이기도 하다(갈 5:1). 십계명에서 경고한 대로 만약 언약 백성이 언약을 파기하고 다른 신 곧 '짝퉁 하나님들'을 섬기게 될 때 그들은 다시 영적 노예 상태로 전락할 것이다. 신약성서에서 출애굽 사건은 예수 그리스도의 십자가와 부활을 통한 영적 해방과 자유의 사건으로 재해석되었다. 그런 의미에서 십계명은 율법이지만 동시에 복음이요, 명령이지만 동시에 은혜다. 그럼에도 불구하고 율법주의자들은 은혜의 십계명을 '죽이는 문자'로 만들었고, 하나님의 말씀인 십계명을 도덕률이나 법률로 전락시켰다.

십계명의 본래적 의미와 가치를 회복하여 복음으로 이해하신 분이 예수님이시다. 예수님은 십계명의 근본 의미가 하나님 사랑과 이웃 사랑에 있음을 깨우치셨다. 십계명 첫째 돌판은 우리가 하나님을 어떻게 예배하고 사랑해야 하는가를 가르쳐준다(쉐마). "우리 하나님 여호와는 오직 유일한 여호와이시니 너는 마음을 다하고 뜻을 다하고 힘을 다하여 네 하나님 여호와를 사랑하라"(신 6:4-5). 그리고 십계명 둘째 돌판은 우리가 이웃을 올바로 사랑하는 법을 가르쳐준다(황금률). "무엇이든지 남에게 대접을 받고자 하는 대로 너희도 남을 대접하라"(마 7:12). 십계명에서 하나님 사랑과 이웃 사랑, 예배와 삶 그리고 영성과 윤리는 통합된다.

십계명 해석의 통일성

신자들의 영성과 윤리의 지침인 십계명을 이해하는 해석학적 열쇠는 십계명의 첫째 계명과 마지막 계명 사이에 있는 통일성을 발견하는 데 있다. 십계명에 열거된 모든 악행들은 마지막 계명에서 경고하는 탐심에서 생겨난다. 인간이 탐욕의 노예가 되면 이웃의 생명이나 아내 (남편), 재산에 욕심을 내어 거짓 증언을 하고(제9계명), 훔치며(제8계명), 간음하고(제7계명), 살인한다(제6계명). 탐심에 사로잡힌 자녀들은 부모에게 드려야 마땅한 것조차 '고르반' 전통을 핑계로 가로챈다(제5계명). 일을 그치고 하나님을 예배해야 할 안식일에도 들에 나가서 만나를 줍고, 물건을 팔지 못해 안달하는 것은 더 많이 벌고, 더 많이 소유하고자 하는 탐심 때문이다(제4계명). 탐욕스런 인간은 자신의 욕망을 채우기 위해 거룩하신 하나님의 이름조차 도용하고 남용한다(제3계명). 탐욕 때문에 인간은 하나님을 제멋대로 형상화하여 틀에 가두고 조종하려 한다 (제2계명). 탐욕스런 인간은 자신의 욕망을 투사하여 온갖 모습의 짝퉁 하나님을 끊임없이 만들어 낸다(제1계명).

이처럼 열 번째 계명이 모든 악행의 근본 동기를 밝혀 준다면, 첫 번째 계명은 그 모든 악행들을 해결할 수 있는 근원적이고 최종적인 치유책을 제시한다. 즉 하나님을 주님으로 모시고 하나님만 섬기는 일이다. 탐욕 대신 하나님께서 우리 내면의 중심에 자리 잡게 되면, 다른 모든 것들은 저절로 질서 있게 된다. 하나님을 우리 삶의 목표로 삼고, 하나님의 법도를 가치판단의 절대적 기준으로 삼게 되면 도덕적 삶이 가능해진다. 하나님을 갈망하게 되면, 세상에 대한 욕망은 자연스레 사라지게 된다.

해석학적 과제

십계명은 사회 문화적 진공 상태가 아니라 특수한 시대와 장소에 구체적인 삶의 자리를 가지고 있다. 십계명은 이스라엘 역사의 변화에 따라 끊임없이 새롭게 재해석되었다. 따라서 십계명은 현시대 우리들의 삶의 처지에 상응하도록 끊임없이 재해석 되어야 한다. 예수께서 재해석을 통해 십계명의 본래적 의미를 밝힘으로써 십계명을 살아 있는 하나님의 말씀으로 만드셨듯이, 우리도 십계명의 본래적 의미를 되살리고 우리 시대에 상응하도록 재해석에 힘써야 한다. 물론 십계명의 배경이 되는 고대 유대 사회와 21세기 최첨단 과학 시대 사이에 존재하는 엄청난 시간적 · 공간적 · 문화적 간극을 극복하기란 쉬운 일이 아니다. 게다가 우리가 일상에서 만나게 되는 수많은 도덕적 난제들이나 신앙적 질문들에 대한 대답을 단순 문장으로 되어 있는 열 개의 계명에서 다 찾는 것도 어려운 일이다. 게다가 탈종교화 된 '기독교 이후' 시대에 십계명 윤리를 비신자들에게까지 설득력 있게 제시하기란 매우 어려운 과제임이 틀림없다. 우리의 신학적 통찰과 윤리적 상상력이 없이는 불가능한 일이다.

목회 실천적 과제

십계명의 의미와 가치를 회복하기 위해 한국교회는 지금보다 더 많이 그리고 더 자주 십계명을 선포하고, 더 열심히 십계명을 가르쳐야 한다. 각각의 계명들이 신자들의 일상생활 속에서 구체적으로 어떻게 적용될 수 있는지 깨닫도록 도와주어야 한다. 한편, 십계명은 교회가 선포하고 가르쳐야 할 대상일 뿐만 아니라, 신자들이 묵상해야 할 대상이기도 하다. 왜냐하면, 십계명은 법조문이나 도덕규범에 앞서서 하나님의 말씀이기 때문이다. 시편 119편은 하나님의 말씀인 율법(십계명)을 신자들이 어떻게 대해야 할지 잘 보여주고 있다. 신자들은 계명을 '배울'(7절)뿐만 아니라, '마음에 품고'(11절), '작은 소리로 읊조리고'(15절), '즐거워'해야 한다(14절, 16절).

그런데 십계명을 대하는 가장 중요한 태도는 역시 계명을 실천하는 데 있다. 예수께서 산상수훈에서 십계명을 재해석하고 가르치시면서 마지막 부분에서 강조하신 점이 바로 실천이었다. 말씀(계명)을 듣고 실천하는 사람은 마치 반석 위에 집을 짓는 지혜로운 사람과 같지만, 듣고 배우면서도 실천하지 않는 사람은 마치 모래 위에 집을 짓는 어리석은 사람과 같다(마 7:24-27).

약속의 땅 가나안을 향한 광야 여정 중 시내산에서 십계명 돌판을 하나님께로부터 받았던 모세는 죽기 전에 약속의 땅을 바라보며 언약 백성에게 다시 한 번 하나님의 말씀인 십계명의 중요성을 강조했다. 십계명에 대한 순종 여부가 생명과 사망, 복과 저주를 결정하게 될 것이라고 말했다.

"보라 내가 오늘 생명과 복과 사망과 화를 네 앞에 두었나니 곧 내가 오늘 네게 명령하여 네 하나님 여호와를 사랑하고 그 모든 길로 행하며 그의 명령과 규례와 법도를 지키라 하는 것이라 그리하면 네가 생존하며 번성할 것이요 또 네 하나님 여호와께서 네가 가서 차지할 땅에서 네게 복을 주실 것임이니라 그러나 네가 만일 마음을 돌이켜 듣지 아니하고 유혹을 받아 다른 신들에게 절하고 그를 섬기면 내가 오늘 너희에게 선언하노니 너희가 반드시 망할 것이라 너희가 요단을 건너가서 차지할 땅에서 너희의 날이 길지 못할 것이니라. 내가 오늘 하늘과 땅을 불러 너희에게 증거를 삼노라 내가 생명과 사망과 복과 저주를 네 앞에 두었은즉 너와 네 자손이 살기 위해 생명을 택하고 네 하나님 여호와를 사랑하고 그의 말씀을 청종하며 또 그를 의지하라"(신 30:15-20).